Society of Hyper- Enhanced insulation
and Advanced Technology houses for the next 20 years

HEAT 20

設計ガイドブック|2021

正しい住宅断熱化の作法

一般社団法人 20年先を見据えた
日本の高断熱住宅研究会
———著

建 築 技 術

「**HEAT20** 設計ガイドブック 2021」の発行にあたって

坂本雄三
東京大学名誉教授

　まず，本ガイドブックが出版されたことを素直に喜びたい。また，シミュレーションや実態調査など，書籍としての中身を作成してくれた方々や，執筆された皆さんの労を心からねぎらいたい。皆様の働きぶりに敬意を表したい。

　周知のように，HEAT20 委員会（「2020 年を見据えた住宅の高断熱化技術開発委員会」，以下，本委員会）が創設されたのは 2009 年である。本委員会は，2020 年に一般社団法人化され，マイナーな名称変更などを行ったが，会の趣旨や目的は変更せずに継承した。本委員会は，すでに 2015 年と 2016 年に設計ガイドブックを出版した。今回，出版される本ガイドブックは，過去に出版したガイドブックの内容をさらに発展・充実したものである。

　さて，グリーンイノベーションやサステナビリティに関連した話題は，世界中で沸騰しており，住宅・建築分野においても大きなパートを占めるようになった。その中でも建築外皮の断熱化は基本中の基本であり，断熱化の成果と実力は個人（消費者）・企業・社会に大きな影響を与えている。とりわけ，木造の戸建住宅においては，その影響は顕著であり，30 年前の住宅と本委員会が提案する断熱レベルの住宅とでは，価格が同程度であっても，冬期の温熱環境には歴然たる差が生じている。

　こうした外皮断熱の効用や目指すべきレベルについては，さらに本ガイドブックに詳しく紹介されているので，本書を一読されたい。ここでは，本ガイドブックの中身の紹介ではなく，本委員会や本ガイドブックの今後の行方について考えてみたいと思う。

　世界の状況や日本の政治動向を眺めると，誰もが予想できるように，これから数十年間は，社会システムや商品にかかわるグリーンイノベーションは加速化することはあれ，衰退することはないように思える。前米大統領のように CO_2 削減の不要を唱える人はこれからも後を絶たないと思うが，省エネやエネルギーの有効利用に対してまで反対する人は未来も出現しないと予想される。外皮の断熱は，太陽光発電のように直接 CO_2 を削減する手法ではない。これは建物の暖房負荷を低減して（省エネ），間接的に CO_2 を削減する手法なので，CO_2 削減の不要論者や化石燃料の容認派でさえ，反対できない CO_2 削減手法であるともいえる。外皮断熱の直接の目標は，省エネやエネルギーの有効利用，あるいは，後述するように「快適で健康な住生活の実現」であるので，たとえ CO_2 削減の不要論の声が大きくなり，CO_2 削減の目標が後退してもその影響を受けることはないと考えられる。

　常識的に考えれば，CO_2 削減に関する現在の状況はしばらくの間，変化しないと思われる。というより，最近では各国が削減目標の数字を競い合っている。日本も，2015 年のパリ協定で公表した，2030 年の目標である 26％削減（対 2013 年排出量）を 46％削減に変更した（2021 年 4 月 22 日）。日本政府の建前としては，この新たな目標に向かって，省エネの実施，再生可能エネルギーの拡大，発電の CO_2 排出の改善などの諸対策を進めていくことは間違いない。2020 年 10 月に菅首相が表明した「脱炭素社会の実現」に向かって，日本の政治も行政も経済界も突き進むことになる。結局，世界の認識や情勢が大きく変化したり逆転したりしない限り，この方針は不変であろう。

ところで，本委員会のメインテーマは確かに「外皮の断熱化」なのだが，なぜそれが必要かと問われると，もちろん上記のように省エネやCO₂削減という理由もあるが，本委員会の関係者の多くは「快適で健康な住生活の実現のため」というのではないかと推察する。つまり，本委員会や私の一番の願い・目標は「よい建物やよい室内環境の実現」であって，省エネやCO₂削減はその目標を実現する際に発生する副産物的な存在である。私たちは，結露しない環境で，健康に豊かに暮らすこと（つまり「よい建築や住宅を実現する」こと）が最大の目標なのだ。そして，そのために高断熱化すれば，豊かに暮らすことと省エネが，一石二鳥で手に入る結果となる。このような軸足の置き方が本委員会の大きな特徴と考えられる。私たちは，「よい建築や住宅を実現する」ことを第一目標として外皮の断熱に焦点を当て，研究開発や情報発信を行っているわけである。

　本委員会は，多種多様な建築ジャンルの中において，断熱化の効果が最も大きく表れる戸建住宅というジャンルを主たる対象にして活動を行ってきたが，日本の場合，断熱化は全建築に必要されるものである。そこで，本委員会では，対象を集合住宅にも拡大して検討を行い，本ガイドブックで目標となる断熱レベルを提示した。また，外皮の性能に関しては断熱性能だけでなく日射遮蔽性や日射コントロールも重要な要素であるので，本ガイドブックでも日射コントロール（開口部デザイン）について成果を掲載した。今後も，戸建（小規模）と断熱という領域だけに限定せずに，建築の外皮性能という広い領域を意識して活動を続けていくことが期待される。

　最後に，本委員会が提案する断熱レベルの，今後の行方についてコメントしたい。私も含めて多くの人が，本委員会が提案する断熱レベルが国や公の基準などになることを期待している。国の基準には義務基準と誘導基準がある。また，それに連動するように，住宅性能表示の基準や住宅金融支援機構の仕様書が存在する。国の基準が動けば，これらも動く。本ガイドブックを読んだら想像がつくのだが，本委員会の活動はこうした公的な基準が次の段階へ踏み出すための準備運動ともいえるかもしれない。現在の国の断熱基準は，1999年に制定された基準（通称「次世代基準」）のレベルを踏襲している。しかし，今となってはこのレベルは低い水準であり，現在の断熱技術の水準に見合ったものとはいえない。例えば，窓の断熱性などは21世紀に入ってから格段に進歩した。次世代基準の策定当時は，窓は北海道においてさえ複層ガラスとするのが精一杯だった。それが今では，樹脂サッシ・3層ガラスという極めて高断熱の商品が，リーズナブルな価格で全国的に販売されている。「隔世の感がある」とは，このようなことをいうのであろう。

　「歴史は時として偶然と連鎖が作用して動く」と言う，歴史家がいる。一方で，19世紀に予言された「必然的な歴史（未来）」を，外れた予言であるとわかった21世紀になっても，真説と疑わない先生方もいる。ことほど左様に，人間が創り出す歴史の行方は予想が難しい。建築断熱についてもどのような歴史をたどるのか，生きている間は興味深く見守りたい。

2021年5月吉日

目　次

はじめに
「HEAT20」が考えてきたこと 2008年～2020年

鈴木大隆

2008年　HEAT20設立前夜

　住宅・建築物の断熱外皮に特化した研究会を立ち上げようと考えたのは2008年。外皮性能基準を指標とした住宅省エネルギー基準とは異なる，総合的エネルギー消費性能を指標とした住宅事業建築主基準の体系が確立されたころである。そのころ考えていたことをいくつか紹介する。

➤ この基準策定にかかわりながら，省エネルギー基準のこれからの方向として，諸外国のような一次エネルギーを指標にした基準に向かうべきである。しかし，それが今なのか。省エネ性に優れる設備機器を導入すれば簡単に達成できるレベルでは，次世代省エネルギー基準（1999年基準）以降，ようやく市民権を得つつある住宅断熱化の流れが後退するだろうという強い危機感。

➤ 大工など多くの施工技術者に委ねられる建築技術は，経験により培われる技術力が性能を左右されるが，断熱技術はとりわけその影響が大きい。過去の幾多の例がそうであるように，関心が薄れ，継承ができなくなった技術の衰退は早く，その再生はきわめて困難であり，断熱技術もそうなるのではないかという危惧感。

➤ 都市・地方を問わず，日本の風景をつくり出しているのは人の営みとそれを支える建築物であり，外皮に他ならない。そのデザインが単に意匠から決定されると，消耗品のような "建築・まち" が日本の風景になる。その場所の気候風土を活かし，性能面に対してつくり手も住まい手も関心をもち，外皮の質の向上にしっかりコストを投じる社会にすべきではないか。

➤ 防火や耐震に比べれば，比較的新しいニーズといえる，断熱・環境・エネルギー（本格的に取り組まれたのは寒冷地でも1960年，温暖地では1990年くらいから）を原動力に外皮の質の向上，技術を進化させることができないか。

➤ 一方で，住宅高断熱化を推進するさまざまな研究会は，特定の住宅工法・断熱技術・材料を前提とした技術開発・普及・ビジネスを主目的に活動しているものが多く，それらにとらわれず日本の外皮のありようを論じることができる場が日本にはほとんどない現実。

➤ 技術の普及に必要なのは品質安定化と低コスト化，進化に必要なのは新技術・材料開発の目標である。与えられる目標ではなく，欧米のように民間などが中心となり，自ら目標を掲げ，社会に問いかける動きが日本ではあまりにも少ないのではないか。

　　などなど……。

　このような想いを多くの方に伝え，賛同を得て，活動がスタートしたのは2009年秋であった。
　立ち上げたHEAT20の正式名称は「2020年を見据えた住宅の高断熱化技術開発委員会：Investigation committee of Hyper Enhanced insulation and Advanced Technique for 2020 houses」。これは確か，ドイツへの調査出張の途上で決めたと記憶しているが，「2020年」に大きな意味があったわけではない。日本の現状を考えると，数年程度の活動では新たな動きは生まれないだろうし，期限を決めないと活動がマンネリ化する。その程度の考えから「2020年」を名前に組み込んだ。

その後まもなく，「2020年」が二酸化排出量の削減目標や，省エネルギー基準の適合義務化など，さまざまな国の政策に位置付けられ，後述するZEHなどの動きも本格化した。HEAT20があたかもそれらと連動しているように見られたことも，思いのほかに注目されるきっかけになったかもしれない。

2009年〜2011年

活動がはじまり，「寡黙な技術である住宅断熱化」の効果や目標をどのように検討・表現すべきかの議論が本格化しはじめたころに，2011年3月11日東日本大震災が日本を襲った。

住宅・建築が果たすべき最低限の役割は，そこに暮らす人・使う人の命を守ることである。しかし，自然災害が命，住宅・建築，暮らしをいとも簡単に破壊するさま，そしてこれまで経験したことのないエネルギー災害に直面しながら，HEAT20は何をすべきか？

岩手県陸前高田市の住宅再建にかかわりながら考えていたことは，熱損失係数や熱貫流率，○○mm断熱という技術論を伝えることではなく，それを実現することで生活，住まいがどう変わるのか，そのわかりやすいシナリオと性能水準を関連付けて提案すること。つまり，技術がなせる業をつくり手も住まい手などの誰もが理解し合える言葉で表現することの大切さであった。

図1は，2011年度末報告会で「日本の住宅再生」のためにと題して，HEAT20のビジョンの説明に用いた概念図である。この図でB〜Eの4段階の目標の必要性を提案した。

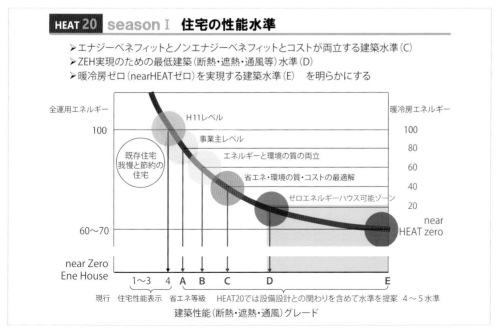

図1　2011年度報告会で発表した住宅断熱化の目標水準の概念図（2011年度報告会PPTより）

この提案は，以下の二つの指標を基に，

➢ 環境の質：主として温度環境（本書ではノンエナジーベネフィット：NEB と称す）

➢ エネルギー：主として暖房エネルギー（本書ではエナジーベネフィット：EB と称す）

　少なくとも次に示す三つ以上のシナリオを提案するというものである。

【シナリオ 図1C】

　既存住宅からの住み替えを想定した場合，住宅省エネルギー基準や住宅事業建築主基準レベルの住宅では，実際的な省エネルギー・省コストは実現できない。既存住宅や省エネルギー基準の住宅に比べて，確実に省エネルギー・省コストが実現でき，暖房設備が設置されてない非暖房室でも表面結露，カビの発生などによる空気質汚染がない「エネルギーと環境の質が両立」する住宅。

【シナリオ 図1D】

　設備の耐用性はおおむね十数年から 20 年，建築技術の耐用性は少なくとも数十年以上である。今後，日本が本格的に取組むべきゼロエネルギー住宅において，断熱化で最低限 15℃程度の住空間を維持でき，住まい手の嗜好による多様な暖房設備の導入（例えば，こたつと最低限の補助暖房で寒さを感じない暮らしも可能な）も可能なスケルトン性能を有する住宅。

【シナリオ 図1E】

　さらなる外皮性能の強化により，暖房用エネルギーをほぼゼロ，すなわち暖房設備にほとんど依存せずに冬期間暮らせる，いわゆる「無暖房住宅」。

　ところで，活動当初から，日本の住宅の断熱水準は欧米などと比べて劣っているとの指摘は数多く（図2），HEAT20 に「欧米と比較して遜色のない住宅目標の提案」を期待する声も少なくなかった。しかし，日本の中で最も冬期日射量が少ない東北地方日本海沿岸でも，ドイツの 2〜3 倍以上の日射量に恵まれる日本の気候特性，そしてエネルギー節約型の独特の生活スタイル，さらには活動初期に行った欧米などの省エネルギー基準の調査結果（ドイツ在住の知人に依頼した基準の骨格，内容のほかに，それらが策定された社会背景，社会システムまでも含む調査報告。当時としてはきわめて貴重な内容）などを踏まえると，諸外国の基準などとの比較，参考にすることが意味をなさ

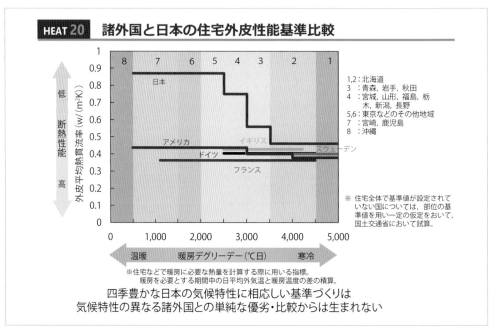

図2　2011 年時点の諸外国の断熱水準と住宅省エネ基準（2011 年度報告会 PPT より）

ないことは明らかであった。そして当然のことながら，この考え方はいまも変わらない。

　前述のビジョンに基づき，いわゆる「G1・G2 という二つのシナリオと性能水準」をはじめて提案したのは 2015 年度当初に発行した『設計ガイドブック』である。その後，さまざまな意見を聞き，精査を経て，同年度末発行の『設計ガイドブック＋PLUS』で最終提案を行った。**図3**は，『設計ガイドブック＋PLUS』に掲載した前述したビジョン（**図1**）の修正版である。

　HEAT20 設立のきっかけにもなった住宅事業建築主基準の基準体系（一次エネルギーのみを指標とする基準体系）は，その後の住宅エネルギー基準には踏襲されず，2013（平成 25）年に外皮性能基準と一次エネルギー消費量基準を指標とする基準体系に改定された。そして，もっぱら誘導施策として推進されてきた住宅省エネルギー化の流れに，「適合義務化」という新たな施策が提示されたのもこのころである。省エネルギー基準が一次エネルギーだけでなく，外皮性能も規定する体系に再構築された背景には，震災以降の生活・暮らすという住宅建築物や住空間の本質的な関心の高まり，冬期ヒートショックなどの健康安全性に対する調査研究活動などが大きく関係しているが，それに加え本会の存在も多少なりとも貢献していたとすれば望外の喜びである。

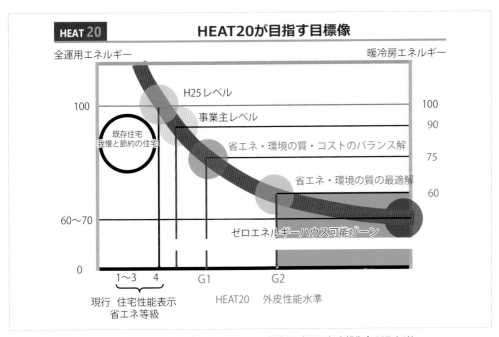

図3　2015 年度報告会で発表した HEAT20 グレード G1・G2 の概念図（2015 年度報告会 PPT より）

戸建住宅を対象に提案した「G1・G2」は，全国各地の住宅事業者の開発・設計目標にも多数活用されることになったほか，国の ZEH やグリーン化事業の誘導型外皮基準検討（表1），各自治体独自の誘導型基準の根拠にされるなど，さまざまな住宅施策の参考にしていただいた。その波及の範囲，スピードは，私たちの想像を超えていたが，それは同時に，この国において住宅外皮の断熱性能の目標が如何に存在していなかったか，そして，それを如何に切望されていたのかの現れともいえる。

　これらのなかで，建築物省エネ新法で位置付けられ，活動の区切りにもしていた「2020年」に向け，HEAT20 は「第三の水準」の検討ステージに入る。

HEAT20 HEAT20水準と国の誘導水準　2018年時点

断熱水準	地域区分		上段 ：外皮平均熱貫流率 U_A 値 [W/(m²・K)]（下段）：熱損失係数 Q 値 [W/(m²・K)]					
	1	2	3	4	5	6	7	8
平成4年基準相当	0.54	0.54	1.04	1.25	1.54	1.54	1.81	設定なし
	(1.8)	(1.8)	(2.7)	(3.1)	(3.6)	(3.6)	(3.6)	
平成28年基準相当	0.46	0.46	0.56	0.75	0.87	0.87	0.87	設定なし
	(1.6)	(1.6)	(1.9)	(2.4)	(2.7)	(2.7)	(2.7)	
HEAT20 G1 2015年4月試案	0.34	0.34	0.46	0.56	0.56	0.56	0.56	—
	(1.3)	(1.3)	(1.6)	(1.9)	(1.9)	(1.9)	(1.9)	
HEAT20 G2 2015年4月試案	0.28	0.28	0.34	0.46	0.46	0.46	0.46	—
	(1.15)	(1.15)	(1.3)	(1.6)	(1.6)	(1.6)	(1.6)	
HEAT20 G1 最終版	0.34	0.34	0.38	0.46	0.48	0.56	0.56	—
	(1.3)	(1.3)	(1.4)	(1.6)	(1.6)	(1.9)	(1.9)	
HEAT20 G2 最終版	0.28	0.28	0.28	0.34	0.34	0.46	0.46	—
	(1.15)	(1.15)	(1.15)	(1.3)	(1.3)	(1.6)	(1.6)	

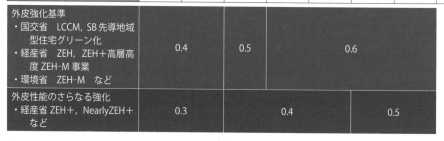

| 外皮強化基準・国交省　LCCM，SB 先導地域型住宅グリーン化・経産省　ZEH，ZEH＋高層高度 ZEH-M 事業・環境省　ZEH-M　など | 0.4 | 0.5 | 0.6 | 8 地域は別途 |
| 外皮性能のさらなる強化・経産省 ZEH＋，NearlyZEH＋など | 0.3 | 0.4 | 0.5 | |

表1　HEAT20 G1・G2 水準と国の各種誘導基準の関係（2018年度報告会 PPT より）

当初ビジョンに掲げた「シナリオ 3」は，断熱化の最終ゴールともいえる無暖房住宅の実現。その検討に際して何を考えたか。それは，本ガイドブックを発行するに至った根幹の部分である。

●住宅は戸建だけではない

これは設立当初から考えていたことだが，HEAT20 が対象とする住宅は戸建住宅に限ってはいない。戸建住宅は，住まい手と実務者の考えが一致すれば性能向上は比較的容易だが，集合住宅ではそうはいかない。そのためか，良質な住宅に関する議論はもっぱら戸建住宅が中心になり，集合住宅は蚊帳の外に置かれている。一方で，年間に新築される 90 万戸弱の住宅の約 45％は集合住宅であり，この傾向は長く続いている。

集合住宅が多い現実には，地方から都市部への人口集中，不動産取得コストの上昇と生活利便性への希求，少子高齢化など，現代社会が内包する問題が深く関係している。そして，今後，都市経営の改善や格差ない生活サービスを受けるためには，集合住宅や低層タウンハウスを中心とした「集まって暮らす」住宅再編は，人口減少時代のなか大都市，地方にかかわらずコンパクトシティと同時に進めなくてはならない重要な方向である。

そのようななか，都市部の住宅取得者の多くは“戸建 vs 集合”に悩む。一般的には戸建住宅より暖かく，空調エネルギーがかからないと思われている集合住宅だが，温度環境，エネルギーの面で戸建住宅といかなる違いがあるのか，同等の NEB・EB を実現するにはどの程度の水準が必要なのか。案外わかっているようで，わからないことは多い。第三の水準の提案に向けては，これまで手付かずだった集合住宅の検討が不可欠である。

●当初ビジョンと異なるシナリオ──G3 かジーさんか

図 4 は，数値的根拠はないが，2017 年当初に考えていた戸建住宅と集合住宅の関係を示す概念図である。省エネ基準に適合する集合住宅は戸建 G1 の NEB と同程度であり，無暖房住宅まで戸建住宅と集合住宅は到達できるはず，つまり断熱水準の差はあっても両者の住宅シナリオは相違なし，というのが，当初考えていた希望的ビジョンであった。

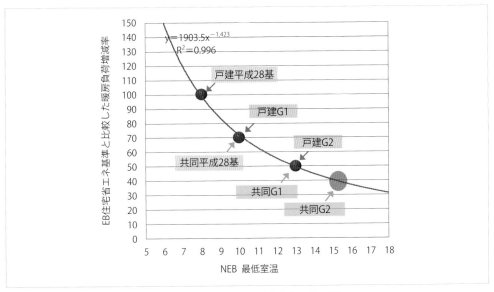

図 4　HEAT20　戸建住宅 G1・G2 と共同住宅の関係（2017 年度報告会 PPT より）

集合住宅の検討に際しては，評価対象を住戸にするのか住棟にするのか，今後無視できない空き住戸の影響（その有無で NEB・EB は大きく変わることは明白）をどう考えるか，そして賃貸と分譲に差をつけるかなど，整理しておかなくてならない課題は多い。

　2018 年 5 月報告会では，それら集合住宅特有の問題にどう対応するか（図 5）の議論の結果と同時に，前述したようなビジョンが成り立たないことを公開した（図 6）。それは，例えば 6 地域では，実現可能な技術・仕様では，戸建住宅は無暖房住宅にはたどり着けず，最低室温をおおむね15℃に保つレベルをゴールにせざるを得ない現実，そして共同住宅では，最上階端部住戸でもなんとか無暖房住宅が実現できるという現実であった。

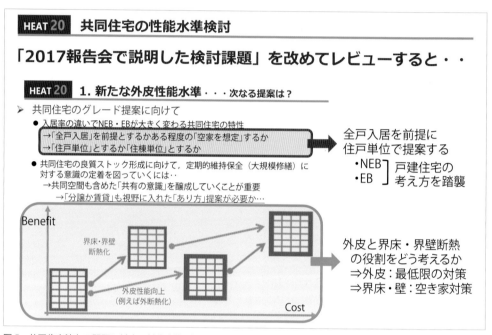

図 5　共同住宅特有の問題に対する対応方針（2018 年度報告会 PPT より）

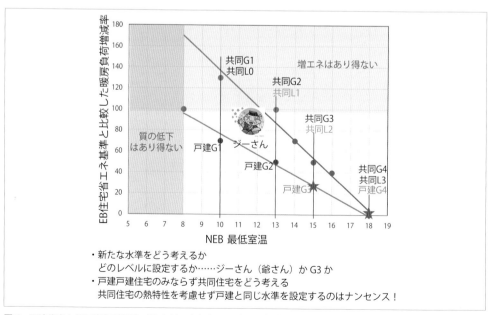

図 6　戸建住宅と共同住宅の関係　G3 かジーさんか……（2018 年度報告会 PPT より）

戸建住宅の第三の水準を前述したレベルにするか，あるいは今後の実用的誘導水準をにらんでG1〜G2の間に新たな設定を設けるか（いわゆるいぶし銀のような水準＝"ジーさん"）。そのころ，三十数社を超えるようになった全国の賛助会員に何度かアンケートで問いかけたなかでは，このレベルの要望も少なくなかった。どちらにするかの迷いから脱するきっかけとなった検討が図7である。

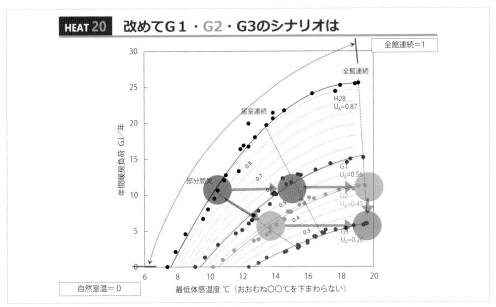

図7　戸建住宅と集合住宅の関係（2019年6月報告会PPTより）

図7に関しては詳しくはⅡ07で述べるが，これまで提案した戸建住宅G1・G2と新たに提案するG3を以下のストーリーで説明できる。

【同じエネルギー消費量で温熱環境を飛躍的に改善する】

➤住宅省エネ基準レベルの住宅と同じ暖房負荷（エネルギー）で，部分間歇暖房から居室連続にするのがG1，全館連続にするのがG2。
➤部分間歇暖房のG2の住宅と，同じ暖房負荷（エネルギー）で全館連続暖房を可能にするのがG3。

【同じ空調モードでエネルギー消費量を半減させる】

➤部分間歇暖房で，住宅省エネ基準レベルの住宅と比べて，エネルギーを半減するにはG2。
➤全館連続暖房で，G2レベルの住宅と比べて，エネルギーを半減するにはG3。

そしてG3は，

➤最低室温がおおむね15℃以上で，例えばこたつなどの従来型のわずかな採暖で冬を過ごせるあるいは，
➤部分間歇暖房の省エネ基準レベルの住宅の半分のエネルギーで，住宅内はすべて18℃以上となり，寒さを取り除ける住宅

など，いうなれば，
多彩な暖房スタイルを選択することができ，健やかで大幅なエネルギー削減が実現できる住宅

その後，住宅省エネ基準と同様，最新の気象データの更新（拡張アメダスデータを1995年版から2010年版へ更新）により，戸建住宅はこれまでのG1・G2，そしてG3と，集合住宅のC2・C3のシナリオチェックに時間を要したが，4地域の代表都市を仙台市から松本市に変更した以外に大きな変更はなく，2020年9月に開催したセミナーで最終公開した。

　図8は6地域の戸建住宅と集合住宅について，横軸はNEB（冬期間の最低の体感温度），縦軸はEB（全館連続暖房時の暖房負荷増減率）として関係を示したものである。NEB（横軸）で見ると，戸建住宅のG2と集合住宅の省エネ基準レベル，戸建住宅のG3と集合住宅のC2がほぼ同水準であることがわかる。また，EB（縦軸）で見ると，戸建住宅のG1と集合住宅の省エネ基準レベル，戸建住宅のG2と集合住宅のC2がほぼ同水準であることがわかる。また，図9には2地域におけるこれらの関係を示すが，EBでの同等性は何とか説明できるものの，NEBの同等性を保つことは難しいことがわかる。

　このように外皮性能を調整するだけでは，戸建住宅と集合住宅の住宅シナリオを完全に一致させることができないため，性能水準を示す頭の文字として，戸建住宅の「G」に対して，集合住宅は「C」を使うことにした。

　戸建住宅G1〜G3と集合住宅C2・C3の詳細についてはⅠ，さらに各地域区分の代表都市を対象に各水準とNEB・EBの効果などの詳細をⅡで説明する。

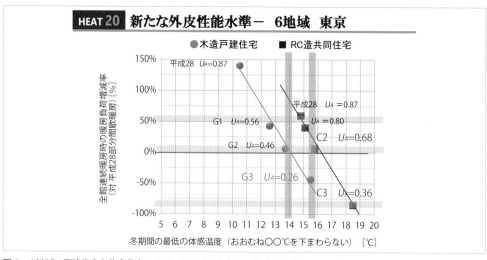

図8　6地域　戸建住宅と集合住宅のNEB・EBの関係（2019年度報告会PPTより）

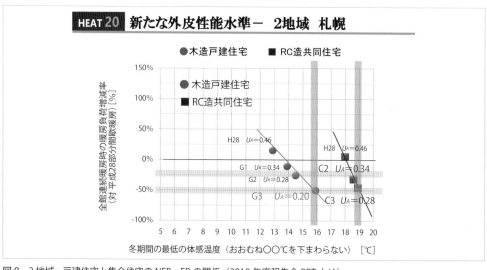

図9　2地域　戸建住宅と集合住宅のNEB・EBの関係（2019年度報告会PPTより）

　住宅断熱化などを目的に過去から活動している住宅研究会は数多く，それらに対して後発の HEAT20 に多くの関心をいただくきっかけとなった理由に，特定の住宅工法・断熱工法・材料に限定せず，オープンかつビジネスとは距離を置いた活動をしてきたことが関係していると思われる。そして，目標とする性能水準を住宅性能表示制度のように段階的に設け，その意味を住宅シナリオ（NEB・EB）に示す「わかりやすさ」も関係していると思われる。

　ところで G1・G2 を公開して既に数年が経過するが，いまだに HEAT20 の基準は外皮平均熱貫流率と，理解している方がほとんどではないだろうか。

　ここで改めて，HEAT20 が設立当初から考えてきた『基準体系』とはどのようなものかを説明する。

　図 10 に基準体系を示すが，いわゆる「基準」と呼ぶべきものは実は「住宅シナリオ」であり，それが G1・G2……に分かれているのである。そして，外皮平均熱貫流率（U_A 値）で表す「HEAT20 水準」（既出の設計ガイドブックでは HEAT20 グレードとも記載してきた）は，実は地域区分ごとに決めている代表都市（図 10 中に記載）における外皮性能の目標値にすぎない。代表都市以外の建設場所の外皮平均熱貫流率は，Ⅰ05 で後述する「地域補正ルール」を使い，暖房度日と冬期日射量などで補正する，これが『HEAT20 の基準体系』である。

　地域区分ごとに定めた U_A 値を基準とする省エネ基準や他の目標とは，この点が根本的に異なっているわけだが，それは何故か？

　日本は，世界でも類を見ないほどに気候と地勢が多様で，それを 8 つの地域区分に分け，外皮性能基準を定めるだけでは，同じ地域区分のなかでも実現できる温度環境も省エネルギー効果も異なる。特に，太平洋沿岸と日本海沿岸，平野部と山岳部から混成される 3〜5 地域は，この差は非常に大きいだろう。現行の省エネ基準でも，対象とする外気温の寒暖を表す暖房度日で分かれる 1〜8 地域の 8 区分のほかに，日射量の大小で A1〜A5 の 5 つの地域区分があり，組合せとしては計 40 区分に分かれているが，40 区分で外皮性能基準を規定したところでこの問題は本質的に解決しない。

HEAT 20　**HEAT20の『基準に対する考え方』2**

住宅シナリオ・・・・・これがHEAT20の『基準』
　　全国，地域差なく, 基本, 一律の
　　　　室内温熱環境とエネルギー性能を担保するべき

⬇

HEAT20水準・・・・・地域区分ごとの代表都市を対象にU_Aを提示
　（グレード）　　戸建住宅：G1〜G3
　　　　　　　　　共同住宅：C2〜C3

地域区分	1〜2地域	3地域	4地域	5地域	6地域	7地域
代表都市	札幌	盛岡	松本	宇都宮	東京	鹿児島

⬇

U_Aの地域補正・・・・・・その場所の設計のためU_A値を地域補正
補正後$U_A = HL - b \cdot HDD - c \cdot Jh - d/a$
$U_A = Ra15 - b' \cdot HDD - c' \cdot Jh - d'/a'$
補正プログラムhttp://www.heat20.jp/grade/ua_dtl.html

図 10　HEAT20 の基準体系（2019 年度報告会 PPT より）
　　　※補正式は図中の式を変更した。詳細は Ⅰ05 を参照

では省エネ基準において8つの地域区分で外皮性能基準を規定している理由は何か？　誤解をおそれずにいえば，設計・審査の簡素化，流通などの社会システムの混乱を避けるためである。建築技術がたくさんの人と膨大なパーツ・部品から成り立ち，それぞれが地域経済・技術・流通と大きくかかわりがあることを考えればそれも当然である。しかし別の見方をすれば，地域区分ごとに外皮の熱性能を規定する従来の考え方（それが外皮の平均熱貫流率であろうが，熱損失係数であろうが，本質的問題点は同じ）は，つくり手と審査側にはメリットはあるが，住まい手には仕様は保証しても，最も重要な住環境性能は保障していないわけである。

　あるべき住宅目標は手段の数値化にはなく，気候特性にかかわらずに実現されるべき住空間のNEB・EBである。それが『HEAT20の基準体系』の根幹にある考え方であり，これまでHEAT20が『基準』という文言を一切使用していない理由である。そのことを理解したうえで，G1・G2……をどう位置付けるか，どう利用するか，それはこれまで同様，読者・実務者の方々の判断に委ねたいと考えている。

　繰り返しになるが，住宅が目標とすべきは手段ではなく，気候特性にかかわらずに実現されるべき住空間のNEB・EBであるという考えは既に述べてきたが，改めて『HEAT20の基準体系』，そして，HEAT20ではこれまで『基準』という文言を一切使用していない理由を理解いただけたであろうか。

外皮の断熱性能を示す指標の問題点——Q値，U_A値の限界

　一方で，いまだに外皮の断熱性能を表す指標として，外皮平均熱貫流率がいいか，熱損失係数がいいかという議論があるのは奇妙なことである。結論からいえば，高断熱住宅においてはどちらも相応しくない。

　2013（平成25）年の省エネ基準の改定までは，外皮の断熱性能の指標は熱損失係数（Q値）が一般的であったことは周知のとおりである。いわゆる換気負荷も含めた暖房負荷の損失側だけを評価するものだが，断熱化するほど暖房負荷の半分程度を占める換気負荷の影響が大きく，しかも建築基準法による実質的な機械換気設置の義務化以降は，空気質確保の観点からの必要換気量はほぼ定数であり，単にQ値を満たすことだけを優先すると，外皮性能と熱回収型換気システムの導入がトレードオフの関係となりうる。さらに，図11に示すようにQ値は住宅規模や形態（階数や形状など）に影響を受け，特に小規模住宅においてはその影響が大きい。そのため，省エネ基準では一定以下の規模では補正を断熱強化にリミッターがかかるようにしていた。加えて，一次エネルギー消費性能基準の導入に合わせ，特に熱回収型換気装置の導入に伴う見かけの熱損失低減効果を外皮性能のなかで扱うことの矛盾もあり，これらを解決するために導入されたのが平均熱貫流率（U_A値）である。実は，これは日本独自の考え方ではなく，欧米などではこれに近い考え方が古くから存在している。

　これらに基づきHEAT20でも外皮平均熱貫流率を指標としているが，基本，外壁・床・天井などの躯体（非透光性外皮）と窓（透光性外皮）はトレードオフの関係にあり，この値さえ満たせばいいという考え方では，躯体を性能強化すると窓の性能が，窓の断熱性能を強化すると躯体の性能がおろそかになるなどの理由から，一定のNEB・EBが担保できないという問題につながる。とどのつまりは，外皮平均熱貫流率にしても，非透光性部位と透光性部位を合わせて評価する限り，高断熱住宅の外皮性能の指標としては適当ではないわけである（図12）。

　以上のように，2017年から高断熱住宅の外皮性能の評価指標として外皮平均熱貫流率（U_A値）は不適切という考えのもと，住宅シナリオであるNEB・EBを実現する非透光性外皮と透光性外皮の平均熱貫流率を切り分けて，規定する方向で検討を進めてきた。検討はいまだ途上にあるが，主に代表都市を対象とした検討結果をⅢ01で紹介する。

3. 一連の外皮性能基準改定で何を考えていたか
(1) 基準値と指標・評価

基準値‥断熱性能

● 熱損失係数の問題点
　⇒ 平成25 外皮平均熱貫流率・平均日射熱取得率への転換
　✓ 規模，形態に影響（大邸宅＜小規模，多層階＜平屋）→規模補正の導入
　✓ 共同住宅の住戸位置の違いが及ぼす対応策の混乱（端部⇔中間部住戸）
　✓ 換気負荷を入れることのミスリード（熱回収換気の偏重）などなど多々
　　※換気も入れるなら技術多様性評価のため暖房負荷・冷房負荷を採用すべき

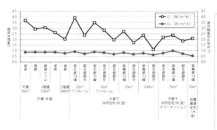
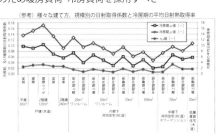

住宅属性と基準指標［$Q・U_A$］の関係　　　住宅属性と基準指標［$\mu・\eta_a$］基準の関係

図11　外皮の断熱性能の指標は何が適切か……熱損失係数と平均熱貫流率
（2019年度自立循環型住宅シンポジウム　鈴木講演 PPT より）

HEAT 20 外皮性能をU_A値のみで表現することの限界

HEAT 20 3. 窓の目標水準と最適設計

➤窓の目標水準をどう決め，最適設計に導くか
　● 暖冷房時のNEB・EB，通年の光環境（EB・NEB）の観点から
　　HEAT20としての「窓の目標水準」を提案する

HEAT 20 開口部TGのoutputの一例

◆検討すべき住宅条件，評価方法の再整理・設定

■高断熱高気密，エネルギーの観点からの最適設計検討

■昼光利用，採光エネルギーも含めた最適水準検討

図は2016 HEAT20報告会PPTより

窓のηwd「●●以下」ではなく，
最適な範囲を示すべき

窓の熱貫流率Uw
日射取得率ηw

遮熱・光環境の質とエネルギーの両立を目指した
「開口部設計ガイドライン」の検討・作成（発行2017年度）

HEAT 20 2. 外皮性能指標のあり方

➤ U_Aを指標に高性能化した場合の問題は何か
　● 高性能化を図る程，窓の影響が大きくなり
　● 窓の断熱性能向上と図ると躯体断熱性能の大幅緩和も可能
　　→放射環境の違いに伴う作用温度の変化（NEBへの影響）
　　→作用温度の変化による暖房設定温度への影響（EBへの影響）

外気温
・2地域：-10℃
・6地域：- 5℃
隣室温度：15℃
とした場合の
計算例

【1・2地域】
22.0℃
21.5℃
21.0℃

【6地域】
21.5℃
21.0℃

→高性能住宅ではNEB/EB 確保のため，躯体と窓を分離した指標とした上で
組み合わせの最適範囲を示すことが望ましい

HEAT20が目指す高断熱住宅では，NEB・EBの確保のため
外皮性能の総合指標としてのU_A値のほかに
➤非透光性外皮（壁体）　→U_{ae}
➤透光性外皮（窓等）　　→$U_{AW}・\eta_{AW}$
に分け，窓の推奨水準を示すべきではないか

図12　外皮の断熱性能の指標……平均熱貫流率の問題点 （2017年度報告会 PPT より）

一方で，夏をどう考えるべきか。『設計ガイドブック＋PLUS』の「はじめに」でも述べたが，HEAT20水準として独自に規定しているのは U_A 値のみであり，「冷房期の日射平均熱取得率 η_{AC}」は平成28年基準の値としている。そして，このような考え方としているのはHEAT20が冬を重視し，夏対策を軽視しているためではなく，夏期の外皮性能の指標として η_{ac} そのものが不適切だからである。さりとていいアイデアがないなか，まずは差しさわりのない数値を入れておいたというのが正直なところである。

外皮の高断熱化を図れば当然のことながら，屋根・天井，外壁などの躯体から貫流する日射侵入量はわずかとなり，室内への日射侵入量の大部分は開口部からとなる。一方，U_A 値を満たすために，開口部はガラスの多層化や低放射化が必須となり，それにより冬期・夏期の日射侵入量は減少する。η_{AC}値は「○○以下」と規定されているが，「夏を旨とした住宅」をただ追求し，窓の遮熱性能を上げると，冬期日射熱取得量が減り，冬期日射熱取得による暖房負荷低減，すなわちパッシブソーラー効果が失われてしまう。

本来，高断熱な住宅における日射熱取得係数は，「夏期 η_{AC} は○○以下，冬期 η_{AH} は○○以上」とすべきであり，さらにいえば，住宅全体を対象とせずに，日射に支配的な窓に特化して，方位別に日射熱取得率と熱貫流率の最適範囲を規定すべきだと考える。

G1・G2を公開した2016年に，次なる課題としてこの検討を行うことを宣言したが（図13），こちらも代表都市を対象にした検討はようやくまとまりつつあり，IV02で紹介する。まずはこの時点で，この内容でさまざまなご意見をいただければと考えている。

そのうえで代表都市以外においても，非透光性外皮と透光性外皮のバランス，そして窓の最適範囲を導き出すことができる設計情報は，おそらく図で示すには限界があり，設計支援ツールが必要不可欠と考えているところだが，その構築まではもう少し時間をいただくことになる。

冒頭からかなり長文になったが，HEAT20の設立前夜から本ガイドブックの発行に至るまでの経過と考えてきたことの一端を述べた。それでもなお，十分語り尽くせていない。不十分な点は以下の章，そしてこれからのHEAT20の活動に期待いただきたい。

この十年間で，HEAT20水準でいえばG1以上の住宅が，日本の新築戸建住宅の十数％を超える状況になった。設立当初に日本の住宅の高断熱化がそこまで進むとは正直考えていなかったが，それは経済的にバックアップされた一部の住宅がリードしている結果ともいえる。すべての戸建住宅，そして集合住宅を含めると，市民権を得るのはまだ先のことである。

写真1　改めて考える住宅外皮の価値（2017年度報告会PPTより）

2020年という年は，新型コロナウイルスの感染という新たな災害，社会問題が発生した。これは単に公衆衛生の問題を超え，私たちの生活，社会にさまざまな影響をもたらしている。これまでの日常が大きく変わるなかで，「当たり前にできていたことの大切さ」や，コロナ禍で経験したなかでは，終息後も継続すべき「新たな職・生活スタイル」もあることに気付きつつある。おそらく，住宅もそれまでの暮らすための建築から，暮らし・学び・働く多機能建築へ，都市居住から地方居住へと変化する可能性は多いにあるし，一般建築においても当たり前の空間を見直す動きも出てきている。しばらく停滞していた住宅，建築の創造的進化の可能性さえ予感させる。

　これらの変化への対応，そして以下に示す不変の目的のため，
・健やかで豊かな空間を可能な限り省エネルギーで実現する
・50年後の地域・ふるさとづくりに向けた美しい風景をつくり出す
・地域経済・雇用を支えるため
　住宅建築外皮の総合的な研究開発と新たな提案に向けて，2020年7月，HEAT20は「これらの20年」に向けて再び歩みはじめた。

　そして，今後，大きく前進することになるだろうカーボンニュートラルは，新築のみならず既存住宅も含め，日本の住宅を次のステージへと大きく変えることになるだろう。

一般社団法人　**20年先を見据えた日本の高断熱住宅研究会**
**Society of Hyper- Enhanced insulation
and Advanced Technology houses for the next 20 years**

四季の変化に富む豊かな気候と，変化に対応する柔軟な知恵・工夫，
そしてきわめて優秀な技術力に恵まれた資源大国日本において
住宅・建築外皮ができること，明日へ

　これらの大きな変化も踏まえ，これからも「HEAT20」は日本の住まいに新たな発信・提案をしていきたいと考えています。
　次の20年に向けて，一緒にイノベーションを進めていきましょう。

2021年5月吉日
HEAT20設計部会長　設計ガイドブック2021監修　鈴木大隆

I

HEAT20 が
提案する
住宅シナリオ・水準

　戸建住宅か集合住宅か……，住宅選びでこの選択に悩む
方は多いはずです。

　HEAT20 ではこれまで戸建住宅を対象に二つの目標を提
案してきましたが，2011 年に描いたビジョンにはもう一
つの目標があり，さらに集合住宅への提案というタスクが
ありました。

　そして，住宅断熱化の目的は断熱性能値を達成すること
ではなく，住空間の温熱環境や省エネルギー性能を満たす
ことである，そのためには多様な気候特性をしっかり読み
込み設計する必要があるという当たり前のことを主張して
から早いもので数年経ちました。

　まず，この章の扉を開けてみてください。それらへの
「HEAT20」からの回答がそこにあります。

戸建住宅と集合住宅の関係

「はじめに「HEAT20」が考えてきたこと 2008 年〜2020 年」（11 頁）では，戸建住宅 G3 と集合住宅の住宅シナリオ・水準の検討に際して，相互の関係をどう考えたか，6 地域を例に述べましたが，**図 1〜6** は 1・2 地域〜7 地域の NEB と EB の関係を示したものです。

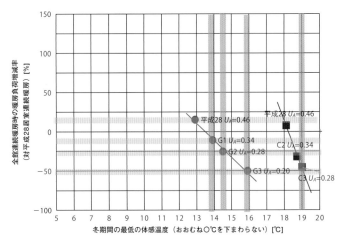

図 1　戸建と集合住宅の関係　1・2 地域　札幌

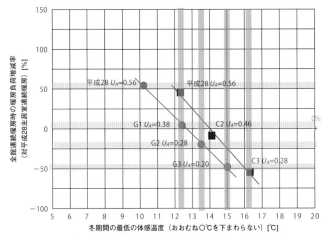

図 2　戸建と集合住宅の関係　3 地域　盛岡

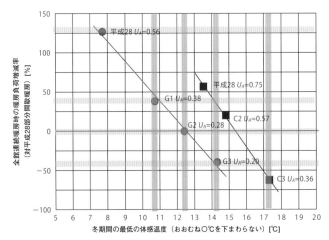

図 3　戸建と集合住宅の関係　4 地域　松本

戸建住宅と集合住宅は，建築属性，内部発熱の影響などから NEB・EB は同一とはなりません。
次頁以降では，戸建住宅と集合住宅の関係やそれぞれの住宅シナリオ，性能水準を説明します。

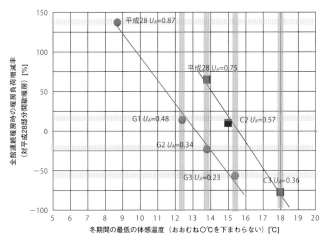

図 4　戸建と集合住宅の関係　5 地域　宇都宮

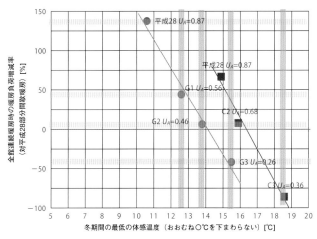

図 5　戸建と集合住宅の関係　6 地域　東京

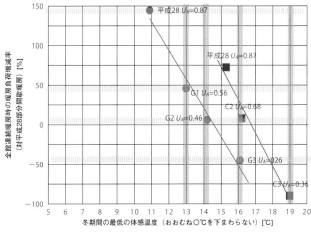

図 6　戸建と集合住宅の関係　7 地域　鹿児島

NEB：暖房期間の最低の体感温度（おおむね○○℃を下回らない）の観点から

表1は，各地域の代表都市において居室連続暖房の場合のNEB「暖房期間の最低の体感温度（おおむね○○℃を下回らない）」に関して，戸建住宅と集合住宅の関係を概略まとめたものです。

この表では，集合住宅の平成28年基準，C2・C3と同等程度となる戸建住宅の水準を示していますが，そのうちグレーのアミ掛け部分は戸建住宅G3としても性能が及ばない部分を表しています。

地域地区		1～2	3	4	5	6	7
	代表都市	札幌	盛岡	松本	宇都宮	東京	鹿児島
集合住宅の水準	平成28年基準	G3超	G1	G3	G2	G3	G3
	C2	G3超	G3	G3超	G3	G3	G3
	C3	G3超	G3超	G3超	G3超	G3超	G3超

・表中には集合住宅と同等の戸建住宅の水準を示す。
・NEB：暖房期間の最低の体感温度
　　　1～2地域は居室連続暖房モード
　　　3地域はLDK平日連続暖房・他は間歇暖房モード
　　　4～7地域は居室間歇暖房モード

表1　各地域の代表都市においてNEBから見た戸建住宅と集合住宅の関係

暖房モードを全館連続暖房とした場合は，当然のことながら住宅内のすべての室温は終日暖房設定温以上となり，戸建住宅と集合住宅，そして水準による差は生じませんが，ここでは，居室間歇暖房モード（1～2地域は居室連続暖房，3地域はLDK平日連続暖房・他は間歇暖房）での非暖房室で比較している点に注意が必要です。この条件では，1～2地域は戸建住宅G3水準としても集合住宅C3と同等には及ばないこと，また全地域で戸建住宅のG3が集合住宅C2同等かそれ以上になるものの，C3には及ばないことがこれらの図や表からわかります。

EB：全館連続暖房時の暖房負荷増減率（対平成28年居室間歇暖房）の観点から

表2は，各地域の代表都市において全館連続暖房とした場合と平成28年基準の居室のみ暖房との比率に関して，戸建住宅と集合住宅の関係をまとめたものです。表1と同じように，表2中には集合住宅の平成28年基準，C2・C3と同等程度となる戸建住宅の水準を示していますが，そのうちグレーのアミ掛け部分は戸建住宅G3としても性能が及ばない部分を表しています。

1～3地域では戸建住宅G2≒集合住宅C2，G3≒C3という関係になっています。4地域以西では，戸建住宅G1が集合住宅の平成28年基準，C2はG2とほぼ同等の関係にありますが，NEBと同様に，集合住宅C3には及ばないことがわかります。

地域地区		1～2	3	4	5	6	7
	代表都市	札幌	盛岡	松本	宇都宮	東京	鹿児島
集合住宅の水準	平成28年基準	平成28年基準	G1	G1	G1	G1	G1
	C2	G2	G2	G2	G2	G2	G2
	C3	G3	G3	G3超	G3超	G3超	G3超

・表中には集合住宅と同等の戸建住宅の水準を示す。
・EB：全館連続暖房とした場合と平成28年省エネ基準居室連続暖房とした場合の比率

表2　各地域の代表都市においてEBから見た戸建住宅と集合住宅の関係

以上，戸建住宅と集合住宅の関係性を紹介しましたが，この関係を単純に説明すると，おおむね以下のようになります。

・同等の NEB にするには，寒冷地を除けば戸建住宅は集合住宅のおおむね 1〜2 ランクアップした性能水準が必要（例えば，戸建住宅 G2≒集合住宅平成 28 基準，戸建住宅 G3≒集合住宅 C2 など）

・同等の EB とするには，寒冷地はそのままスライドした水準，温暖地は戸建住宅は集合住宅と同等か，ワンランクアップした性能水準が必要（例えば，戸建住宅 G1≒集合住宅平成 28 年基準，戸建住宅 G2≒集合住宅 C2 など）

・ただし，表 1・2 でも述べたとおり，集合住宅 C3 の NEB・EB に匹敵するには戸建住宅の G3 では不足している。

　外皮の性能強化の最終的目標でもある無暖房住宅は，これまで述べてきたとおり，集合住宅においては，最も熱損失の多い最上階端部住戸でもなんとか実現することができます。

　本ガイドブックでは示していませんが，おそらく C2 水準相当の断熱化した中間階や中間部の住戸では確実に無暖房住宅は実現できるだろうと考えられます。一方で，戸建住宅では，汎用的な断熱材・断熱工法を前提に考えるなら，外皮の性能強化のみで無暖房住宅にすることはそう容易ではありません。例えば，日射取得をより積極的に導入し，蓄熱により翌朝までの室温降下を抑えたパッシブソーラーデザインなどを行えばそれも可能でしょう。一方，隣接する建物の日影の影響があり，プライバシーが求められる都市型住宅などでは，実現のためのプランニングの制約やイニシャルコストも考えると，難しいものとなるでしょう。

　環境の質とエネルギー削減を両立した住まいづくりに向けて，断熱化などによる建築的な対応で無暖房住宅を目指すことは魅力的テーマですが，わずかな暖房を行うことで温度むらのない住宅が実現できるのも断熱化の目的です。それは，戸建住宅のみならず集合住宅でも同じことがいえます。これらの検討結果を見て，さまざまな考えがあっていいと思いますが，現状においては，温度むらのない無暖房住宅を実現するために，G3 や C3 を超える水準を目指すのではなく，躯体を G2 あるいは G3 水準まで引き上げ，それに相応しい低負荷・低コストで放射環境を改善する新たな暖房システムをバランスよく導入することが正しい方向と，HEAT20 は考えています。

「はじめに「HEAT20」が考えてきたこと 2008 年～2020 年」（15 頁）のとおり，HEAT20 が目指す住宅の第一義的な目標は，「外皮平均熱貫流率」を満足することではなく，「住宅シナリオ」に示される"環境の質を表す室温（NEB）"と"省エネルギー（EB）"を両立させ実現することです。以下では，戸建住宅を対象に，これまで公開した G1・G2 に加え，2020 年 9 月に最終公開した G3 も含めて紹介します。

住宅シナリオ

住宅シナリオは設計ガイドブック＋PLUS と同様に，室温（NEB），エネルギー（EB），それぞれ二つの指標で説明しています。

NEB：室温と G1～G3

NEB（室温）に関する住宅シナリオを，表 1 に示します。

・暖房期最低室温（OT）・3％タイル値　※詳細は ➤1（27 頁）を参照

住宅外皮性能の"良し悪し"が，最も顕著に表れるのが暖房期の住宅内の最低温度です。住宅のなかで室温が最低になるのは，住宅北側の非空調ゾーンで暖房運転開始直前の朝方ですが，それを体感温度で表したものです。

HEAT20 では，G1 は最低室温をおおむね 10℃に保つことにしていますが，これは非暖房室の表面結露の防止（それに起因するカビの発生，空気質の悪化の防止，仕上材などの汚損防止），すなわち住まいの健康を主目的しているものです。そして，G2 は 1・2 地域を除けばおおむね 13℃，G3 はおおむね 15℃以上を確保することとしており，これらは室内の温度むらを小さくし，住まい手の暮らしやすさの向上や温度ストレスを考え設定しています。

・暖房室温（OT）15℃未満の面積比割合　※詳細は ➤2（28・29 頁）を参照

この指標は，単純に住宅内のどこかで 15℃未満となる時間の割合がいくらあるかを示すものではなく，住宅内部で 15℃未満となる時間・面積が全体のどれくらいあるのかを示したもので，よく勘違いされやすい部分です。実際の住宅設計においては，時間のみならず空間の温度むらも考慮して検討してほしいという意図から，このような独自の指標で説明を加えている点も HEAT20 の特徴といえます。

		1・2 地域	3 地域	4 地域	5 地域	6 地域	7 地域
		居室 連続暖房	LDK 平日 連続暖房 他は部分間歇	部分間歇暖房			
暖房期最低 室温（OT） （3％タイル値）	平成 28 年	概ね 10℃を下回らない	概ね 8℃を下回らない				
	G1	概ね 13℃を下回らない	概ね 10℃を下回らない				
	G2	概ね 15℃を下回らない	概ね 13℃を下回らない				
	G3	概ね 16℃を下回らない	概ね 15℃を下回らない				概ね 16℃を下回らない
15℃未満の割合 （面積比による 按分）	平成 28 年	4％程度	25％程度	約 30％程度			
	G1	3％程度	15％程度	約 20％程度	15％程度		
	G2	2％程度	8％程度	約 15％程度	10％程度		
	G3	2％未満		5％程度	2％未満		

表 1　戸建住宅 G1～G3 の住宅シナリオ・NEB

➤1 暖房期最低室温（OT）・3%タイル値

　図1は，各地域の外皮性能グレード別の暖房期最低室温（OT）を3%タイル値の値で表したものです。地域によらず，G1はおおむね10℃以上，G2はおおむね13℃以上，G3はおおむね15℃以上となっています。ここで表している室温は，暖房期間中の体感温度（OT）の3%タイル値です。3%タイル値は，**図2**の縦軸3%の点線と出現頻度の曲線との交点の温度のことです。つまり，「暖房期間中に出現する1時間ごとの体感温度を昇順に並べたとき，下から3%の位置にある温度」になります。3%タイル値としたのは，年間で数時間しか出現しない最低温度を性能値として評価するのは現実的ではない，との考えからです。よって，HEAT20では，最低室温を住宅シナリオとして示す際には，「おおむね○○℃を下回らない」と称しています。

　また，ここでいう体感温度は，室内周囲の壁・窓・床・天井などの表面温度（平均放射温度）と室温の平均で表しています。断熱性能が低いと壁などの表面温度が低くなり，体感温度は室温よりも低い温度と感じることになり，断熱性能が高いと壁などの表面温度が室温に近づきますので，体感温度は室温に近くなります。

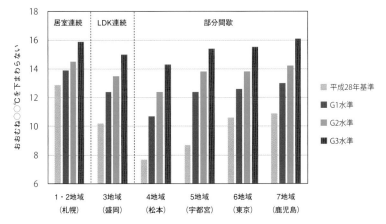

図1　外皮性能グレード別・地域別の暖房期最低室温（OT）

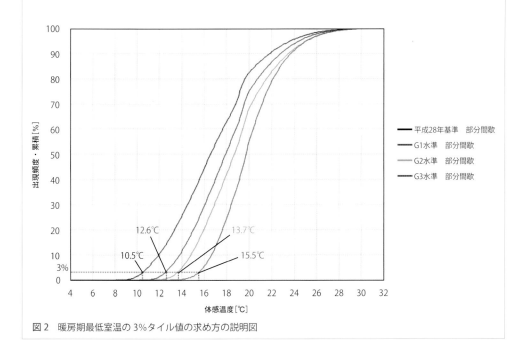

図2　暖房期最低室温の3%タイル値の求め方の説明図

➢2 暖房室温（OT）15℃未満の面積比割合

図3は，暖房室温（OT）15℃未満となる面積比割合を地域ごと，外皮性能グレード別に示したものです。暖房時間の長い1〜2地域と3地域は，4〜7地域と比べて割合が小さくなっていることがわかります。暖房期最低室温（OT）3%タイル値が外皮性能グレードG3ではおおむね15，16℃を下まわらないことからもわかるとおり，15℃未満の面積比割合も2%未満（4地域で5%程度）となり，温度むらが小さくなることを示しています。

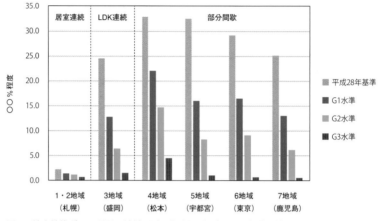

図3　外皮性能グレード別・地域別暖房期室温（OT）15℃未満面積の面積比割合

写真1　リビング階段のある魅力的な住宅内観※
　　　［※提供：芦野組（設計施工／北海道旭川市）］

写真2　広さから豊かさへ　住空間の創造※

暖房室温（OT）15℃未満の面積比割合は，**図4**中の計算式で示しているとおり，各室の床面積に応じ按分して求めています。**図4**で表すと，**図4**右側の縦長の図に示すように室ごとの床面積の比で長さを分割し，15℃を境として橙色と青色で分けて示しています。この図の横幅は1時間です。この1時間ごとの縦長棒を横に，暖房期間すべてについて並べたものが**図5**になります。**図5**を見ると，暖房期間中に青の部分（15℃未満の部分）がどの程度発生するか一目瞭然です。

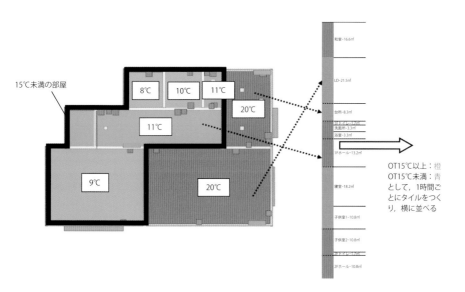

OT15℃以上：橙
OT15℃未満：青
として，1時間ごとにタイルをつくり，横に並べる

$$15℃未満の割合＝\frac{\Sigma\left(\begin{array}{c}15℃未満の\\部屋の面積\end{array}\times\begin{array}{c}15℃未満に\\なる時間\end{array}\right)}{延床面積\times暖房期の時間}\times100$$

手順1）15℃未満になっている部分の面積を1時間ごとに積算する
手順2）上記の積算値を（暖房期の時間（東京は3,480時間）×延床面積）で割る

図4　暖房室温（OT）15℃未満の面積比割合の求め方

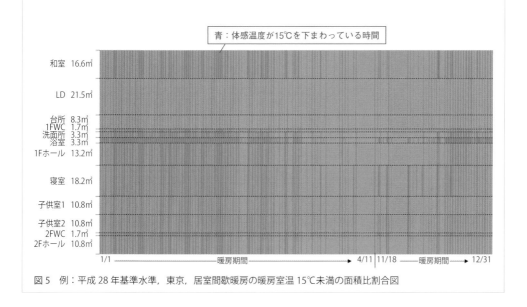

図5　例：平成28年基準水準，東京，居室間歇暖房の暖房室温15℃未満の面積比割合図

EB：省エネルギーと G1〜G3

EB（省エネルギー）に関する住宅シナリオを，**表 2** に示します。

・平成 28 年省エネ基準からの暖房負荷削減率　※詳細は➤3（31 頁）を参照

住み替えのほとんどは，年代の古い家から新たな住宅への住み替えになります。暖房などの空調エネルギーやコストは，外皮性能の水準のみならず，空調エリアの面積や空調モード，設定室温によっても大きく異なるため，住み替え後の住宅が省エネルギーといわれても，住まい手が実感ある省エネルギーには必ずしもつながらないのも現実です。そのことは，住み替え後の住宅が省エネルギー基準レベルであれば，前述した要因の影響をより顕著に受けるため，机上計算（シミュレーションや省エネ基準 WEB 省エネルギープログラム）による推定のみでは，さらに住まい手に対して確かなことはいえなくなるでしょう。

これらのことから，HEAT20 では，比較対象として一定程度の信頼度がでてくる省エネルギー基準レベルの住宅に対して，どの程度の削減効果がありそうかの目安を示すことにしており，それが「平成 28 年基準からの暖房負荷削減率」であると理解ください。なお，**表 2** を見ると一目瞭然ですが，各水準の差はおおむね 20〜30 ポイント程度の差になっています。これは，10 ポイント程度の差であれば，ちょっとした暮らし方により簡単に逆転するおそれがあること，また日本の多くの住宅用空調機器の設備容量が数％刻みでなく 20〜30％刻みで設定されており，わずかな削減効果では設備のダウンサイジングができず，かえって部分負荷効率が低下して，思ったほどの省エネ効果が得られないことを避けるために，この程度の差を設けています。

・平成 28 年省エネ基準における間歇暖房時の暖房負荷に対する全館連続暖房としたときの暖房負荷削減率　※詳細は➤4（31 頁）を参照

これまで述べてきたように，部分間歇暖房を前提として，外皮性能の向上のみで室温を向上させる，そして，ほぼ無暖房住宅にしていくことには限界があります。停電などの非日常時を除き，室温のことだけ考えれば暖房熱源を分散した，いわゆる全館連続暖房の方が，はるかに確実に室温を維持することができます。しかし，当然ですが，全館連続暖房は一般に高価で，計画性が必要です。HEAT20 の EB のもう一つの指標として設定した「平成 28 年基準部分間歇暖房と比較した全館連続暖房時の暖房負荷削減率」は，まさに，その導入の判断を検討するための指標です。

表 2 中の数値を見るとわかりますが，「○○％増加」というレベルは省エネルギーにはならないので，導入には慎重になるべきですし，住まい手に事前に説明する必要があります。一方で，「○○％削減」は，ある住宅性能に見合った低負荷な暖房設備計画を行い，イニシャルコストに納得できれば，それを積極的に進めていくべきでしょう。これらの指標が意味することを理解いただけたでしょうか。

		1・2 地域	3 地域	4 地域	5 地域	6 地域	7 地域
		居室連続暖房	LDK 平日連続暖房他は部分間歇	部分間歇暖房			
平成 28 年基準からの削減率	G1	約 20％削減	約 30％削減	約 35％削減	約 45％削減	約 40％削減	
	G2	約 35％削減	約 40％削減	約 50％削減	約 60％削減	約 55％削減	
	G3	約 55％削減	約 60％削減	約 70％削減	約 80％削減	約 75％削減	
全館連続暖房時の暖房負荷増減率（対平成 28 年基準居室のみ暖房）	G1	約 10％削減	約 5％増加	約 35％増加	約 15％増加	約 50％増加	
	G2	約 25％削減	約 20％削減	平成 28 年レベルと概ね同等のエネルギーで全館連続暖房が可能			
	G3	約 50％削減	約 45％削減	約 40％削減	約 55％削減	約 40％削減	

表 2　戸建住宅 G1〜G3 の住宅シナリオ・EB

➤3 平成28年省エネ基準からの暖房負荷削減率

同じ暖房方式のとき，例えば4〜7地域の場合は居室間歇暖房のときの平成28年省エネ基準の暖房負荷（A_0）に対する暖房負荷削減率を下式で求めます。

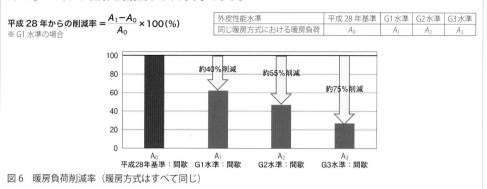

平成28年からの削減率 $= \dfrac{A_1 - A_0}{A_0} \times 100(\%)$
※ G1水準の場合

外皮性能水準	平成28年基準	G1水準	G2水準	G3水準
同じ暖房方式における暖房負荷	A_0	A_1	A_2	A_3

図6　暖房負荷削減率（暖房方式はすべて同じ）

住宅水準　G1・G2・G3

上記で説明した住宅シナリオを，代表都市で実現するための外皮平均熱貫流率 U_A が**表3**に示す値となります。そして，代表都市以外の外皮平均熱貫流率はI 05に述べる方法で地域補正するという考え方が，HEAT20が奨める"正統なやり方"です。**表3**の数値の意味は，「はじめに「HEAT20」が考えてきたこと2008年〜2020年」に述べたとおりです。

地域の区分		1・2地域	3地域	4地域	5地域	6地域	7地域
代表都市		札幌	盛岡	松本	宇都宮	東京	鹿児島
外皮性能水準別 外皮平均熱貫流率 U_A [W/(m²・K)]	平成28年基準	0.46	0.56	0.75	0.87	0.87	0.87
	G1水準	0.34	0.38	0.46	0.48	0.56	0.56
	G2水準	0.28	0.28	0.34	0.34	0.46	0.46
	G3水準	0.20	0.20	0.23	0.23	0.26	0.26

表3　地域別の代表都市と外皮平均熱貫流率

➤4 平成28年省エネ基準における間歇暖房時の暖房負荷に対する全館連続暖房としたときの暖房負荷削減率

平成28年省エネ基準の外皮性能グレードのときの暖房方式（1〜2地域は居室連続暖房，3地域はLDK平日連続暖房・他は間歇暖房，4〜7地域は居室間歇暖房）における暖房負荷に対して，全館連続暖房としたときに，暖房負荷が増減する比率を下式で求めます。

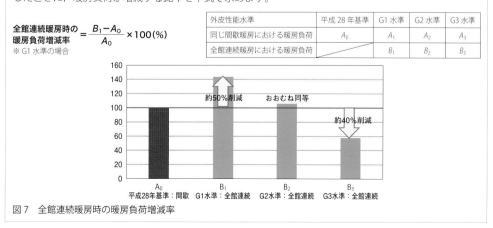

全館連続暖房時の
暖房負荷増減率 $= \dfrac{B_1 - A_0}{A_0} \times 100(\%)$
※ G1水準の場合

外皮性能水準	平成28年基準	G1水準	G2水準	G3水準
同じ間歇暖房における暖房負荷	A_0	A_1	A_2	A_3
全館連続暖房における暖房負荷		B_1	B_2	B_3

図7　全館連続暖房時の暖房負荷増減率

集
合
住
宅
の
住
宅
シ
ナ
リ
オ
と
性
能
水
準
C2
・
C3

ここでは，集合住宅を対象に，2020 年 9 月に最終公開した C2・C3 の住宅シナリオと住宅水準を紹介します。

住宅シナリオ

住宅シナリオは戸建住宅と同様に，二つの指標で説明しており，その定義，意味合いなどは「はじめに「HEAT20」が考えてきたこと 2008 年〜2020 年」（15 頁）を参照ください。

NEB：室温と C2・C3（住宅シナリオは表 1 を参照）

・暖房期最低室温（OT）・3％タイル値 ※詳細は ≻1（27 頁）を参照

集合住宅はすでに述べたとおり，省エネ基準レベルの住宅でも戸建住宅の G1〜G2 と同等以上の最低室温が確保できます。また，C2 以上になると，こたつでも寒さを感じない暮らしも可能になるでしょうし，C3 になれば，補助的な暖房機器は必要ですが，いわゆる無暖房住宅のレベルとなります。

図 1 は，集合住宅における外皮性能グレード別の暖房期最低室温（OT）は，地域により異なりますが，C2 の 3 地域でおおむね 14℃を下まわらない結果となっており，その他の地域はそれ以上の温度となります。C3 では，おおむね 16℃以上であり，5〜7 地域ではおおむね 18℃を下まわらない結果となります。

・暖房室温（OT）15℃未満の面積比割合 ※詳細は ≻2（28・29 頁）を参照

この指標でも，前述と同じことがいえます。これは，集合住宅では最も熱損失の多い最上階端部住戸での検討に基づくものであり，熱損失量がおおむね 3〜5 割小さくなる中間階中間部住戸では，省エネ基準レベルの住戸が最上階端部住戸の C2 水準，C2 水準の住宅が C3 水準の住戸になると考えてもいいでしょう。

これら二つの指標でみても，戸建住宅と比べて集合住宅の温度的な優位性がわかります。

図 2 は，集合住宅の暖房室温（OT）15℃未満となる面積比割合を，地域ごと，外皮性能の水準別に示したものです。1・2 地域は，図 1 で示すとおり，どの水準も最低室温（OT）が 18℃以上ですので，割合は "0" となります。1・2 地域以外のどの地域においても，C2 で 6％程度以下，C3 はどの地域もほぼ "0" という結果になります。

		1・2 地域	3 地域	4 地域	5 地域	6 地域	7 地域
		居室 連続暖房	LDK 平日 連続暖房 他は部分間歇	部分間歇暖房			
暖房期最低 室温（OT）	平成 28 年	概ね 18℃ を 下回らない	概ね 12℃ を 下回らない	概ね 13.5℃を 下回らない	概ね 13.5℃を 下回らない	概ね 14.5℃を 下回らない	概ね 15℃ を 下回らない
	C2	概ね 18.5℃を 下回らない	概ね 14℃ を 下回らない	概ね 15℃ を 下回らない	概ね 15℃ を 下回らない	概ね 16℃ を 下回らない	概ね 16℃ を 下回らない
	C3	概ね 19℃ を 下回らない	概ね 16℃ を 下回らない	概ね 17.5℃を 下回らない	概ね 18℃ を 下回らない	概ね 18.5℃を 下回らない	概ね 19℃ を 下回らない
15℃未満の 割合	平成 28 年	発生しない	14％程度	10％程度	10％程度	3％程度	3％程度
	C2	発生しない	7％程度	5％程度	4％程度	2％程度	1％程度
	C3	発生しない	1％程度	発生しない	発生しない	発生しない	発生しない

表 1 集合住宅 C2・C3 の住宅シナリオ・NEB

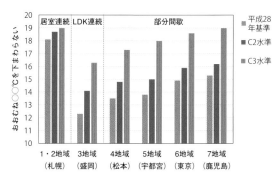

図1　集合住宅の外皮グレード別・地域別の暖房期最低室温（OT）

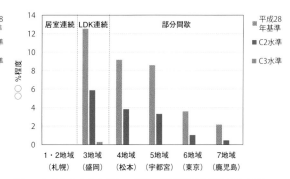

図2　集合住宅の外皮グレード別・地域別の暖房期室温（OT）15℃未満の面積比割合

EB：省エネルギーと C2・C3（住宅シナリオは表2を参照）

「平成28年省エネ基準からの暖房負荷削減率」（詳細は➤3（31頁）参照）は，C2はおおむね30%，C3は寒冷地では50〜60%，温暖地では80%以上の削減率としています。

また，「平成28年省エネ基準における間歇暖房時の暖房負荷に対する全館連続暖房としたときの暖房負荷削減率」（詳細は➤4（31頁）参照）では，C2はおおむね同じ暖房エネルギーで部分間歇から全館連続暖房とできるレベル，C3は寒冷地は約半分，温暖地は10〜20%程度のエネルギーで全館連続暖房が可能なレベルとなっています。

		1・2地域	3地域	4地域	5地域	6地域	7地域
		居室連続暖房	LDK平日連続暖房他は部分間歇	部分間歇暖房			
平成28年からの削減率	C2	約35%削減	約35%削減	約30%削減	約30%削減	約35%削減	約35%削減
	C3	約50%削減	約65%削減	約75%削減	約85%削減	約90%削減	約95%削減
全館連続暖房時の暖房負荷増減率（対平成28居室のみ暖房）	C2	約30%削減	約10%削減	約20%増加	約10%増加	約10%増加	約10%増加
	C3	約45%削減	約55%削減	約65%削減	約80%削減	約85%削減	約90%削減

表2　集合住宅 C2・C3 の住宅シナリオ・EB

住宅水準　C2・C3（外皮平均熱貫流率 U_A）

上記で説明した住宅シナリオを，代表都市で実現するための外皮平均熱貫流率 U_A を表3に示します。集合住宅においては，戸建住宅のような地域補正の方法はまだ整備できてなく，整備し次第，HEAT20 の HP などに公開していく予定です。

地域の区分		1・2地域	3地域	4地域	5地域	6地域	7地域
代表都市		札幌	盛岡	松本	宇都宮	東京	鹿児島
最上階妻側住戸の外皮性能水準別外皮平均熱貫流率 U_A [W/(m²・K)]	平成28年	0.46	0.56	0.75	0.87	0.87	0.87
	C2	0.34	0.46	0.57	0.68	0.68	0.68
	C3	0.28	0.28	0.36	0.36	0.36	0.36

表3　集合住宅の代表都市における外皮平均熱貫流率

　HEAT20 の住宅シナリオで示している NEB と EB の二つの指標の検討は，室ごと，1 時間ごとの暖房負荷や，室温，室の表面温度を，温熱環境シミュレーションプログラム「AE-Sim/Heat」を用いて提案しています。以下では，これらの検討の前提条件を説明します。

共通条件

代表都市

　住宅シナリオは，省エネ基準の「地域の区分」ごとに一つの都市の気象データを用いています。都市の選定に際しては，地域において経済的影響なども勘案して，住宅着工戸数が多いことなどを主眼においています。その結果，省エネ基準で一次エネルギー消費量を求める計算法の根拠として定めている代表的都市とは，一部の地域では異なっています。既刊の設計ガイドブックで示している G1，G2 の検討も同じ考え方ですが，2019（令和元）年 5 月に公布された改正平成 28 年省エネ基準において，地域の区分が見直されたことに伴い，HEAT20 で 4 地域の代表都市である仙台が 5 地域になったため，松本を新たな 4 地域の代表都市としました。

　表 1 が，各地域の代表都市かつ計算に用いた気象データ地点名になります。

地域の区分	代表都市	
	HEAT20	参考）省エネ基準
1・2 地域	札幌	1 地域：北見　　2 地域：岩見沢
3 地域	盛岡	盛岡
4 地域	松本	長野
5 地域	宇都宮	宇都宮
6 地域	東京	岡山
7 地域	鹿児島	宮崎

表 1　各地域の代表都市

気象データ

　気象データは，毎時の外気温，日射量などのデータを備えた「拡張アメダス気象データ（EA 気象データ）」の標準年のデータを用いています。今まで 1995 年版の標準年 EA 気象データを用いていましたが，G3，C2・C3 の検討に際しては，最新の 2010 年版標準年 EA 気象データを用いることとしました。なお，気象データの変更に伴い前述の理由から，過去に検討した G1・G2，および仙台から松本への代表都市変更などへの影響について検証した結果，住宅シナリオに影響を及ぼさないことを確認しています。

室内発熱

　室内での発熱は，暖房時には負荷が減る要因となり，冷房時には負荷増大の要因となります。HEAT20 では，室内での発熱条件として，在室者，家電などを想定した発熱機器，照明機器を設定します。これらの発熱量，および発熱スケジュールは，建売戸建住宅を対象とした「住宅事業建築主の判断の基準におけるエネルギー消費量計算方法の解説」記載の条件と，同じとしました。

暖冷房運転

　暖冷房方式は，地域により表 2 のとおりとしています。暖房対象室，運転スケジュールは，「住宅事業建築主の判断の基準におけるエネルギー消費量計算方法の解説」記載条件を参考としつつ，現状の生活スタイルなどを勘案して設定しました。表 3～5 に，「住宅事業主の判断基準」と異なる時間帯などを色分けして示しています（冷房は住宅事業主の判断基準と同じ部分間歇運転）。

地域の区分		1・2地域	3地域		4～7地域	
暖房方式の名称		居室連続暖房	LDK平日連続暖房 他は部分間歇		部分間歇暖房	
室別の暖房方式	LDK	連続暖房【24時間】	平日：連続暖房【24時間】 休日：15時間連続暖房	在室時暖房（深夜・日中は除く）	平日：14時間暖房 休日：13時間間歇暖房	在室時暖房（深夜・日中は除く）
	主寝室		9時間間歇暖房 平日：3時間暖房 休日：7・10時間間歇暖房		3時間暖房 平日：3時間暖房 休日：7・10時間間歇暖房	
	子供室1・2					
	トイレ，廊下，浴室，洗面脱衣	暖房なし				
	和室（集合住宅なし）					

表2　地域別の暖房方式

温度［℃］

室名	平日/休日		時刻											
		AM	0-1	1-2	2-3	3-4	4-5	5-6	6-7	7-8	8-9	9-10	10-11	11-12
		PM	12-13	13-14	14-15	15-16	16-17	17-18	18-19	19-20	20-21	21-22	22-23	23-24
LDK 子供室1, 2 寝室 和室	平日	AM	20	20	20	20	20	20	20	20	20	20	20	20
		PM	20	20	20	20	20	20	20	20	20	20	20	20
	休日	AM	20	20	20	20	20	20	20	20	20	20	20	20
		PM	20	20	20	20	20	20	20	20	20	20	20	20

表3　1・2地域：居室連続暖房（居室を20℃設定で24時間運転）

「住宅事業主の判断基準」と異なる暖房設定　　温度［℃］

室名	平日/休日		時刻											
		AM	0-1	1-2	2-3	3-4	4-5	5-6	6-7	7-8	8-9	9-10	10-11	11-12
		PM	12-13	13-14	14-15	15-16	16-17	17-18	18-19	19-20	20-21	21-22	22-23	23-24
LDK	平日	AM	20	20	20	20	20	20	20	20	20	20	20	20
		PM	20	20	20	20	20	20	20	20	20	20	20	20
	休日	AM	0	0	0	0	0	20	20	20	20	20	20	20
		PM	20	20	20	20	20	20	20	20	20	20	20	20
子供室1	平日	AM	0	0	0	0	0	0	0	0	0	0	0	0
		PM	0	0	0	0	0	0	0	0	20	20	20	20
	休日	AM	0	0	0	0	0	0	0	0	20	20	20	20
		PM	0	0	0	0	20	20	20	0	0	20	20	0
子供室2	平日	AM	0	0	0	0	0	0	0	0	0	0	0	0
		PM	0	0	0	0	0	0	20	0	0	20	20	0
	休日	AM	0	0	0	0	0	0	0	0	20	20	20	20
		PM	20	0	0	0	0	0	0	0	20	20	20	0
寝室	平日	AM	0	0	0	0	0	0	20	20	20	0	0	0
		PM	0	0	0	0	0	20	20	20	20	20	20	20
	休日	AM	0	0	0	0	0	0	20	20	0	0	0	0
		PM	0	0	0	0	0	20	20	20	20	20	20	20

表4　3地域：LDK平日連続暖房，他は部分間歇（LDKを平日は24時間連続暖房，他居室は間歇暖房）

「住宅事業主の判断基準」と異なる暖房設定　　温度［℃］

室名	平日/休日		時刻											
		AM	0-1	1-2	2-3	3-4	4-5	5-6	6-7	7-8	8-9	9-10	10-11	11-12
		PM	12-13	13-14	14-15	15-16	16-17	17-18	18-19	19-20	20-21	21-22	22-23	23-24
LDK	平日	AM	0	0	0	0	0	0	20	20	20	20	0	0
		PM	20	20	0	0	20	20	20	20	20	20	20	20
	休日	AM	0	0	0	0	0	0	0	0	20	20	20	0
		PM	20	20	0	0	20	20	20	20	20	20	20	0
子供室1	平日	AM	0	0	0	0	0	0	0	0	0	0	0	0
		PM	0	0	0	0	0	0	0	0	20	0	20	20
	休日	AM	0	0	0	0	0	0	0	0	20	20	20	0
		PM	0	0	0	0	20	20	0	20	0	20	20	0
子供室2	平日	AM	0	0	0	0	0	0	0	0	0	0	0	0
		PM	0	0	0	0	0	0	0	20	0	0	20	20
	休日	AM	0	0	0	0	0	0	0	0	0	20	20	20
		PM	20	0	0	0	0	0	0	0	20	20	20	0
寝室	平日	AM	20	0	0	0	0	0	0	0	0	0	0	0
		PM	0	0	0	0	0	0	0	0	0	0	20	20
	休日	AM	20	0	0	0	0	0	0	0	0	0	0	0
		PM	0	0	0	0	0	0	0	0	0	0	20	20

表5　4～7地域：部分間歇暖房（居室を間歇暖房）

035

戸建住宅の計算条件

　計算に用いる住宅モデルは，「平成 25 年　省エネルギー基準に準拠した算定・判断の方法及び解説　II住宅」の延床面積 120.08 m^{2}のプランを用いています（図 1，2）。

　1〜3 地域と 4〜7 地域では，窓やドアの外皮面積合計に占める割合が異なります。表 6 に，各部位の面積などを示します。

　機械常時換気，局所換気の換気量，換気スケジュールは，「住宅事業建築主の判断の基準におけるエネルギー消費量計算方法の解説」記載の条件と同じです。図 3 に機械常時換気の換気経路と換気量を，図 4 に局所換気の換気経路を，表 7 に局所換気の換気量，換気スケジュールを示します。

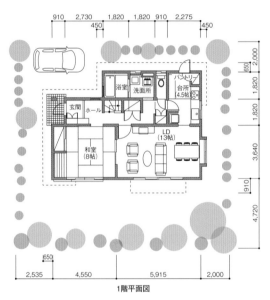
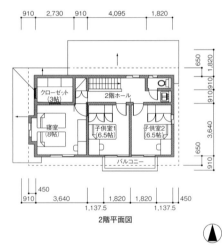

1階平面図

2階平面図

図1　戸建住宅の計算に用いた住宅モデルの平面図　S＝1：250

部位		面積 [m^2]	長さ [m]
天井		67.90	—
外壁	南	37.81	
	東	29.94	
	北	49.26	
	西	29.48	
窓	南	15.02	
	東	3.09	—
	北	2.22	
	西	1.67	
ドア	北	1.35	
	西	1.89	
床		62.11	—
土間床		5.80	—
基礎周長	外気側	—	6.825
	床下側	—	6.825
外皮面積合計		307.53	—

部位		面積 [m^2]	長さ [m]
天井		67.90	—
外壁	南	33.14	
	東	29.25	
	北	48.06	
	西	29.07	
窓	南	19.69	
	東	3.79	—
	北	3.15	
	西	2.07	
ドア	北	1.62	
	西	1.89	
床		62.11	—
土間床		5.80	—
基礎周長	外気側	—	6.825
	床下側	—	6.825
外皮面積合計		307.53	—

表6　各部位の外皮面積（戸建住宅）※左：1〜3 地域，右：4〜7 地域

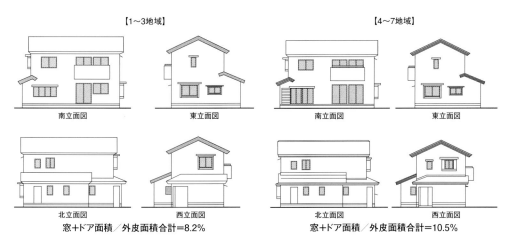

【1～3地域】　　　　　　　　　　　　　　　　　【4～7地域】

南立面図　　　東立面図　　　南立面図　　　東立面図

北立面図　　　西立面図　　　北立面図　　　西立面図

窓＋ドア面積／外皮面積合計＝8.2%　　　窓＋ドア面積／外皮面積合計＝10.5%

図2　戸建住宅の計算に用いた住宅モデルの立面図

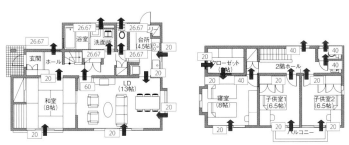

図3　戸建住宅の機械常時換気経路（図中の数字は換気量 m³/h を表す）

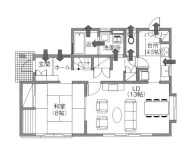

図4　戸建住宅の局所換気経路

室名		AM	0-1	1-2	2-3	3-4	4-5	5-6	6-7	7-8	8-9	9-10	10-11	11-12
		PM	12-13	13-14	14-15	15-16	16-17	17-18	18-19	19-20	20-21	21-22	22-23	23-24
台所	平日	AM	0	0	0	0	0	0	75.0	0	0	0	0	0
		PM	75.0	0	0	0	0	0	150.0	150.0	0	0	0	0
	休日	AM	0	0	0	0	0	0	0	0	75.0	0	0	0
		PM	75.0	0	0	0	0	150.0	150.0	0	0	0	0	0
1F 便所	平日	AM	0	0	0	0	0	0	6.0	2.0	0	0.8	0	0
		PM	0.8	0	0	0	0.8	0.8	0.8	0.8	0.8	2.0	0	2.8
	休日	AM	0	0	0	0	0	0	0	4.0	4.0	0	1.2	1.2
		PM	0	0	0	0	2.0	0.8	0	2.0	0.8	0	2.0	0.8
浴室	平日	AM	0	0	0	0	0	0	0	0	0	0	0	0
		PM	0	0	0	0	0	0	0	0	0	50.0	25.0	100.0
	休日	AM	0	0	0	0	0	0	0	0	0	0	0	0
		PM	0	0	0	0	0	75.0	25.0	0	0	25.0	25.0	100.0

給排量 [m³/h]

表7　局所換気の換気量と換気スケジュール

集合住宅の計算条件

　計算に用いる住宅モデルは，「平成 25 年　省エネルギー基準に準拠した算定・判断の方法及び解説　II住宅」の住戸床面積 70.00 m²のプランとしています。

　住戸位置は，外皮面積が大きく熱損失上厳しいとされる最上階西妻側の住戸とし，隣接する隣戸，および下階住戸は同じプランで，室内発熱および暖冷房条件ともに同じとしています。

　1〜7 地域とも，同じプランを用いています。各部位の面積などを，**表 8** に示します。

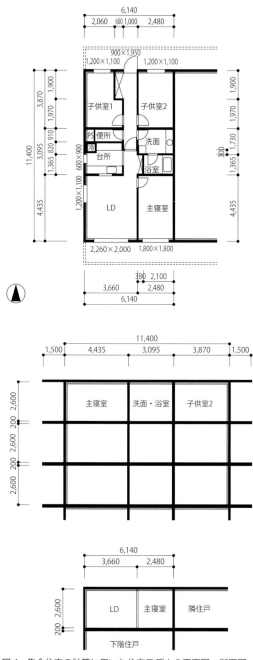

図 4　集合住宅の計算に用いた住宅モデルの平面図，断面図

構造は，鉄筋コンクリート造でラーメン構造・柱・梁は室内側に突出する構造としています。躯体コンクリート厚さは，屋根：150 mm，外壁：135 mm，戸境壁：150 mm，界床：200 mm です。

換気

機械常時換気，局所換気の換気量，換気スケジュールは，戸建住宅の換気条件を参考に設定しました。図5 に機械常時換気の換気経路と換気量（図中赤数字）を，図6 に局所換気の換気経路を示します。局所換気の換気量，スケジュールは戸建住宅と同じですので，表7 を参照してください。

図5　集合住宅の機械常時換気経路

図6　集合住宅の局所換気経路
（青字は換気量 m³/h を表す）

部位			面積 [m²]	長さ [m]
屋根			70.00	—
外壁		南	9.43	—
		西	30.06	
		北	12.79	
窓		南	7.76	—
		西 LD	1.32	
		西 K	0.54	
		北	2.64	
ドア		北	1.76	—
構造熱橋 （屋根，外壁ともに内断熱の場合）	屋根-外壁		—	23.68
	戸境壁-外壁	南	—	2.8
	〃	北	—	2.8
	界床-外壁	南	—	6.14
	〃	北	—	6.14
	〃	西	—	11.4
外皮面積合計※			238.22	—

表8　各部位の外皮面積（集合住宅）

新しい地域補正式の提案

「はじめに「HEAT20」で考えてきたこと 2008 年～2020 年」で説明したとおり，HEAT20 が提案する外皮平均熱貫流率（以下，U_A 値[注1]）は，省エネ基準の地域区分ごとの代表都市において，住宅シナリオを実現する外皮性能の水準値（以下，代表都市 U_A）です。そして住宅シナリオは，「最低のOT（冬期間の最低の体感温度）」，「OT が 15℃未満の割合（作用温度がおおむね 15℃を下回らない）」，「暖房負荷削減率（平成 28 年基準レベルの住宅との比較）」の 3 指標で構成されています。

一方，同じ地域区分の中でも，外気温や日射量は地域（市町村など）によりさまざまであり，代表都市以外の地域でこの住宅シナリオを実現するには，その場所の気候特性に応じた U_A 値（以下，地域補正 U_A 値）にする必要があります。補正の結果，例えば，日射量が多い地域であれば，代表都市 U_A 値より断熱性能が少し低くても，住宅シナリオを達成できることもあるでしょう。

地域補正の方法は，既刊の『設計ガイドブック＋PLUS』において紹介され，その計算プログラムが HEAT20 の HP に掲載されていますが（2020 年 2 月現在），
①標準年気象データの 2010 年版[注1]が新たに整備されたこと
②HEAT20 で G3 を提案したこと
③省エネ基準において地域区分が変更（例えば，仙台が 3 地域から 4 地域に変更）になったこと
④NEB に関して「OT が 15℃未満の割合（作用温度がおおむね 15℃を下回らない）」の評価に加え，「最低の OT（冬期間の最低の体感温度）」の評価も可能にしようとしたこと
などの理由から，今回，本設計ガイドブックの発行を機に，まったく新しい地域補正方法を提案することにしました。

新たな地域補正方法は，次頁に示す式(1)～(3)を用い，そのパラメータの入力は表を参照してください。

これまでの補正式は，変数として U_A 値と η_{AH}（暖房期平均日射熱取得率）を用いていましたが，新たな補正式では，APPENDIX1 に示す住宅モデルを前提に，外皮の断熱性能と日射熱取得の計算を，「主たる居室・その他の居室・非居室」に分けて評価します。以前の式よりも複雑な式になっていますが，それにより「最低の OT」の評価もできるようになりました。2021 年度中には HEAT20 の HP で計算プログラムをアップする予定ですので，そうなればこの補正式もはるかに使いやすくなると考えています。

次項では，より理解を深めるために，またエクセルなどの表計算ソフトを用いて利用する方のために，計算事例を紹介します。

注 1）標準年気象データは，直近の 10～15 年の平均的な気象をまとめたものです。ちなみに，2010 年版では 1995 年版に比べて，全国的に平均外気温度が上昇しています。

【地域補正の式】

（1～2地域：居室連続暖房　3地域：居室連続＋部分間歇暖房　4～7地域：部分間歇暖房）

① 「最低のOT」を求める式

$$OT_{min} = [a_1 \cdot \Sigma_{主たる居室} (U \cdot A_{env} \cdot H \cdot HDD_{20-20}) + b_1 \cdot \Sigma_{その他の居室} (U \cdot A_{env} \cdot H \cdot HDD_{20-20})$$

$$+ c_1 \cdot \Sigma_{非居室} (U \cdot A_{env} \cdot H \cdot HDD_{20-20})]/1,000/1,000 \times 3.6$$

$$+ d_1 \cdot \Sigma_{主たる居室} (f_H \cdot A_{env} \cdot I/1,000 \cdot \eta) + e_1 \cdot \Sigma_{その他の居室} (f_H \cdot A_{env} \cdot I/1,000 \cdot \eta) + f_1 \cdot \Sigma_{非居室} (f_H \cdot A_{env} \cdot I/1,000 \cdot \eta)$$

$$+ g_1 \cdot \Sigma_{主たる居室} (f_H \cdot A_{env} \cdot I/1,000 \cdot \eta)^2 + h_1 \cdot \Sigma_{その他の居室} (f_H \cdot A_{env} \cdot I/1,000 \cdot \eta)^2 + i_1 \cdot \Sigma_{非居室} (f_H \cdot A_{env} \cdot I/1,000 \cdot \eta)^2$$

$$+ j_1 \cdot L_H + k_1 \cdot L_H{}^2 + l_1 \quad \cdots (1)$$

② 「OTが15℃未満になる割合」を求める式

$$OT_{15} = [a_2 \cdot \Sigma_{主たる居室} (U \cdot A_{env} \cdot H \cdot HDD_{20-20}) + b_2 \cdot \Sigma_{その他の居室} (U \cdot A_{env} \cdot H \cdot HDD_{20-20})$$

$$+ c_2 \cdot \Sigma_{非居室} (U \cdot A_{env} \cdot H \cdot HDD_{20-20})]/1,000/1,000 \times 3.6$$

$$+ d_2 \cdot \Sigma_{主たる居室} (f_H \cdot A_{env} \cdot I/1,000 \cdot \eta) + e_2 \cdot \Sigma_{その他の居室} (f_H \cdot A_{env} \cdot I/1,000 \cdot \eta) + f_2 \cdot \Sigma_{非居室} (f_H \cdot A_{env} \cdot I/1,000 \cdot \eta)$$

$$+ g_2 \cdot \Sigma_{主たる居室} (f_H \cdot A_{env} \cdot I/1,000 \cdot \eta)^2 + h_2 \cdot \Sigma_{その他の居室} (f_H \cdot A_{env} \cdot I/1,000 \cdot \eta)^2 + i_2 \cdot \Sigma_{非居室} (f_H \cdot A_{env} \cdot I/1,000 \cdot \eta)^2$$

$$+ j_2 \cdot L_H + k_2 \cdot L_H{}^2 + l_2 \quad \cdots (2)$$

③ 年間暖房負荷を求める式

（平成28年省エネルギー基準と当該住宅の断熱水準の場合の2回の計算が必要）

$$L_H = [a_3 \cdot \Sigma_{主たる居室} (U \cdot A_{env} \cdot H \cdot HDD_{20-20}) + b_3 \cdot \Sigma_{その他の居室} (U \cdot A_{env} \cdot H \cdot HDD_{20-20})$$

$$+ c_3 \cdot \Sigma_{非居室} (U \cdot A_{env} \cdot H \cdot HDD_{20-20})]/1,000/1,000 \times 3.6$$

$$+ d_3 \cdot \Sigma_{主たる居室} (f_H \cdot A_{env} \cdot I/1,000 \cdot \eta) + e_3 \cdot \Sigma_{その他の居室} (f_H \cdot A_{env} \cdot I/1,000 \cdot \eta) + f_3 \cdot \Sigma_{非居室} (f_H \cdot A_{env} \cdot I/1,000 \cdot \eta)$$

$$+ g_3 \cdot \Sigma_{主たる居室} (f_H \cdot A_{env} \cdot I/1,000 \cdot \eta)^2 + h_3 \cdot \Sigma_{その他の居室} (f_H \cdot A_{env} \cdot I/1,000 \cdot \eta)^2 + i_3 \cdot \Sigma_{非居室} (f_H \cdot A_{env} \cdot I/1,000 \cdot \eta)^2$$

$$+ l_3 \quad \cdots (3)$$

記号	内容	設定・算定方法	
OT_{min}	最低のOT［℃］	式（1）～（3）により算出	
OT_{15}	OTが15℃未満になる割合［%］		
L_H	年間暖房負荷［GJ］		
U	外皮（窓と躯体）の熱貫流率［W/m²・K］		外皮の仕様に応じて省エネ基準のU_A値およびη_{AH}の計算方法に準拠して計算する。間仕切壁と界床は含まない
η	窓の日射熱取得率［－］		
f_H	窓の取得日射熱補正係数［－］	表3～5参照	
A_{env}	外皮（窓と躯体）各部位の面積［m²］	表2, 5参照	
H	温度差係数［－］	APPENDIX1参照	
I	窓面日射量の暖房期間の積算値［MJ］	APPENDIX2参照	
HDD_{20-20}	暖房度日［度日］		
$a_1 \sim l_1$, $a_2 \sim l_2$, $a_3 \sim l_3$	係数［－］	表6参照	

表1　地域補正式の記号

新しい地域補正式の提案

部屋の種類	外皮の部位	A_{env} 外皮の面積 [m²]	
		1〜3 地域	4〜7 地域
主たる居室	天井	4.14	4.14
	外壁	27.92	25.44
	床	29.81	29.81
	窓・ドア	9.21	11.69
その他の居室	天井	43.07	43.07
	外壁	72.30	68.91
	床	16.56	16.56
	窓・ドア	11.56	14.95
非居室	天井	20.70	20.70
	外壁	46.83	45.70
	床	12.43	12.43
	窓・ドア	4.45	5.58
	土間	9.10	9.10
	基礎・外気	8.65	8.65
	基礎・床下	8.65	8.65
合計面積		308.07	308.07

表 2　A_{env}外皮の面積（窓，躯体）各部位の面積

	窓の方位	1 地域	2 地域	3 地域	4 地域
主たる居室	南	4.835	4.734	4.754	5.786
	東	2.413	2.410	2.405	2.588
その他の居室	南	9.482	9.368	9.369	11.435
	西	1.170	1.169	1.169	1.294
	東	0.326	0.326	0.324	0.542
非居室	西	0.123	0.127	0.130	0.157
	北	1.922	1.917	1.914	2.656
	窓の方位	5 地域	6 地域	7 地域	
主たる居室	南	6.094	6.030	6.120	
	東	2.606	2.604	2.586	
その他の居室	南	11.801	11.762	11.955	
	西	1.303	1.306	1.301	
	東	0.548	0.549	0.545	
非居室	西	0.170	0.169	0.178	
	北	2.675	2.674	2.690	

表 5　窓のΣ（$f_H \times A_{env}$）（1〜7 地域，方位別）

部屋		窓の方位	窓の幅
			w
主たる居室	LD	南	1.65
		南	1.65
		東	1.65
	K	東	1.195
その他の居室	和室	南	1.65
	主寝室	南	1.65
		西	1.195
	子供室	南	1.65
	子供室	南	1.65
		東	0.5
	クロゼット	西	
非居室	洗面	北	0.5
	浴室	西	0.5
	トイレ	北	0.5
	廊下	北	0.5
	トイレ	北	0.5
	廊下	北	0.7

表 3　f_H窓の取得日射熱補正係数および $f_H \times A_{env}$

部屋		窓の方位	窓の幅
			w
主たる居室	LD	南	1.65
		南	1.65
		東	1.65
	K	東	1.4
その他の居室	和室	南	2.55
	主寝室	南	1.65
		西	0.9
	子供室	南	1.65
	子供室	南	1.65
		東	0.6
	クロゼット	西	0.6
非居室	洗面	北	0.6
	浴室	西	0.6
	トイレ	北	0.6
	廊下	北	0.6
	トイレ	北	0.6
	廊下	北	0.9

表 4　f_H窓の取得日射熱補正係数および $f_H \times A_{env}$

地域区分	住宅シナリオ
1 地域	最低 OT [※1]
	OT15℃未満 [※2]
	暖房負荷（平成 28）[※3]
	暖房負荷（G1〜G3）[※3]
2 地域	最低 OT [※1]
	OT15℃未満 [※2]
	暖房負荷（平成 28）[※3]
	暖房負荷（G1〜G3）[※3]
3 地域	最低 OT [※1]
	OT15℃未満 [※2]
	暖房負荷（平成 28）[※3]
	暖房負荷（G1〜G3）[※3]
4 地域	最低 OT [※1]
	OT15℃未満 [※2]
	暖房負荷（平成 28）[※3]
	暖房負荷（G1〜G3）[※3]
5 地域	最低 OT [※1]
	OT15℃未満 [※2]
	暖房負荷（平成 28）[※3]
	暖房負荷（G1〜G3）[※3]
6 地域	最低 OT [※1]
	OT15℃未満 [※2]
	暖房負荷（平成 28）[※3]
	暖房負荷（G1〜G3）[※3]
7 地域	最低 OT [※1]
	OT15℃未満 [※2]
	暖房負荷（平成 28）[※3]
	暖房負荷（G1〜G3）[※3]

表 6　地域補正の式の係数一覧（空欄はゼロ）

（1～3 地域，窓別）

窓上端～庇	窓の高さ	庇の出	f_H 取得日射熱補正係数（暖房期）			$f_H \times A_{env}$（窓）		
$y1$	$y2$	z	1 地域	2 地域	3 地域	1 地域	2 地域	3 地域
0.78	1.8	0.91	0.931	0.907	0.915	2.765	2.693	2.717
1.28	1.3	0.91	0.965	0.951	0.949	2.071	2.041	2.037
0	1.3	0.15	0.890	0.890	0.889	1.909	1.909	1.907
0.2	0.5	0.3	0.843	0.839	0.833	0.503	0.501	0.498
0.56	1.3	0.3	0.982	0.977	0.974	2.106	2.095	2.089
0.7	1.1	0.65	0.966	0.947	0.951	1.754	1.719	1.726
0	1.1	0.15	0.890	0.889	0.889	1.170	1.169	1.169
0.9	1.8	0.65	0.947	0.935	0.935	2.811	2.777	2.777
0.9	1.8	0.65	0.947	0.935	0.935	2.811	2.777	2.777
0.47	0.69	0.3	0.944	0.944	0.940	0.326	0.326	0.324
0.7	0.69	0.65	0.852	0.849	0.847	0.294	0.293	0.292
0.7	0.69	4.09	0.357	0.368	0.376	0.123	0.127	0.130
0.7	0.69	0.65	0.852	0.849	0.847	0.294	0.293	0.292
0.7	0.69	0.65	0.852	0.849	0.847	0.294	0.293	0.292
0.67	0.69	0.65	0.845	0.842	0.840	0.292	0.291	0.290
0.605	1.195	0.65	0.895	0.894	0.893	0.748	0.747	0.747

（4～7 地域，窓別）

窓上端～庇	窓の高さ	庇の出	f_H 取得日射熱補正係数（暖房期）				$f_H \times A_{env}$（窓）			
$y1$	$y2$	z	4 地域	5 地域	6 地域	7 地域	4 地域	5 地域	6 地域	7 地域
0.48	2.1	0.91	0.835	0.879	0.870	0.883	2.893	3.047	3.015	3.060
0.48	2.1	0.91	0.835	0.879	0.870	0.883	2.893	3.047	3.015	3.060
0	1.3	0.15	0.891	0.894	0.894	0.887	1.911	1.918	1.918	1.903
0	0.7	0.3	0.691	0.702	0.700	0.697	0.677	0.688	0.686	0.683
0.06	1.8	0.3	0.869	0.891	0.888	0.894	3.989	4.091	4.076	4.101
0.75	1.05	0.65	0.916	0.954	0.950	0.980	1.587	1.653	1.646	1.697
0	1.1	0.15	0.889	0.892	0.895	0.892	0.880	0.883	0.886	0.883
0.75	1.95	0.65	0.910	0.941	0.939	0.957	2.929	3.028	3.020	3.078
0.75	1.95	0.65	0.910	0.941	0.939	0.957	2.929	3.028	3.020	3.078
0.06	1.1	0.3	0.822	0.830	0.833	0.826	0.542	0.548	0.549	0.545
0.06	0.9	0.3	0.766	0.778	0.778	0.774	0.414	0.420	0.420	0.418
0.49	0.9	0.65	0.803	0.810	0.809	0.815	0.434	0.437	0.437	0.440
0.49	0.9	4.09	0.291	0.315	0.312	0.330	0.157	0.170	0.169	0.178
0.49	0.9	0.65	0.803	0.810	0.809	0.815	0.434	0.437	0.437	0.440
0.49	0.9	0.65	0.803	0.810	0.809	0.815	0.434	0.437	0.437	0.440
0.46	0.9	0.65	0.810	0.817	0.816	0.823	0.437	0.441	0.441	0.444
0.7	1.1	0.65	0.927	0.931	0.932	0.934	0.917	0.922	0.923	0.925

a	b	c	d	e	f	g	h	i	j	k	l
71.3032	−82.6219				163.2778					0.0026	−1.8229
	0.2258				−0.7658					0.0000	0.0788
530.0676			5.5880								−118.2704
−263.8954	284.9609		14.0356		1519.9543						−252.8081
22.9217	−17.6777				4.1647					−0.0017	15.0476
				0.0002	−0.0189					0.0000	0.0121
110.4458			3.9587		−24.6715		−0.1440				−20.4007
−142.0803	142.5263		−17.8698	8.8760	−8.7345						22.2321
	−14.0145		0.2467					3.6827		0.0014	15.7759
	0.5968					−0.0013				−0.0001	−0.1443
67.2141			−2.6668					−27.6904			15.2031
−5.1279		83.1513	−4.2454		−9.5065		0.0546				20.0336
−131.0856	−84.6900	226.6936	2.2294	−0.9263			−0.0058	1.8537		0.0074	19.8314
1.5666					0.5240	−0.0121	0.0037	−0.3783		0.0000	−0.4278
47.9394			9.4221	−5.9641	113.2696	−0.5525	0.1838	−53.9933			−64.6135
145.3714	−49.6134		−1.1475	−0.6312			0.0216				3.7582
	−8.5235				−3.7644			4.5650	−0.3557	0.0123	19.5089
2.2633						−0.0019		−0.1310		−0.0008	−0.2584
48.5758			0.2755	−0.7674	−6.0415						−1.8951
200.3311		−118.3459	0.5834	−1.4099			0.0173	−4.3326			−1.0467
35.9035	68.3681	−196.4691	0.9846	−0.2795				3.9507		0.0223	19.2044
	−1.6197	4.4595			−0.2440	−0.0013				−0.0003	−0.0927
43.2965			−0.2222	−0.4087	−17.5933			11.1417			3.1356
−62.6867	−128.3234	336.4755	−0.8802		−2.5105						−1.5363
	−20.3267		−7.1480	4.0287			0.0422	8.3598	−0.7039	0.1034	18.4706
	0.8707		0.2008	−0.1136		−0.0017		−0.3614		0.0000	−0.0534
52.1231			−3.3986	1.4008	−25.7667			15.6498			2.7468
−39.4429	−96.5400	253.4109	−5.7202	2.8434	−3.4119	0.4300	−0.1421				0.224

※地域補正の式（1）～（3）における係数 a ～ k の下付き数字

計算例

　以下では，①「最低の OT（冬期間の最低の体感温度）」，②「OT が 15℃未満の割合（作用温度がお
おむね 15℃を下回らない）」，③「暖房負荷削減率（平成 28 基準レベルの住宅との比較）」の順に，
計算例を紹介します。一般的にはこれら三つの指標を満たすことが基本ですが，空調モード，対象
住宅の設計によっては，三つをすべて満たすのではなく，①と③あるいは②と③を満たす組合せで，
補正するという考え方もあり，そこは臨機応変に判断してかまいません。

（1）「最低の OT」と「OT が 15℃未満になる割合」の算定

　表7 は，断熱性能にかかわる部分の計算結果を示したものです。表中の U（熱貫流率）と ψ（線
熱貫流率）は，東京の G3 の水準で日射取得型ガラスを使用した場合の値です。A_{env}（外皮の面積）
は，表2 に示した値です。H（温度差係数）は APPENDIX1 から選択します。これらの値を乗じたの
が $U \cdot A_{env} \cdot H$ です。これに APPENDIX4 の HDD_{20-20} と（/1,000/1,000×3.6）を乗じ，部屋の種類別
に合算すると，表中の $\Sigma (U \cdot A_{env} \cdot H \cdot HDD_{20-20})/1,000/1,000×3.6$ になります。なお，$U \cdot A_{env} \cdot H$
の全室の合計値を外皮面積の合計値で除すと U_A 値になります。

　次に，表8 は日射熱取得に関わる部分の計算結果を示したものです。$f_H \times A_{env}$ は，表5 に示した
値です。

　このうち f_H については，窓や付属部材の仕様が住宅モデルと異なる場合は，省エネルギー基準の
詳細計算ルートに基づき設定すれば，日射遮蔽の手法による違いが評価されます。I は APPENDIX2

部屋の種類	外皮の部位	U (ψ) 熱貫流率 [W/(m²・K)] 線熱貫流率 [W/(m・K)]	A_{env} 外皮面積 [m²] 基礎長さ [m]	H 温度差係数	$U \cdot A_{env} \cdot H$	小計	$\Sigma (U \cdot A_{env} \cdot H \cdot HDD_{20-20})/1,000/1,000*3.6$
主たる居室	天井	0.093	4.14	1	0.39	21.17	0.12
	外壁	0.145	25.44	1	3.69		
	床	0.091	29.81	0.7	1.90		
	窓・ドア	1.3	11.69	1	15.20		
その他の居室	天井	0.093	43.07	1	4.01	34.49	0.20
	外壁	0.145	68.91	1	9.99		
	床	0.091	16.56	0.7	1.05		
	窓・ドア	1.3	14.95	1	19.44		
非居室	天井	0.093	20.70	1	1.93	22.62	0.13
	外壁	0.145	45.70	1	6.63		
	床	0.091	12.43	0.7	0.79		
	窓・ドア	1.3	5.58	1	7.25		
	土間	—	9.10	—			
	基礎・外気	0.321	8.65	1	2.78		
	基礎・床下	0.536	8.65	0.7	3.24		
合計面積			308.07		78.27		
$U_A = \Sigma (U \cdot A_{env} \cdot H)/\Sigma (A_{env})$					0.25		

表7　東京　G3 の計算結果（断熱性能にかかわる部分）

部屋の種類	窓の方位	$\Sigma (f_H \times A_{env})$	I 窓面日射量の暖房期間の積算値/1,000	η 日射熱取得率	$\Sigma (f_H \times A_{env}/1,000 \times I \times \eta)$ 方位別	小計
主たる居室	南	6.030	1.568	0.54	5.11	6.15
	東	2.604	0.742	0.54	1.04	
その他の居室	南	11.762	1.568	0.54	9.96	10.70
	西	1.306	0.730	0.54	0.51	
	東	0.549	0.742	0.54	0.22	
非居室	西	0.169	0.730	0.54	0.07	0.47
	北	2.674	0.278	0.54	0.40	

表8　東京　G3　窓が日射取得型の計算結果（日射熱取得に関わる部分）

から選択し 1,000 で除します。η は，平成 28 年基準レベルで日射取得型と想定した値です。これらの値を乗じて部屋の種類別に合算すると，表中の Σ $(f_H \times A_{env}/1{,}000 \times I \times \eta)$ になります。

　「最低の OT」は式(1)，「OT が 15℃の割合」は式(2)を用いて，**表7，8** の計算結果，**表6** の係数，後述(2)で計算した当該住宅の暖房負荷を代入して求めます。算定された結果では，「最低の OT」は 15.5℃，「OT が 15℃の割合」は 0.7％となり，住宅シナリオをおおむね満たしています。

(2)「暖房負荷削減率」の算出

1) 平成 28 年省エネルギー基準の暖房負荷算定

　住宅シナリオの「暖房負荷削減率」は，平成 28 年基準レベルの住宅との比較ですので，まずは式(3)により，平成 28 年基準レベルの場合の暖房負荷を計算します。**表9・10** は，(1) と同じ手順で，東京の平成 28 年基準の場合の計算結果を示したものです。この計算結果と**表6** の係数を式(3) に代入して計算すると，暖房負荷は 10.2［GJ］になります。

2) 当該住宅の暖房負荷の算定

　表8，9 と**表6** の係数を式(3)に代入して計算すると，暖房負荷は 2.8［GJ］になります。

3) 暖房負荷削減率の算定

　前述の結果を基に暖房負荷削減率を計算すると，(10.5－2.8)/10.2＝73％となります。6 地域の代表都市である東京でも，住宅シナリオの暖房負荷削減率 75％，地域補正の回帰式の誤差などから若干の差異はありますが，設計上は問題ないレベルといえるでしょう。

部屋の種類	外皮の部位	U (ψ) 熱貫流率 ［W/(m²・K)］ 線熱貫流率 ［W/(m・K)］	A_{env} 外皮面積 ［m²］ 基礎長さ ［m］	H 温度差 係数	$U \cdot A_{env} \cdot H$	小計	Σ $(U \cdot A_{env} \cdot H \cdot HDD_{20-20})/$ 1,000/1,000*3.6
主たる居室	天井	0.24	4.14	1	0.99		0.46
	外壁	0.53	25.44	1	13.48	78.85	
	床	0.48	29.81	0.7	10.02		
	窓・ドア	4.65	11.69	1	54.36		
その他の居室	天井	0.24	43.07	1	10.34		0.72
	外壁	0.53	68.91	1	36.52	121.94	
	床	0.48	16.56	0.7	5.56		
	窓・ドア	4.65	14.95	1	69.52		
非居室	天井	0.24	20.70	1	4.97		0.40
	外壁	0.53	45.70	1	24.22		
	床	0.48	12.43	0.7	4.18		
	窓・ドア	4.65	5.58	1	25.95	67.51	
	土間	4.65	9.10	－			
	基礎・外気	0.467	8.65	1	4.04		
	基礎・床下	0.687	8.65	0.7	4.16		
合計			308.07		268.30		
$U_A = \Sigma$ $(U \cdot A_{env} \cdot H)/\Sigma$ (A_{env})					0.87		

表 9　東京　平成 28 年基準の計算結果（断熱性能にかかわる部分）

部屋の種類	窓の方位	Σ $(f_H \times A_{env})$	I 窓面日射量の暖房 期間の積算値/1,000	η 日射熱取得率	Σ $(f_H \times A_{env}/1{,}000 \times I \times \eta)$	
					方位別	小計
主たる居室	南	6.030	1.568	0.63	5.96	7.17
	東	2.604	0.742	0.63	1.22	
その他の居室	南	11.762	1.568	0.63	11.62	12.48
	西	1.306	0.730	0.63	0.60	
	東	0.549	0.742	0.63	0.26	
非居室	西	0.169	0.730	0.63	0.08	0.55
	北	2.674	0.278	0.63	0.47	

表 10　東京　平成 28 年基準の計算結果（日射熱取得にかかわる部分）

地域補正する際の注意点

本項の最後に，地域補正式を用いた場合と AE–Sim/Heat で検討した場合（真値とみなしてよい）の比較結果を紹介します。

図1は，横軸の AE–Sim/Heat 計算値と，縦軸の地域補正式による計算値を，1〜7 地域で比較したものです。各図の 45℃の対角線上に点がある場合は，両値の結果が一致しており，多くの地域でかなり近似していることがわかります。ただ，なかには対角線から外れる場合もあります。この理由は，日射量が年間のトータルでは同程度でも，暖房時間帯と停止時間帯の日射量は一緒ではなく，それらの違いにより，暖房負荷や室温に違いが生じるなど，細かな気候特性の差によるものと考えられます。

例えば，金沢で G3 水準とし，窓に日射取得型ガラスを使用した場合，地域補正式で計算すると「最低の OT」は 14℃（住宅シナリオは 15℃），「OT が 15℃の割合」は 6%（住宅シナリオは 2%）暖房負荷は 7.1［GJ］で，削減率が 60%（住宅シナリオは 75%）となります。住宅シナリオを満たすには地域補正 U_A 値＝0.17［W/(m^2·K)］程度（部位の熱貫流率としては天井 0.070，外壁 0.109，床 0.068，開口部 0.80［W/(m^2·K)］のレベル）となり，相当な高断熱化が必要となります。

このように地域補正 U_A 値までの高断熱化が難しい場合は，可能な限り外皮性能を向上させるという考え方になります。

より適切な設計のために

これまでも何度か述べてきたように，HEAT20 で示す各地域の U_A 値は APPENDIX1 に示す住宅モデルを前提に，代表都市で住宅シナリオを実現するための断熱水準であり，代表都市以外では地域補正式で U_A 値を補正するのが基本です。建物の方位が振れたり，一時的にせよ日射を遮る建築物や植栽が周囲にある場合は，補正式で求めた U_A 値もあくまでも参考に過ぎません。

理想的な断熱設計とは？　それはそれぞれの住宅で周辺環境も考慮して，熱負荷計算（非定常計算）ソフトで繰り返し計算し，室温や熱負荷などを確認しながら U_A 値を導き出す方法です。しかし，そのためには，相当な時間，手間，コスト，そして知識が必要不可欠であり，一般の住宅設計でそれを行うのは困難です。総合的な評価ができ，安価で，専門的知識がなくても使い勝手のよい設計支援ツールが待たれるところですが，それが一般化するにはまだ相当な時間がかかります。

HEAT20 で提案する地域補正は，前述した理想までは及ばないにしても，地域補正式を使い，その立地に応じた U_A 値を求め，例えば日射が十分でなければ，住宅規模が大きければ，住宅形状が複雑であれば，適宜 U_A 値を強化した断熱設計を行うなどして住宅を設計・建設する，それだけでもこれまでの断熱設計よりは，NEB や EB の実現性は高まることは明らかです。さらに，そうして建設した住宅を，竣工後，温熱環境性能を検証する，あるいはそこまでいかなくても，住まい手へのヒヤリング・感想などをフィードバックさせながら，つくり手が学び，その地域の最適な目標性能やノウハウを発見していく，実は，それが一番確実で信頼性の高いアプローチではないか……。それを繰り返すことで，それぞれの Do it Yourself の基準ができあがり，それが地域で住宅をつくる実務者の強みになると考えています。

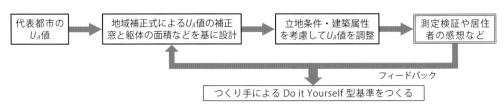

図3　より適切な設計のために

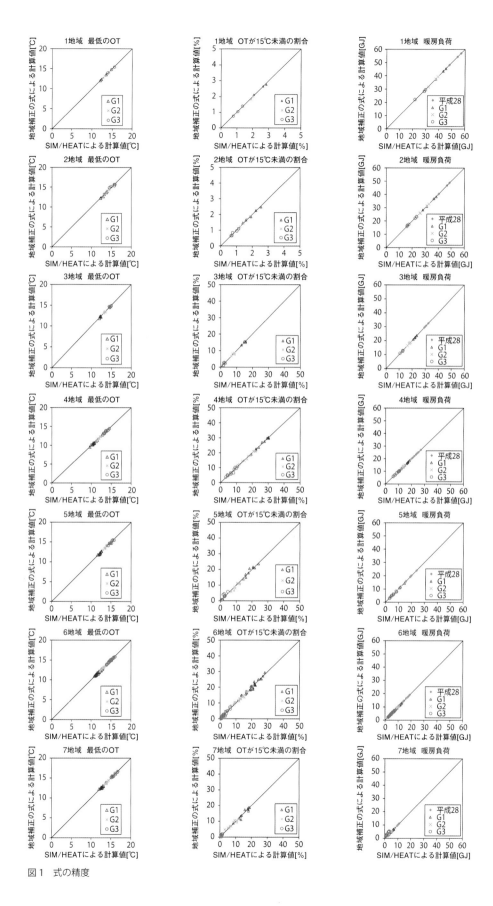

図1　式の精度

II
戸建住宅
G1〜G3 水準と
NEB・EB

『設計ガイドブック＋PLUS』で一番好評だったのが，それぞれの地域において，高断熱化することで温熱環境，エネルギーの面でどう変わるのか，それをグラフともに解説している部分だったようです。本書でも戸建住宅に絞ってはいますが，新たに追加した G3 含め，それらを紹介する章を設けました。あくまで各地域の代表都市を対象にしたものではありますが，他の地域と比較しながら，まずは確認してみてください。

それと本章 07 に，「HEAT20 が考えてきたこと 2008 年〜2020 年」でも紹介した「ぼんぼりの図」も各地域ごとに掲載しています。省エネ基準に規定されている三つの空調モードだけで，高断熱住宅を語ることはできないのは明らかです。この図から，高断熱住宅ならではの第 4・第 5 の空間モードがもたらす可能性も空想していただければと思います。

室内の温熱環境性能の改善効果（NEB）

　住宅の外皮性能を高めて日射のコントロールを上手に行うことで、「温度環境の質の向上（NEB）」と「省エネルギー性能の向上（EB）」ができます。また、暖冷房開始時のエネルギー消費量も小さくなり、設備の容量を小さくすることが可能となります。

暖房室と非暖房室の温度差（2月3日20時　外気温−7.1℃）

　図1は、平成28年省エネ基準レベル、G1・G2・G3水準の住宅における冬の夜間（居室を20℃で連続暖房）における各室の室温を示しています。暖房時のリビングと洗面所の温度差は、平成28年省エネ基準レベルで6.5℃、G1水準で5.3℃、G2水準で4.6℃、G3水準で3.4℃となり、平成28年省エネ基準レベルとG3水準では約2℃、温度差が小さくなります。

　図2は、G1・G2・G3水準の住宅で各室のドアを開けた場合の温度分布を示しています。図1と比べ、室間の温度差が小さくなり、最も寒い浴室の温度も上昇しています。外皮性能の高い住宅では、細かく間取りを仕切るより開放的な間取りにすることで、非暖房室の温度も上昇することがわかります。

夜間の温度低下

　外皮性能を向上させると、暖房を停止しても温度低下は小さくなります。

　図3は、平成28年省エネ基準レベル、G1・G2・G3水準の住宅におけるリビングの室温の低下を示しています（LDKの暖房を23時に止め、6時に暖房運転開始した場合、その他の居室は4〜7地域と同じ部分間歇暖房スケジュール）。室温低下は、平成28年省エネ基準レベルで10.9℃、G1水準で9.3℃、G2水準で8.4℃、G3水準で6.8℃となり、平成28年省エネ基準レベルに比べてG3水準では約4℃、温度低下が小さくなります。

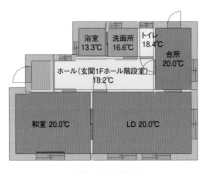

G3 水準の住宅の温度分布

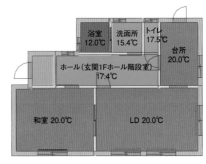

G2 水準の住宅の温度分布

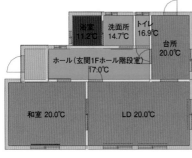

G1 水準の住宅の温度分布

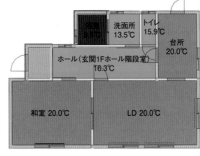

平成 28 年省エネ基準レベルの住宅の温度分布

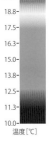

図1　冬の夜（2月3日20時）における各部屋の温度の温度比較　札幌

冬期の窓の対策による効果

　図4は，冬期における夜間の断熱と，日中の日射取入れの工夫による効果を示しています。居室において，夜間は断熱性能のあるカーテンや断熱戸などを閉めて熱損失を減らすこと，日中はレースカーテンを開け日射を室内に取り込むことで室温も上昇し，平成28年省エネ基準レベル〜G2水準で約10%，G3水準で約3%の暖房負荷を減らすことができます。

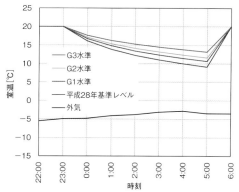

図3　断熱水準と夜間暖房停止後の室温変化　札幌
（1階リビング　2月3〜4日）

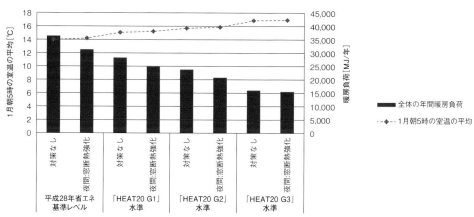

図4　［冬期］開口部の仕様と室温・暖房負荷　札幌

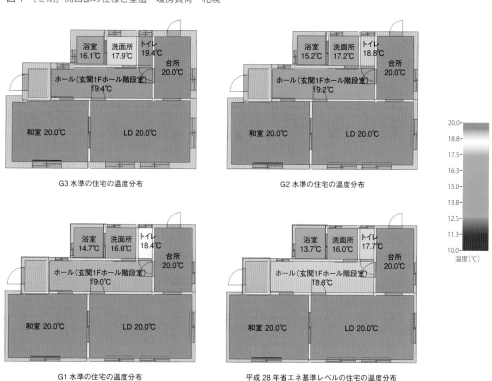

図2　冬の夜（2月3日20時）における各部屋の温度比較　各室※ドアを開けた場合　札幌　※トイレを除く各室

051

暖房期の作用温度（OT）の推移

図5は，冬期における住宅内のOTについて，部屋ごとに15℃以上をオレンジ，15℃未満を青で色付けして，1時間ごとに並べた結果です（読み方はⅠ02の**図5**参照）。1，2地域は居室連続暖房のため，ほとんどの部屋でOTが15℃以上となっていますが，洗面所や浴室で15℃を下まわっています。暖房期にOTが15℃を下まわる割合は，平成28年省エネ基準レベルで2.2%，G3水準で0.6%となり，断熱性能を向上させることで，住宅全体が暖かくなることがわかります。

グレード	暖房期（左端：10/1〜右端：6/2）のOTの推移	OT15℃未満の割合	最低OT
平成28年基準レベル		2.2%	12.9℃
G1 水準		1.4%	13.9℃
G2 水準		1.1%	14.5℃
G3 水準		0.6%	15.9℃

図5　OT15℃未満の割合と最低OT　札幌（オレンジ：15℃以上，青：15℃未満）

省エネルギー効果（EB）

外皮の性能向上と設備の高効率化による省エネルギー性能比較

暖冷房一次エネルギー消費量は，平成28年省エネ基準レベルの外皮性能の住宅と比較し，G1水準の外皮性能で約17%，G2水準で約27%，G3水準で約40%の削減となります。また，G1水準と省エネ型暖房設備を導入した場合の省エネ効果はほぼ同等で，G2水準であれば省エネ暖房設備を導入した場合より，省エネ効果は大きくなることがわかります（**図6**）。

図7は，平成28年省エネ基準レベルで太陽光発電を搭載した場合との比較です。標準的な屋根に搭載できる太陽光発電は4kW前後を前提にすると，G1・G2・G3水準の住宅に省エネ設備を導入すれば，平成28年省エネ基準レベルの外皮性能の住宅に太陽光発電設備（4kW）を搭載するより，住宅全体の一次エネルギー消費量は小さくなります。また，積雪の多い地域では，設計どおりの発電量が得られない場合も多く，注意が必要です。

図6，7は，建築研究所の住宅・住戸の省エネルギー性能の判定プログラム Ver. 2.8 を用いて計算した結果です。暖冷房条件は同プログラムに設定されている居室連続方式としています。

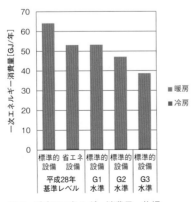

図6　暖冷房エネルギー消費量　札幌

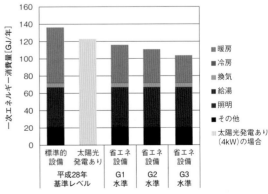

図7　住宅全体のエネルギー消費量　札幌

断熱性能・日射遮蔽性能と通風の有無による冷房負荷

　寒冷地である1・2地域においても，断熱性能を強化した住宅は，高断熱化によって排熱が少なくなり，「熱籠り現象」によって冷房負荷が大きくなる懸念があります。図8は，冷房期において断熱性能別に「①通風・日射遮蔽措置ともになし，②通風あり・日射遮蔽措置なし，③通風・日射遮蔽措置ともにあり」の場合の冷房負荷（居室間歇）を示しています。

　①の通風も日射遮蔽もない場合は，断熱性能が高くなると，冷房負荷が増加してしまいます。それに対して，通風効果を見込んだ②と日射遮蔽措置を加えた③は，通風によって室内にこもった熱が排出されることで，冷房負荷の増加が抑えられており，日射遮蔽措置を加えると，通風のみの場合に比べて，さらに冷房負荷が減少することがわかります。1・2地域では，通風，日射遮蔽措置により断熱性能にかかわらず，冷房負荷を小さくすることが可能です。

　暖房期では断熱性能を強化することが，省エネで暖かい住宅をつくるのに最も有効な手段ですが，冷房期ではそれに加えて通風や日射遮蔽性能を向上させることで，省エネで涼しい住宅が可能になります。

ピーク時の電力量の比較

　図9は，冬期における暖房電力量の時間ごとの推移を示しています。1・2地域の一次エネルギー消費量試算上の暖房設備はパネルラジエーターですが，ここではエアコンで居室連続暖房した場合を想定しています。外皮性能を向上させると，ピーク電力量が小さくなり，暖房設備機器の能力の低いものが選択でき，設備に掛けるイニシャルコストが低減できます。平成28年省エネ基準レベルとG3水準を比較すると，ピーク電力量が33%小さくなり，電力のピークカットにも大きな効果があります。

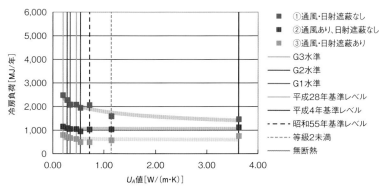

図8　断熱・通風・日射遮蔽と冷房負荷（部分間歇）の関係　札幌

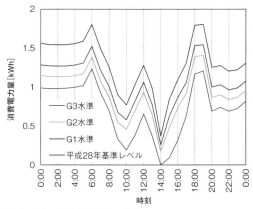

電力量算定条件
電力量［kWh］＝
毎時の暖房負荷［kJ/h］／COP／発熱量［kJ/Wh］
・毎時の暖房負荷：AE-Sim/Heat
　（暖冷房負荷計算プログラム）を用いて算出した。
　住宅モデル，暖房運転条件は APPENDIX を参照
・COP（定格暖房エネルギー消費効率）：3.0
・発熱量（電気の二次エネルギーベースでの熱量換算値）
　：3.6［kJ/Wh］
※12時に電力量が増えているのは，日が隠れるなどして
　日射量が減少したためです。
※暖房運転モードは居室連続運転です。

図9　2月3日暖房電力量　札幌

室内の温熱環境性能の改善効果（NEB）

　住宅の外皮性能を高めて日射のコントロールを上手に行うことで、「温度環境の質の向上（NEB）」と「省エネルギー性能の向上（EB）」ができます。また、暖冷房開始時のエネルギーロスも小さくなり、設備の容量を小さくすることが可能となります。

暖房室と非暖房室の温度差（12月16日23時　外気温−5.5℃）

　図1は、平成28年省エネ基準レベル、G1・G2・G3水準の住宅における冬の夜間（居室を20℃で連続暖房）における各室の室温を示しています。暖房時のリビングと洗面所の温度差は、平成28年省エネ基準レベルで7.1℃、G1水準で5.3℃、G2水準で4.4℃、G3水準で3.3℃となり、平成28年省エネ基準レベルとG3水準では約4℃、温度差が小さくなります。

　図2は、G1・G2・G3水準の住宅で各室のドアを開けた場合の温度分布を示しています。図1と比べ室間の温度差が小さくなり、最も寒い浴室の温度も上昇しています。外皮性能の高い住宅では、細かく間取りを仕切るより開放的な間取りにすることで、非暖房室の温度も上昇することがわかります。

夜間の温度低下

　外皮性能を向上させると、暖房を停止しても温度低下は小さくなります。

　図3は、平成28年省エネ基準レベル、G1・G2・G3水準の住宅におけるリビングの室温の低下を示しています（LDKの暖房を23時に止め、6時に暖房運転開始した場合、その他の居室は4〜7地域と同じ部分間歇暖房スケジュール）。室温低下は、平成28年省エネ基準レベルで12.6℃、G1水準で10.0℃、G2水準で8.5℃、G3水準で6.9℃となり、平成28年省エネ基準レベルに比べてG3水準では約6℃、温度低下が小さくなります。

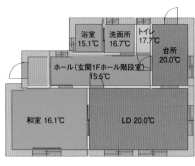

G3 水準の住宅の温度分布

G2 水準の住宅の温度分布

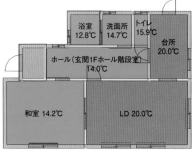

G1 水準の住宅の温度分布

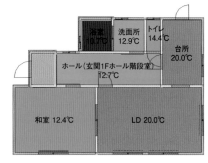

平成 28 年省エネ基準レベルの住宅の温度分布

図1　冬の夜（12月16日23時）における各部屋の温度の温度比較　盛岡

冬期の窓の対策による効果

図4は，冬期における夜間の断熱と，日中の日射取入れの工夫による効果を示しています。居室において，夜間は断熱性能のあるカーテンや断熱戸などを閉めて熱損失を減らすこと，日中はレースカーテンを開け日射を室内に取り込むことで室温も上昇し，平成28年省エネ基準レベル～G2水準で15%前後，G3水準で約2%の暖房負荷を減らすことができます。

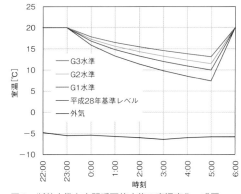

図3 断熱水準と夜間暖房停止後の室温変化　盛岡
（1階リビング・12月16日〜17日）

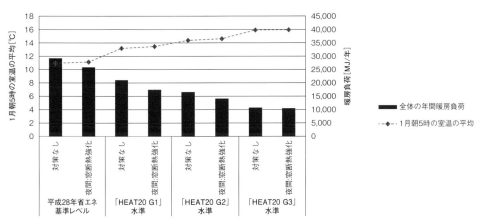

図4 ［冬期］開口部の仕様と室温・暖房負荷　盛岡

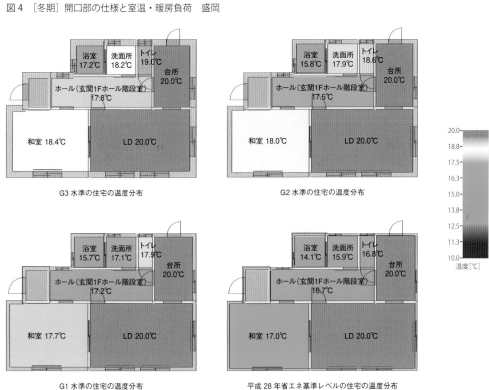

図2 冬の夜（12月16日23時）における各部屋の温度比較　各室※ドアを開けた場合　盛岡　※トイレを除く各室

暖房期の作用温度（OT）の推移

　図5は，冬期における住宅内の OT について，部屋ごとに 15℃以上をオレンジ，15℃未満を青で色付けして，1 時間ごとに並べた結果です（読み方は I 02 の**図5**参照）。3 地域は LDK 連続暖房のため，平成 28 年省エネ基準でも LDK の OT がほぼ 15℃以上となっていますが，洗面所や浴室で 15℃を下まわっています。暖房期に OT が 15℃を下まわる割合は，平成 28 年省エネ基準レベルで 24.5%，G3 水準で 1.5% となり，断熱性能を向上させることで住宅全体が暖かくなることがわかります。

グレード	暖房期（左端：10/1〜右端：5/31）の温度の推移	OT15℃未満の割合	最低 OT
平成 28 年基準レベル		24.5%	10.2℃
G1 水準		12.8%	12.4℃
G2 水準		6.4%	13.5℃
G3 水準		1.5%	15.0℃

図5　OT15℃未満の割合と最低 OT　盛岡（オレンジ：15℃以上，青：15℃未満）

省エネルギー性能（EB）

外皮の性能向上と設備の高効率化による省エネルギー性能比較

　暖冷房一次エネルギー消費量は，平成 28 年省エネ基準レベルの外皮性能の住宅と比較し，G1 水準の外皮性能で約 27%，G2 水準で約 36%，G3 水準で約 46% の削減となります。また，平成 28 年省エネ基準レベルで省エネ型暖冷房設備を導入する場合より，外皮性能を G1 水準へ向上させる方が，省エネ効果が大きくなることがわかります（**図6**）。

　図7は，平成 28 年省エネ基準レベルで太陽光発電を搭載した場合との比較です。標準的な屋根に搭載できる太陽光発電は 4kW 前後を前提にすると，G1・G2・G3 水準の住宅に省エネ設備を導入すれば，平成 28 年省エネ基準レベルの外皮性能の住宅に太陽光発電設備（4kW）を搭載するより，住宅全体の一次エネルギー消費量は小さくなります。

　図6, 7は，建築研究所の住宅・住戸の省エネルギー性能の判定プログラム Ver. 2.8 を用いて計算した結果です。暖冷房条件は同プログラムに設定されている居室間歇方式としています。

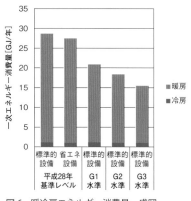

図6　暖冷房エネルギー消費量　盛岡

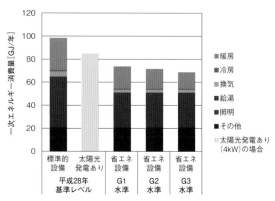

図7　住宅全体のエネルギー消費量　盛岡

断熱性能・日射遮蔽性能と通風の有無による冷房負荷

　寒冷地である3地域においても，断熱性能を強化した住宅は，高断熱化によって排熱が少なくなり，「熱籠り現象」によって冷房負荷が大きくなる懸念があります。図8は，冷房期において断熱性能別に「①通風・日射遮蔽措置ともになし，②通風あり・日射遮蔽措置なし，③通風・日射遮蔽措置ともにあり」の場合の冷房負荷（居室間歇）を示しています。

　①の通風も日射遮蔽もない場合は，断熱性能が高くなると，冷房負荷が増加してしまいます。それに対して，通風効果を見込んだ②と日射遮蔽措置を加えた③は，通風によって室内にこもった熱が排出されることで，冷房負荷の増加が抑えられており，断熱性能の向上に伴って冷房負荷が増加しているものの，対策を講じるほど冷房負荷が減少する傾向にあることがわかります。

　暖房期では断熱性能を強化することが，省エネで暖かい住宅をつくるのに最も有効な手段ですが，冷房期ではそれに加えて通風や日射遮蔽性能を向上させることで，省エネで涼しい住宅が可能になります。

ピーク時の電力量の比較

　図9は，冬期における暖房電力量の時間ごとの推移を示しています。外皮性能を向上させると，ピーク電力量が小さくなり，暖房設備機器の能力の低いものが選択でき，設備にかけるイニシャルコストが低減できます。平成28年省エネ基準レベルとG3水準を比較すると，ピーク電力量が35%小さくなり，電力のピークカットにも大きな効果があります。

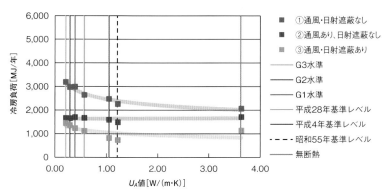

図8　断熱・通風・日射遮蔽と冷房負荷（部分間歇）の関係　盛岡

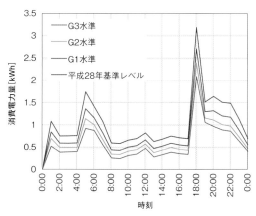

電力量算定条件
電力量［kWh］＝
毎時の暖房負荷［kJ/h］÷COP÷発熱量［kJ/Wh］
・毎時の暖房負荷：AE-Sim/Heat
　（暖冷房負荷計算プログラム）を用いて算出した。
　住宅モデル，暖房運転条件はAPPENDIXを参照
・COP（定格暖房エネルギー消費効率）：3.0
・発熱量（電気の二次エネルギーベースでの熱量換算値）
　：3.6［kJ/Wh］
※0時に電力量0であるのは，前日12月17日が休日の暖房モードで，0時が非暖房のためです。
※暖房運転モードはLDK連続運転です。

図9　12月18日暖房電力量　盛岡

室内の温熱環境性能の改善効果（NEB）

住宅の外皮性能を高めて日射のコントロールを上手に行うことで，「温度環境の質の向上（NEB）」と「省エネルギー性能の向上（EB）」ができます。また，暖冷房開始時のエネルギーロスも小さくなり，設備の容量を小さくすることが可能となります。

暖房室と非暖房室の温度差（2月1日22時　外気温−5.5℃）

図1は，平成28年省エネ基準レベル，G1・G2・G3水準の住宅における冬の夜間（居室を20℃で暖房）における各室の室温を示しています。暖房時のリビングと洗面所の温度差は，平成28年省エネ基準レベルで6.5℃，G1水準で3.9℃，G2水準で2.6℃，G3水準で0.7℃となり，平成28年省エネ基準レベルとG3水準では約6℃，温度差が小さくなります。

図2は，G1・G2・G3水準の住宅で各室のドアを開けた場合の温度分布を示しています。図1と比べ室間の温度差が小さくなり，最も寒い浴室の温度も上昇しています。外皮性能の高い住宅では，細かく間取りを仕切るより開放的な間取りにすることで，非暖房室の温度も上昇することがわかります。

夜間の温度低下

外皮性能を向上させると，暖房を停止しても温度低下は小さくなります。

図3は，平成28年省エネ基準レベル，G1・G2・G3水準の住宅におけるリビングの室温の低下を示しています（LDKの暖房を23時に止め，6時に暖房運転開始した場合）。室温低下は，平成28年省エネ基準レベルで15.3℃，G1水準で11.5℃，G2水準で9.3℃，G3水準で6.6℃となり，平成28年省エネ基準レベルに比べてG3水準では約9℃，温度低下が小さくなります。

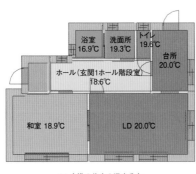

G3 水準の住宅の温度分布

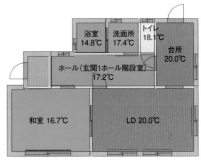

G2 水準の住宅の温度分布

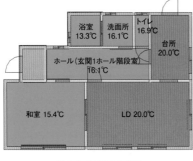

G1 水準の住宅の温度分布

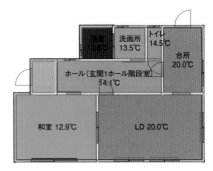

平成 28 年省エネ基準レベルの住宅の温度分布

図1　冬の夜（2月1日22時）における各部屋の温度の温度比較　松本

冬期の窓の対策による効果

図4は，冬期における夜間の断熱と，日中の日射取入れの工夫による効果を示しています。居室において，夜間は断熱性能のあるカーテンや断熱戸などを閉めて熱損失を減らすこと，日中はレースカーテンを開け日射を室内に取り込むことで室温も上昇し，平成28年省エネ基準レベル〜G2水準で25%前後，G3水準で約33%の暖房負荷を減らすことができます。

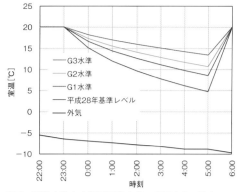

図3　断熱水準と夜間暖房停止後の室温変化　松本
（1階リビング・2月3〜4日）

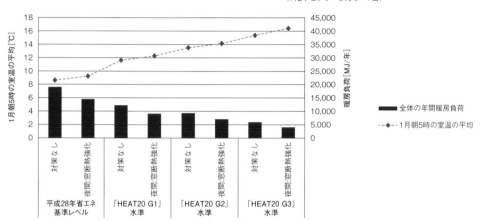

図4　［冬期］開口部の仕様と室温・暖房負荷　松本

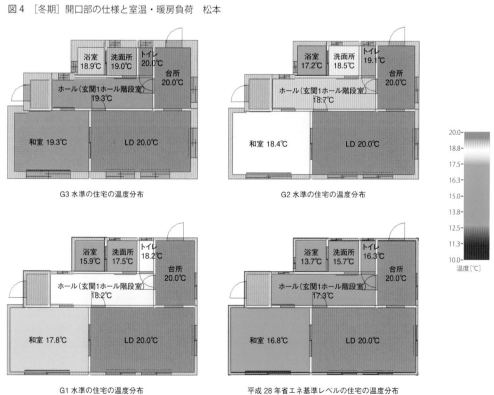

図2　冬の夜（2月1日22時）における各部屋の温度比較　各室※ドアを開けた場合　松本　※トイレを除く各室

暖房期の作用温度（OT）の推移

図5は，冬期における住宅内のOTについて，部屋ごとに15℃以上をオレンジ，15℃未満を青で色付けして，1時間ごとに並べた結果です（読み方はⅠ02の**図5**参照）。暖房期にOTが15℃を下まわる割合は，平成28年省エネ基準レベルで32.9%，G3水準で6.8%となり，断熱性能を向上させることで住宅全体が暖かくなることがわかります。

グレード	暖房期（左端：10/1〜右端：5/24）の温度の推移	OT15℃未満の割合	最低OT
平成28年基準レベル		32.9%	7.7℃
G1水準		22.1%	10.7℃
G2水準		14.7%	12.4℃
G3水準		6.8%	13.9℃

図5　OT15℃未満の割合と最低OT　松本（オレンジ：15℃以上，青：15℃未満）

省エネルギー性能（EB）

外皮の性能向上と設備の高効率化による省エネルギー性能比較

暖冷房一次エネルギー消費量は，平成28年省エネ基準レベルの外皮性能の住宅と比較し，G1水準の外皮性能で約27%，G2水準で約34%，G3水準で約43%の削減となります。また，平成28年省エネ基準レベルで省エネ型暖冷房設備を導入する場合より，外皮性能をG1水準へ向上させる方が，省エネ効果が大きくなることがわかります（**図6**）。

図7は，平成28年省エネ基準レベルで太陽光発電を搭載した場合との比較です。標準的な屋根に搭載できる太陽光発電は4kW前後を前提にすると，G1・G2・G3水準の住宅に省エネ設備を導入すれば，平成28年省エネ基準レベルの外皮性能の住宅に太陽光発電設備（4kW）を搭載するより，住宅全体の一次エネルギー消費量は小さくなります。

図6，7は，建築研究所の住宅・住戸の省エネルギー性能の判定プログラムVer. 2.8を用いて計算した結果です。暖冷房条件は同プログラムに設定されている居室間歇方式としています。

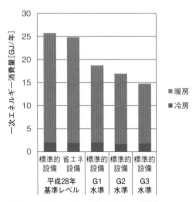

図6　暖冷房エネルギー消費量　松本

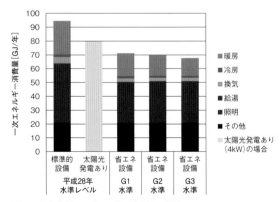

図7　住宅全体のエネルギー消費量　松本

断熱性能・日射遮蔽性能と通風の有無による冷房負荷

　断熱性能を強化した住宅は，高断熱化によって排熱が少なくなり，「熱籠り現象」によって冷房負荷が大きくなる懸念があります。**図8**は，冷房期において断熱性能別に「①通風・日射遮蔽措置ともになし，②通風あり・日射遮蔽措置なし，③通風・日射遮蔽措置ともにあり」の場合の冷房負荷（居室間歇）を示しています。

　①の通風も日射遮蔽もない場合は，断熱性能が高くなると，冷房負荷が増加してしまいます。それに対して，通風効果を見込んだ②と日射遮蔽措置を加えた③は，通風によって室内にこもった熱が排出されることで，冷房負荷の増加が抑えられており，対策を講じるほど冷房負荷が減少する傾向にあることがわかります。

　暖房期では断熱性能を強化することが，省エネで暖かい住宅をつくるのに最も有効な手段ですが，冷房期ではそれに加えて通風や日射遮蔽性能を向上させることで，省エネで涼しい住宅が可能になります。

ピーク時の電力量の比較

　図9は，冬期における暖房電力量の時間ごとの推移を示しています。外皮性能を向上させると，ピーク電力量が小さくなり，暖房設備機器の能力の低いものが選択でき，設備にかけるイニシャルコストが低減できます。平成28年省エネ基準レベルとG3水準を比較すると，ピーク電力量が47%小さくなり，電力のピークカットにも大きな効果があります。

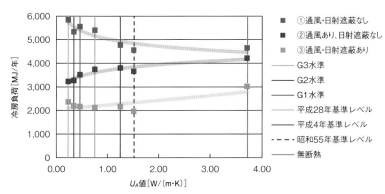

図8　断熱・通風・日射遮蔽と冷房負荷（部分間歇）の関係　松本

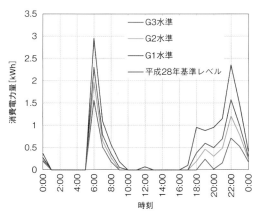

電力量算定条件
電力量［kWh］＝
毎時の暖房負荷［kJ/h］÷COP÷発熱量［kJ/Wh］
・毎時の暖房負荷：AE–Sim/Heat
　（暖冷房負荷計算プログラム）を用いて算出した。
　住宅モデル，暖房運転条件はAPPENDIXを参照
・COP（定格暖房エネルギー消費効率）：3.0
・発熱量（電気の二次エネルギーベースでの熱量換算値）
　：3.6［kJ/Wh］
※暖房運転モードは部分間歇運転です。

図9　2月1日暖房電力量　松本

室内の温熱環境性能の改善効果（NEB）

　住宅の外皮性能を高めて日射のコントロールを上手に行うことで，「温度環境の質の向上（NEB）」と「省エネルギー性能の向上（EB）」ができます。また，暖冷房開始時のエネルギーロスも小さくなり，設備の容量を小さくすることが可能となります。

暖房室と非暖房室の温度差（1月25日23時　外気温−1.8℃）

　図1は，平成28年省エネ基準レベル，G1・G2・G3水準の住宅における冬の夜間（居室を20℃で暖房）における各室の室温を示しています。暖房時のリビングと洗面所の温度差は，平成28年省エネ基準レベルで6.6℃，G1水準で3.7℃，G2水準で2.3℃，G3水準で0.6℃となり，平成28年省エネ基準レベルとG3水準では約6℃，温度差が小さくなります。

　図2は，G1・G2・G3水準の住宅で各室のドアを開けた場合の温度分布を示しています。図1と比べ室間の温度差が小さくなり，最も寒い浴室の温度も上昇しています。外皮性能の高い住宅では，細かく間取りを仕切るより開放的な間取りにすることで，非暖房室の温度も上昇することがわかります。

夜間の温度低下

　外皮性能を向上させると，暖房を停止しても温度低下は小さくなります。

　図3は，平成28年省エネ基準レベル，G1・G2・G3水準の住宅におけるリビングの室温の低下を示しています（LDKの暖房を23時に止め，6時に暖房運転開始した場合）。室温低下は，平成28年省エネ基準レベルで14.2℃，G1水準で9.3℃，G2水準で7.8℃，G3水準で5.4℃となり，平成28年省エネ基準レベルに比べてG3水準では約9℃，温度低下が小さくなります。

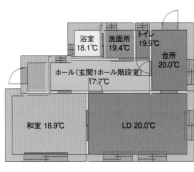

G3 水準の住宅の温度分布

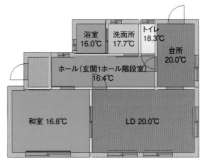

G2 水準の住宅の温度分布

G1 水準の住宅の温度分布

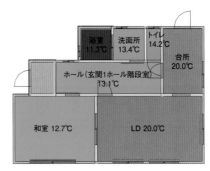

平成 28 年省エネ基準レベルの住宅の温度分布

図1　冬の夜（1月25日23時）における各部屋の温度の温度比較　宇都宮

冬期の窓の対策による効果

図4は，冬期における夜間の断熱と，日中の日射取入れの工夫による効果を示しています。居室において，夜間は断熱性能のあるカーテンや断熱戸などを閉めて熱損失を減らすこと，日中はレースカーテンを開け日射を室内に取り込むことで室温も上昇し，平成28年省エネ基準レベル〜G2水準で26%前後，G3水準で約36%の暖房負荷を減らすことができます。

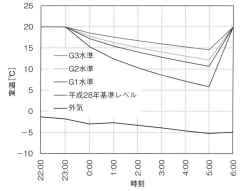

図3 断熱水準と夜間暖房停止後の室温変化 宇都宮
（1階リビング・1月25日〜26日）

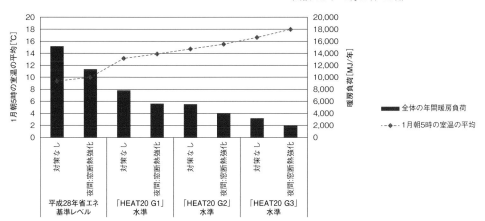

図4 ［冬期］開口部の仕様と室温・暖房負荷 宇都宮

G3 水準の住宅の温度分布

G2 水準の住宅の温度分布

G1 水準の住宅の温度分布

平成 28 年省エネ基準レベルの住宅の温度分布

図2 冬の夜（1月25日23：00）における各部屋の温度比較 各室※ドアを開けた場合 宇都宮 ※トイレを除く各室

暖房期の作用温度（OT）の推移

　図5は，冬期における住宅内のOTについて，部屋ごとに15℃以上をオレンジ，15℃未満を青で色付けして，1時間ごとに並べた結果です（読み方はI 02の**図5**参照）。暖房期にOTが15℃を下まわる割合は，平成28年省エネ基準レベルで32.5%，G3水準で3.4%となり，断熱性能を向上させることで住宅全体が暖かくなることがわかります。

グレード	暖房期（左端：10/24〜右端：5/2）の温度の推移	OT15℃未満の割合	最低OT
平成28年基準レベル		32.5%	8.7℃
G1 水準		16.0%	12.4℃
G2 水準		8.3%	13.8℃
G3 水準		3.4%	14.5℃

図5　OT15℃未満の割合と最低OT　宇都宮（オレンジ：15℃以上，青：15℃未満）

省エネルギー性能（EB）

外皮の性能向上と設備の高効率化による省エネルギー性能比較

　暖冷房一次エネルギー消費量は，平成28年省エネ基準レベルの外皮性能の住宅と比較し，G1水準の外皮性能で約38%，G2水準で約46%，G3水準で約54%の削減となります。また，平成28年省エネ基準レベルで省エネ型暖冷房設備を導入する場合より，外皮性能をG1水準へ向上させる方が，省エネ効果が大きくなることがわかります（**図6**）。

　図7は，平成28年省エネ基準レベルで太陽光発電を搭載した場合との比較です。標準的な屋根に搭載できる太陽光発電は4kW前後を前提にすると，G1・G2・G3水準の住宅に省エネ設備を導入すれば，平成28年省エネ基準レベルの外皮性能の住宅に太陽光発電設備（4kW）を搭載するより，住宅全体の一次エネルギー消費量は小さくなります。

　図6，7は，建築研究所の住宅・住戸の省エネルギー性能の判定プログラム Ver. 2.8を用いて計算した結果です。暖冷房条件は同プログラムに設定されている居室間歇方式としています。

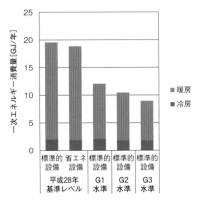

図6　暖冷房エネルギー消費量　宇都宮

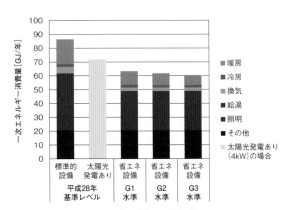

図7　住宅全体のエネルギー消費量　宇都宮

断熱性能・日射遮蔽性能と通風の有無による冷房負荷

断熱性能を強化した住宅は，高断熱化によって排熱が少なくなり，「熱籠り現象」によって冷房負荷が大きくなる懸念があります。**図 8** は，冷房期において断熱性能別に「①通風・日射遮蔽措置ともになし，②通風あり・日射遮蔽措置なし，③通風・日射遮蔽措置ともにあり」の場合の冷房負荷（居室間歇）を示しています。

①の通風も日射遮蔽もない場合は，断熱性能が高くなると，冷房負荷が増加してしまいます。それに対して，通風効果を見込んだ②と日射遮蔽措置を加えた③は，通風によって室内にこもった熱が排出されることで，冷房負荷の増加が抑えられており，対策を講じるほど冷房負荷が減少する傾向にあることがわかります。

暖房期では断熱性能を強化することが，省エネで暖かい住宅をつくるのに最も有効な手段ですが，冷房期ではそれに加えて通風や日射遮蔽性能を向上させることで，省エネで涼しい住宅が可能になります。

ピーク時の電力量の比較

図 9 は，冬期における暖房電力量の時間ごとの推移を示しています。外皮性能を向上させると，ピーク電力量が小さくなり，暖房設備機器の能力の低いものが選択でき，設備にかけるイニシャルコストが低減できます。平成 28 年省エネ基準レベルと G3 水準を比較すると，ピーク電力量が 56% 小さくなり，電力のピークカットにも大きな効果があります。

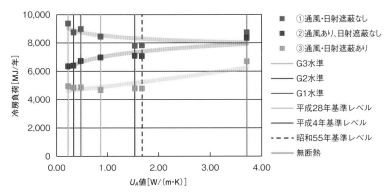

図 8　断熱・通風・日射遮蔽と冷房負荷（部分間歇）の関係　宇都宮

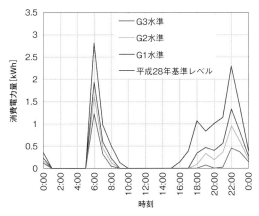

電力量算定条件
電力量［kWh］＝
毎時の暖房負荷［kJ/h］÷COP÷発熱量［kJ/Wh］
・毎時の暖房負荷：AE-Sim/Heat
　（暖冷房負荷計算プログラム）を用いて算出した。
　住宅モデル，暖房運転条件は APPENDIX を参照
・COP（定格暖房エネルギー消費効率）：3.0
・発熱量（電気の二次エネルギーベースでの熱量換算値）
　：3.6［kJ/Wh］
※暖房運転モードは部分間歇運転です。

図 9　1 月 25 日暖房電力量　宇都宮

室内の温熱環境性能の改善効果（NEB）

住宅の外皮性能を高めて日射のコントロールを上手に行うことで、「温度環境の質の向上（NEB）」と「省エネルギー性能の向上（EB）」ができます。また、暖冷房開始時のエネルギーロスも小さくなり、設備の容量を小さくすることが可能となります。

暖房室と非暖房室の温度差（1月23日23時　外気温2.3℃）

図1は、平成28年省エネ基準レベル、G1・G2・G3水準の住宅における冬の夜間（居室を20℃で暖房）における各室の室温を示しています。暖房時のリビングと洗面所の温度差は、平成28年省エネ基準レベルで6.6℃、G1水準で5.2℃、G2水準で4.4℃、G3水準で2.6℃となり、平成28年省エネ基準レベルとG3水準では約6℃、温度差が小さくなります。

図2は、G1・G2・G3水準の住宅で各室のドアを開けた場合の温度分布を示しています。図1と比べ室間の温度差が小さくなり、最も寒い浴室の温度も上昇しています。外皮性能の高い住宅では、細かく間取りを仕切るより開放的な間取りにすることで、非暖房室の温度も上昇することがわかります。

夜間の温度低下

外皮性能を向上させると、暖房を停止しても温度低下は小さくなります。

図3は、平成28年省エネ基準レベル、G1・G2・G3水準の住宅におけるリビングの室温の低下を示しています（LDKの暖房を23時に止め、6時に暖房運転開始した場合）。室温低下は、平成28年省エネ基準レベルで10.5℃、G1水準で8.1℃、G2水準で7.2℃、G3水準で5.0℃となり、平成28年省エネ基準レベルに比べてG3水準では約5℃、温度低下が小さくなります。

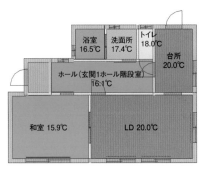

G3 水準の住宅の温度分布

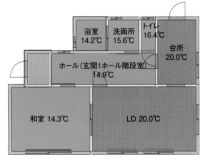

G2 水準の住宅の温度分布

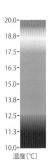

G1 水準の住宅の温度分布

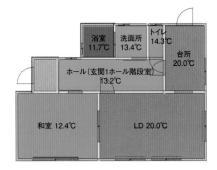

平成 28 年省エネ基準レベルの住宅の温度分布

図1　冬の夜（1月23日23時）における各部屋の温度の温度比較　東京

冬期の窓の対策による効果

図4は，冬期における夜間の断熱と，日中の日射取入れの工夫による効果を示しています。居室において，夜間は断熱性能のあるカーテンや断熱戸などを閉めて熱損失を減らすこと，日中はレースカーテンを開け日射を室内に取り込むことで室温も上昇し，平成28年省エネ基準レベル～G2水準で26%前後，G3水準で約31%の暖房負荷を減らすことができます。

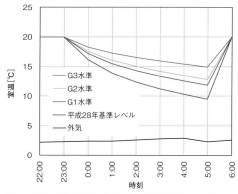

図3　断熱水準と夜間暖房停止後の室温変化　東京
（1階リビング・1月23日～24日）

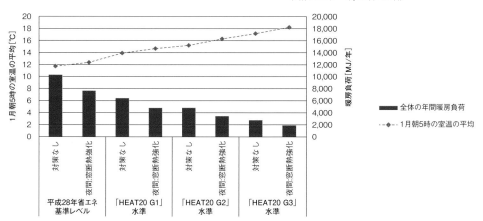

図4　［冬期］開口部の仕様と室温・暖房負荷　東京

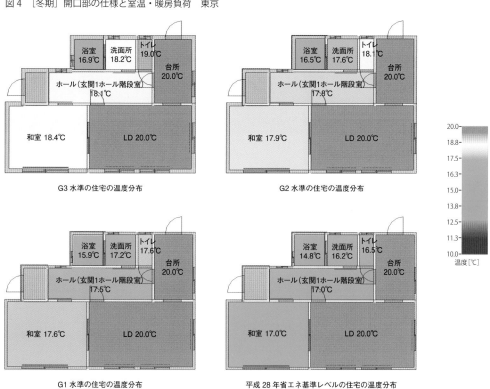

G3 水準の住宅の温度分布

G2 水準の住宅の温度分布

G1 水準の住宅の温度分布

平成28年省エネ基準レベルの住宅の温度分布

図2　冬の夜（1月23日23：00）における各部屋の温度比較　各室※ドアを開けた場合　東京　※トイレを除く各室

暖房期の作用温度（OT）の推移

　図 5 は，冬期における住宅内の OT について，部屋ごとに 15℃以上をオレンジ，15℃未満を青で色付けして，1 時間ごとに並べた結果です（読み方は I 02 の**図 5** 参照）。暖房期に OT が 15℃を下まわる割合は，平成 28 省エネ基準レベルで 29.2%，G3 水準で 0.7% となり，断熱性能を向上させることで住宅全体が暖かくなることがわかります。

グレード	暖房期（左端：11/18〜右端：4/11）の温度の推移	OT15℃未満の割合	最低 OT
平成 28 年基準レベル	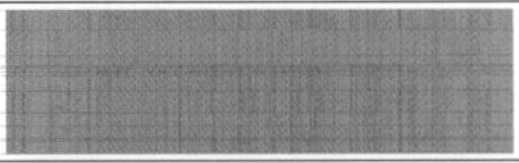	29.2%	10.6℃
G1 水準	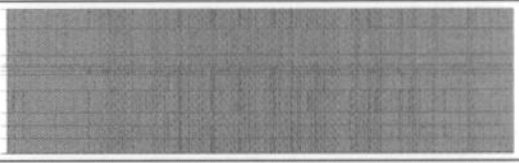	16.5%	12.6℃
G2 水準	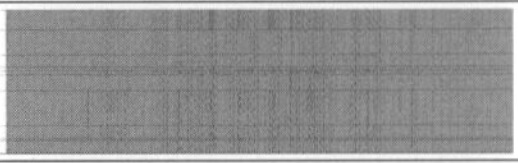	9.2%	13.8℃
G3 水準	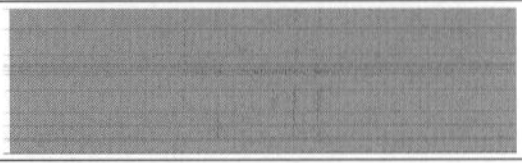	0.7%	15.5℃

図 5　OT15℃未満の割合と最低 OT　東京（オレンジ：15℃以上，青：15℃未満）

省エネルギー性能（EB）

外皮の性能向上と設備の高効率化による省エネルギー性能比較

　暖冷房一次エネルギー消費量は，平成 28 年省エネ基準レベルの外皮性能の住宅と比較し，G1 水準の外皮性能で約 26%，G2 水準で約 34%，G3 水準で約 46% の削減となります。また，平成 28 年省エネ基準レベルで省エネ型暖冷房設備を導入する場合より，外皮性能を G1 水準へ向上させる方が，省エネ効果が大きくなることがわかります（**図 6**）。

　図 7 は，平成 28 年省エネ基準レベルで太陽光発電を搭載した場合との比較です。標準的な屋根に搭載できる太陽光発電は 4kW 前後を前提にすると，G1・G2・G3 水準の住宅に省エネ設備を導入すれば，平成 28 年省エネ基準レベルの外皮性能の住宅に太陽光発電設備（4kW）を搭載するより，住宅全体の一次エネルギー消費量は小さくなります。

　図 6，7 は，建築研究所の住宅・住戸の省エネルギー性能の判定プログラム Ver. 2.8 を用いて計算した結果です。暖冷房条件は同プログラムに設定されている居室間歇方式としています。

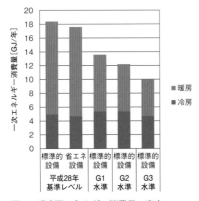

図 6　暖冷房エネルギー消費量　東京

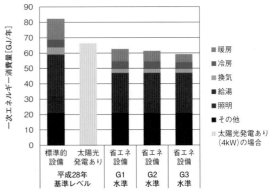

図 7　住宅全体のエネルギー消費量　東京

断熱性能・日射遮蔽性能と通風の有無による冷房負荷

　断熱性能を強化した住宅は，高断熱化によって排熱が少なくなり，「熱籠り現象」によって冷房負荷が大きくなる懸念があります。図8は，冷房期において断熱性能別に「①通風・日射遮蔽措置ともになし，②通風あり・日射遮蔽措置なし，③通風・日射遮蔽措置ともにあり」の場合の冷房負荷（居室間歇）を示しています。

　①の通風も日射遮蔽もない場合は，断熱性能が高くなると，冷房負荷が増加してしまいます。それに対して，通風効果を見込んだ②と日射遮蔽措置を加えた③は，通風によって室内にこもった熱が排出されることで，冷房負荷の増加が抑えられており，対策を講じるほど冷房負荷が減少する傾向にあることがわかります。

　暖房期では断熱性能を強化することが，省エネで暖かい住宅をつくるのに最も有効な手段ですが，冷房期ではそれに加えて通風や日射遮蔽性能を向上させることで，省エネで涼しい住宅が可能になります。

ピーク時の電力量の比較

　図9は，冬期における暖房電力量の時間ごとの推移を示しています。外皮性能を向上させると，ピーク電力量が小さくなり，暖房設備機器の能力の低いものが選択でき，設備にかけるイニシャルコストが低減できます。平成28年省エネ基準レベルとG3水準を比較すると，ピーク電力量が47%小さくなり，電力のピークカットにも大きな効果があります。

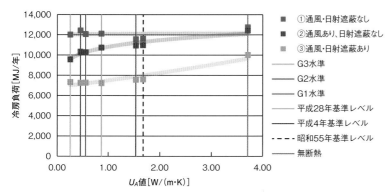

図8　断熱・通風・日射遮蔽と冷房負荷（部分間歇）の関係　東京

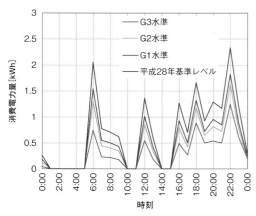

電力量算定条件
電力量［kWh］＝
毎時の暖房負荷［kJ/h］÷COP÷発熱量［kJ/Wh］
・毎時の暖房負荷：AE-Sim/Heat
　（暖冷房負荷計算プログラム）を用いて算出した。
　住宅モデル，暖房運転条件は APPENDIX を参照
・COP（定格暖房エネルギー消費効率）：3.0
・発熱量（電気の二次エネルギーベースでの熱量換算値）
　：3.6［kJ/Wh］
※暖房運転モードは部分間歇運転です。

図9　1月23日暖房電力量　東京

室内の温熱環境性能の改善効果（NEB）

住宅の外皮性能を高めて日射のコントロールを上手に行うことで，「温度環境の質の向上（NEB）」と「省エネルギー性能の向上（EB）」ができます。また，暖冷房開始時のエネルギーロスも小さくなり，設備の容量を小さくすることが可能となります。

暖房室と非暖房室の温度差（1月17日23時　外気温 2.7℃）

図1は，平成28年省エネ基準レベル，G1・G2・G3水準の住宅における冬の夜間（居室を20℃で暖房）における各室の室温を示しています。暖房時のリビングと洗面所の温度差は，平成28年省エネ基準レベルで5.6℃，G1水準で4.2℃，G2水準で3.5℃，G3水準で2.2℃となり，平成28年省エネ基準レベルとG3水準では約3℃，温度差が小さくなります。

図2は，G1・G2・G3水準の住宅で各室のドアを開けた場合の温度分布を示しています。図1と比べ室間の温度差が小さくなり，最も寒い浴室の温度も上昇しています。外皮性能の高い住宅では，細かく間取りを仕切るより開放的な間取りにすることで，非暖房室の温度も上昇することがわかります。

夜間の温度低下

外皮性能を向上させると，暖房を停止しても温度低下は小さくなります。

図3は，平成28年省エネ基準レベル，G1・G2・G3水準の住宅におけるリビングの室温の低下を示しています（LDKの暖房を23時に止め，6時に暖房運転開始した場合，その他の居室は4〜7地域と同じ暖房スケジュール）。室温低下は，平成28年省エネ基準レベルで11.1℃，G1水準で8.4℃，G2水準で7.3℃，G3水準で5.2℃となり，平成28年省エネ基準レベルに比べてG3水準では約6℃，温度低下が小さくなります。

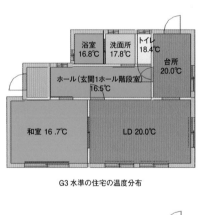

G3 水準の住宅の温度分布

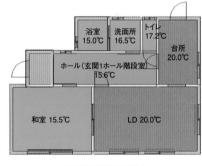

G2 水準の住宅の温度分布

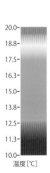

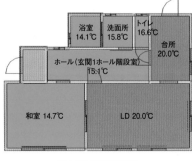

G1 水準の住宅の温度分布

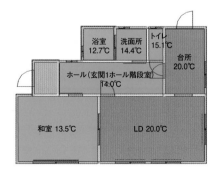

平成 28 年省エネ基準レベルの住宅の温度分布

図1　冬の夜（1月17日23時）における各部屋の温度の温度比較　鹿児島

冬期の窓の対策による効果

　図4は，冬期における夜間の断熱と，日中の日射取入れの工夫による効果を示しています。居室において，夜間は断熱性能のあるカーテンや断熱戸などを閉めて熱損失を減らすこと，日中はレースカーテンを開け日射を室内に取り込むことで室温も上昇し，平成28年省エネ基準レベル～G2水準で28%前後，G3水準で約34%の暖房負荷を減らすことができます。

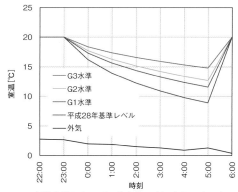

図3　断熱水準と夜間暖房停止後の室温変化　鹿児島
（1階リビング・1月17日～18日）

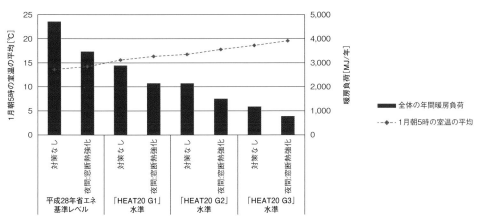

図4　［冬期］開口部の仕様と室温・暖房負荷　鹿児島

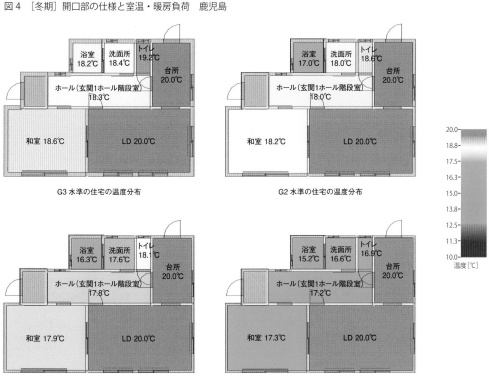

図2　冬の夜（1月17日23時）における各部屋の温度比較　各室※ドアを開けた場合　鹿児島　※トイレを除く各室

暖房期の作用温度（OT）の推移

　図5は，冬期における住宅内の OT について，部屋ごとに 15℃以上をオレンジ，15℃未満を青で色付けして，1 時間ごとに並べた結果です（読み方は I 02 の**図5**参照）。暖房期に OT が 15℃を下まわる割合は，平成 28 省エネ基準レベルで 25.1%，G3 水準で 0.5%となり，断熱性能を向上させることで住宅全体が暖かくなることがわかります。

グレード	暖房期（左端：12/24〜右端：3/7）の温度の推移	OT15℃未満の割合	最低 OT
平成 28 年基準レベル		25.1%	10.9℃
G1 水準		13.0%	13.0℃
G2 水準		6.1%	14.2℃
G3 水準		0.5%	16.1℃

図5　OT15℃未満の割合と最低 OT　鹿児島（オレンジ：15℃以上，青：15℃未満）

省エネルギー性能（EB）

外皮の性能向上と設備の高効率化による省エネルギー性能比較

　暖冷房一次エネルギー消費量は，平成 28 年省エネ基準レベルの外皮性能の住宅と比較し，G1 水準の外皮性能で約 21%，G2 水準で約 29%，G3 水準で約 39%の削減となります。また，平成 28 年省エネ基準レベルで省エネ型暖冷房設備を導入する場合より，外皮性能を G1 水準へ向上させる方が，省エネ効果が大きくなることがわかります（**図6**）。

　図7は，平成 28 年省エネ基準レベルで太陽光発電を搭載した場合との比較です。標準的な屋根に搭載できる太陽光発電は 4kW 前後を前提にすると，G1，G2，G3 水準の住宅に省エネ設備を導入すれば，平成 28 年省エネ基準レベルの外皮性能の住宅に太陽光発電設備（4kW）を搭載するより，住宅全体の一次エネルギー消費量は小さくなります。

　図6，7は，建築研究所の住宅・住戸の省エネルギー性能の判定プログラム Ver. 2.8 を用いて計算した結果です。暖冷房条件は同プログラムに設定されている居室間歇方式としています。

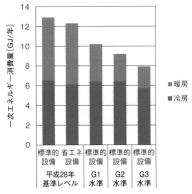

図6　暖冷房エネルギー消費量　鹿児島

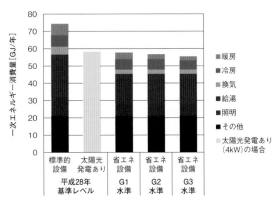

図7　住宅全体のエネルギー消費量　鹿児島

断熱性能・日射遮蔽性能と通風の有無による冷房負荷

　断熱性能を強化した住宅は，高断熱化によって排熱が少なくなり，「熱籠り現象」によって冷房負荷が大きくなる懸念があります。**図8**は，冷房期において断熱性能別に「①通風・日射遮蔽措置ともになし，②通風あり・日射遮蔽措置なし，③通風・日射遮蔽措置ともにあり」の場合の冷房負荷（居室間歇）を示しています。

　①の通風も日射遮蔽もない場合は，断熱性能が高くなると，冷房負荷が増加してしまいます。それに対して，通風効果を見込んだ②と日射遮蔽措置を加えた③は，通風によって室内にこもった熱が排出されることで，冷房負荷の増加が抑えられており，対策を講じるほど冷房負荷が減少する傾向にあることがわかります。

　暖房期では断熱性能を強化することが，省エネで暖かい住宅をつくるのに最も有効な手段ですが，冷房期ではそれに加えて通風や日射遮蔽性能を向上させることで，省エネで涼しい住宅が可能になります。

ピーク時の電力量の比較

　図9は，冬期における暖房電力量の時間ごとの推移を示しています。外皮性能を向上させると，ピーク電力量が小さくなり，暖房設備機器の能力の低いものが選択でき，設備にかけるイニシャルコストが低減できます。平成28年省エネ基準レベルとG3水準を比較すると，ピーク電力量が46%小さくなり，電力のピークカットにも大きな効果があります。

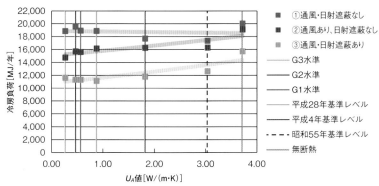

図8　断熱・通風・日射遮蔽と冷房負荷（部分間歇）の関係　鹿児島

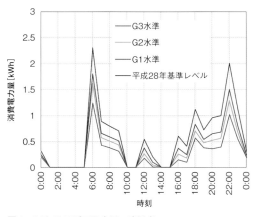

電力量算定条件
電力量［kWh］=
毎時の暖房負荷［kJ/h］÷COP÷発熱量［kJ/Wh］
・毎時の暖房負荷：AE-Sim/Heat
　（暖冷房負荷計算プログラム）を用いて算出した。
　住宅モデル，暖房運転条件はAPPENDIXを参照
・COP（定格暖房エネルギー消費効率）：3.0
・発熱量（電気の二次エネルギーベースでの熱量換算値）
　：3.6［kJ/Wh］
※暖房運転モードは部分間歇運転です。

図9　1月17日暖房電力量　鹿児島

外皮性能・暖房方式とNEB/EBの関係（ぼんぼりの図）

　住宅省エネ基準では，以前より標準的な空調モードとして①部分間歇運転モード，②居室連続運転モード，③LDK連続運転モードの三つのモードが設定されていますが，高断熱住宅では，実態としてそのモードがあてはまらないことが知られています。ここでは，外皮性能と空調モードが，NEBの代表である最低室温やEBとしての年間暖房負荷にどのように関係するかを，**図1〜7**に示す通称「ぼんぼりの図」を使って，説明していきます。

　図1は，一例として，Ⅰに示す平成28年省エネ基準レベルおよびG1〜G3水準（U_A値）を基本として，暖房運転モード（暖房を運転する部屋の数や運転時間の長さ）を変えてシミュレーションを実施した結果をプロットし，外皮性能と暖房運転モード別のEB，NEBの関係を示したものです。さらに，**図2〜7**に示すようにHEAT20で設定した外皮性能水準と暖房運転モードに，全館連続暖房のケースを加えた位置を「塗り円（ぼんぼり）」でプロットしていることから，HEAT20では通称「ぼんぼりの図」と呼んでいます。「ぼんぼりの図」により，前述したようにHEAT20のG1〜G3の住宅シナリオと水準の関係が非常に理解しやすくなります。この図ではこれらの関係性だけでなく，暖房運転モードをHEAT20の設定条件以外とした場合の外皮性能向上による暖房負荷削減効果や暖房期最低室温なども，把握することができます。当然のことながら建設地（気象条件）や住宅の形状，敷地周辺の立地条件などによって異なることはいうまでもありませんが，暖房運転モードと外皮性能水準，EB，NEBの関係を把握するための参考となりますので是非，設計の際に活用してください。

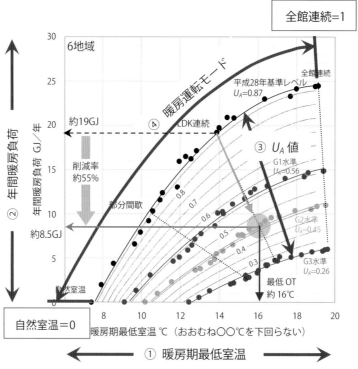

図1　暖房方式・外皮性能別のNEB・EBチャート（ぼんぼりの図）

図中の①から④が何を意味するかは，以下を参照ください。

①暖房期最低室温（OT）
　暖房期間中に出現する体感温度を昇順に並べたとき，下から3%の順位にある温度（○○頁参照）
②年間暖房負荷
　暖房期間中に，暖房の対象となる部屋の温度が設定温度を下まわらないようにするために，暖房
　設備が室内へ供給する熱量の暖房期間での合計値
③U_A値
　各地域において，平成28年省エネ基準レベルのU_A値からG3水準のU_A値までの範囲で等高線を
　表示しています。
④暖房運転モード
　U_A値の等高線と交差する3本の点線は，暖房運転モード（暖房を運転する部屋の数や暖房運転の
　長さ）を表しています。自然室温（暖房をまったく使わない場合）を0，全館連続暖房（すべて
　の空間で連続して暖房を運転する場合）を1とすると，暖房運転モードは必ず0〜1の範囲に入
　ります。参考として，代表的な運転モードである「部分間歇運転モード」「居室連続運転モード」，
　3地域は「LDK連続運転モード」を点線で表示しています。

【図の読み方】
④暖房運転モードが「LDK連続暖房」，③U_A値が「G2水準」の場合のNEB，EBの読み方は，以下
のとおりとなります。

（1）緑色のぼんぼりの位置をマークします。「LDK連続」の斜めの線（緑色矢印）と「G2水準」を
　　表す緑色の円弧の線の交点です。
（2）ぼんぼりの位置から紫線で下ろしたところが，①暖房期最低室温（OT）になります。ここで
　　は，約16℃です。
（3）ぼんぼりの位置から朱色線で左側にのばしたところが，②年間暖房負荷になります。ここでは，
　　約8.5GJとなります。
（4）平成28年省エネ基準レベルの年間暖房負荷は，黒色の円弧の線と「LDK連続」の斜め線の交
　　点から黒点線で左側にのばしたところとなり，約19GJとなります。
（5）このケースにおける平成28年省エネ基準レベルからの年間暖冷房負荷削減率は，（3）と（4）
　　の結果から約55%となります。

札幌（2地域）

平成28年省エネ基準レベルで居室連続暖房をした場合を，**図2**中の黒丸で塗りつぶした範囲とすると，外皮性能をG1水準へ高めると青丸の範囲に移り，平成28年省エネ基準レベルで居室連続暖房をするときと同等のエネルギーで全館連続暖房ができるようになり，暖房期最低室温は高くなることがわかります。居室連続暖房のモードを変えない場合は，暖房負荷が小さくなり，暖房期最低室温が高くなります。G1水準からG2水準へ高めるときも同様に，G1水準で居室連続暖房をするときと同等のエネルギーで，G2水準では全館連続暖房ができるということがわかります。さらに，外皮性能をG1水準からG3水準へ高めると，全館連続暖房の場合に，暖房にかかるエネルギーがおおむね半分になることがわかります。このように，外皮性能を高めることの効果を具体的に把握できます。

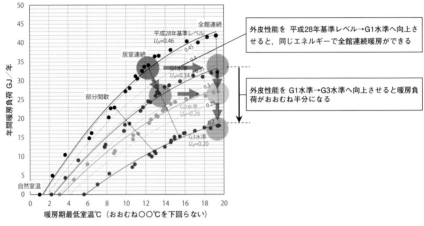

図2　札幌（2地域）

盛岡（3地域）

平成28年省エネ基準レベルでLDK連続暖房をした場合を，**図3**中の黒丸で塗りつぶした範囲とすると，外皮性能をG1水準へ高めると青丸の範囲に移り，平成28年省エネ基準レベルでLDK連続暖房をした場合と同等のエネルギーで，G1水準では全館連続暖房ができ，暖房期最低室温が高くなることがわかります。同様に，G1水準およびG2水準でLDK連続暖房をした場合と同等のエネルギーで，G2水準およびG3水準では全館連続暖房ができます。さらに，LDK連続暖房のモードでは平成28年省エネ基準レベルからG2水準へ，全館連続暖房のモードではG1水準からG3水準へ外皮性能を高めると，暖房エネルギーは概ね半分になることも**図3**からわかります。

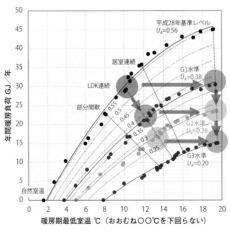

図3　盛岡（3地域）

松本（4地域），宇都宮（5地域），東京（6地域），鹿児島（7地域）

暖房負荷の絶対値や暖房期最低室温は地域ごとに異なりますが，全体的な傾向は同じになっています。平成28年省エネ基準レベルで部分間歇暖房をした場合を黒丸で塗りつぶした範囲とすると，外皮性能をG1水準へ高めると青丸の範囲に移り，さらにG2水準まで高めると緑丸の範囲へ移ります。平成28年省エネ基準レベルで部分間欠暖房をした場合と同等のエネルギーで，G1水準では居室連続暖房，G2水準では全館連続暖房ができることがわかります。同様にして，G2水準で部分間歇暖房をするときと同等のエネルギーで，G3水準では全館連続暖房ができることがわかります。全館連続暖房のモードでは，外皮性能をG2水準からG3水準へ高めることで，暖房エネルギーがおおむね半分になることがわかります。

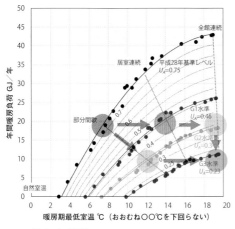

図4　松本（4地域）

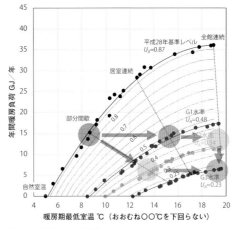

図5　宇都宮（5地域）

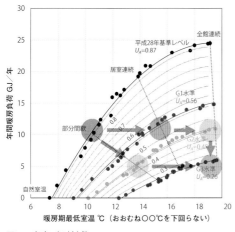

図6　東京（6地域）

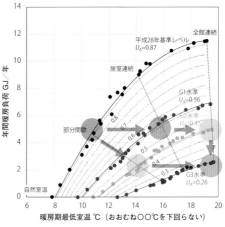

図7　鹿児島（7地域）

III
躯体と
開口部の
デザイン

　住宅の断熱外皮性能をあらわす理想的な指標とはなにか，少なくとも U_A 値も Q 値も，η_{ac} 値も μ 値も一長一短があることはいうまでもありません。HEAT20では2016年から，高断熱住宅の外皮性能は非透光性外皮の躯体と透光性外皮の開口部を分けて考えるべきであることを提唱してきました。この間，さまざまな検討を進めてきましたが，残念ながら，本設計ガイドブックでもその設計論は完成には至っていません。

　躯体と開口部の熱性能のバランスをどう考えるか，そして躯体や開口部をそれぞれどう最適化するか，さらに開放的住空間の根源的魅力である光環境をどう考えるか。この間，HEAT20で検討してきたなかから，魅力的住空間をつくるための最適設計に参考となるコンテンツを紹介します。みなさんの経験や知識は，ここではどう表現されているでしょうか。

窓（透光性外皮）と躯体など（非透光性外皮）の性能バランス

「はじめに「HEAT20」が考えてきたこと 2008 年〜2020 年」では，住宅外皮の断熱性能を示す指標，すなわち住宅全体の断熱性能を熱損失係数（Q 値），外皮性能平均熱貫流率（U_A 値）で表現することの限界，そして，同じく，高断熱住宅における日射のコントロールの指標として夏期日射熱取得係数（η_{AC} 値）で表現することの問題点を述べました。これは，2016 年に住宅シナリオ，性能水準として G1・G2 を提案したときからも繰り返し述べてきたことでもあります。

これまで HEAT20 では高断熱住宅の外皮性能の評価指標として，外皮平均熱貫流率（U_A 値）を指標にするのは不適切という考えから，住宅シナリオである NEB・EB を実現する透光性外皮と非透光性外皮の平均熱貫流率を切り分けた設計情報の構築を目指し，検討を進めてきました。まだ，各地域区分の代表都市を対象にした検討に限られており，Ⅱで説明したような代表都市以外は外皮平均熱貫流率を地域補正するというところまで至ってはいませんが，以下では，建設場所を主として代表都市に限定しまとめた設計チャートを紹介します（図1〜6）。なお，本章では，非透光性外皮としての躯体には床・基礎，外壁，天井・屋根のほかにドアも含まれている点に注意が必要です。

設計チャートで示すという方法は，このチャートが建設場所ごとに必要になるため，今後は，PCやスマホを使った設計支援ツールの開発を目指していきたいと考えています。

設計チャートの使い方

図1〜6 のチャートは，Ⅱに記載した住宅シナリオに合致する開口部（透光性部位）の熱貫流率と，躯体（非透光性部位）平均熱貫流率の組合せを示しています。そして図中に「冬期間の OT の最低値」「OT（作用温度）が 15℃未満になる割合」「暖房負荷削減率」の 3 本の線が引かれていますが，これらの線よりも左下の範囲が，「全ての住宅シナリオを満たす外皮性能の範囲」となります。チャートには，参考として「モデル仕様の U_A 値」も示します。これは，APPENDIX1 に記載のG1〜G3 水準における窓と躯体の熱貫流率を示したものです。

前述の 3 本の線を見ると，それぞれの傾きや位置が異なります。以下で，この意味を説明していきましょう。

部分間歇暖房や居室連続暖房の住宅では，居間などの暖房室と比べ，脱衣室などの非暖房室では室温が低下しやすくなるため，非暖房室の温熱環境形成が重要になります。温熱環境は，暖房室では外皮と空調設備により維持されますが，非暖房室では外皮性能に依るところが大きくなります。そして，非暖房室では，窓以外の外皮の面積が大きいため[注1]，躯体の断熱性能が OT に大きく影響します。このことが，「冬期間の OT の最低値」と「OT が 15℃未満になる割合」の線の傾き小ささに関係しています。

これに対し，「暖房負荷削減率」の線は傾きが大きくなっています。暖房室である居間などでは窓の面積が大きいため，窓の断熱性能が暖房負荷に大きく影響するのです。

「全ての住宅シナリオを満たす外皮性能の範囲」は，G1，G2，G3 の順で狭くなっています。また，窓の日射熱取得率については，0.51 が日射取得型，0.32 が日射遮熱型ガラスを用いた場合を想定しています[注2]。「全ての住宅シナリオを満たす外皮性能の範囲」は，日射遮熱型の方が狭くなります。これは，日射熱取得量が少ない方が暖房負荷は多く OT は低くなり，それを補うために断熱性能を高くする必要があるためです。このうち OT に関しては，日中に居室の暖房を停止する際に（3〜7 地域），日射熱取得が高い方が居室の室温が高く，非居室への熱の移動量が多くなり，非居室の OT が若干高くなります。このように，空間特性に応じて，どの部位の性能がどのように EB とNEB に影響するのかを理解しておくことが，適切な外皮設計の第一歩といえます。

透光性外皮（窓）の熱貫流率の決定方法

　チャートには4本目の線として「窓の熱貫流率の上限値」があります。この上限値は，冬の温熱環境に配慮するもので，代表仕様例と推奨仕様例の一覧表中に示される熱貫流率の最大値になっています。特にLDKなどで，大型窓近傍に人が長時間いる場合には配慮が必要です。この点については，113〜119頁で詳述しますので参照してください。

非透光性外皮（躯体）の平均外皮の部位別の熱貫流率の決定方法

　躯体には床・基礎，外壁，天井・屋根などの躯体とドアを含めた平均熱貫流率は，チャート縦軸の「躯体等平均熱貫流率」を満たす必要があります。躯体等の平均熱貫流率と部位別の熱貫流率の関係は，式（1）で表します。

躯体等の平均熱貫流率

　＝（床の熱貫流率×床の面積＋基礎の線熱貫流率×基礎の周長
　　＋外壁の熱貫流率×外壁の面積＋屋根の熱貫流率×屋根の面積
　　＋天井の熱貫流率×天井の面積＋ドアの熱貫流率×ドアの面積）
　／（床の面積＋土間の面積＋外壁の面積＋天井の面積＋屋根の面積＋ドアの面積）　　（1）

　窓にはさまざまな機能があり，そのうちEBとNEBにかかわるものは断熱のほかに日射熱の制御，通風，採光などがあります。立地条件，住まい方，コストなどの与条件を踏まえつつ，前述の機能を適切に具現化する窓設計は，快適で魅力的な住空間の実現には不可欠です。

　また，窓のさまざまな機能のうち最近，重要性が増しているのが夏の防暑への対応です。対応の手段としては，日射熱取得率の低いガラスの選択，庇や外付けブラインドなどの付属部材の設置，通風などがあります。選択する手段に応じて冬の日射熱取得量にも違いが生じ，OTや暖房負荷も変わってきます。夏の防暑対策の手段を踏まえつつ，HEAT20の住宅シナリオを満たす外皮の熱貫流率を設定することが望まれます。

　本ガイドブックに掲載するチャートは，ガラスが日射取得型と日射遮熱型の2パターンを想定していますが，外付けブラインドなど冬には開放する付属部材を設置する場合も，同じチャートを利用できます。

　今後は，冒頭でも述べたように，代表都市以外も適用可能な設計支援ツールの構築を行い，それに加えて冬期日射熱取得に影響が生じる付属部材を設置した場合の評価も組み込んでいく予定です。

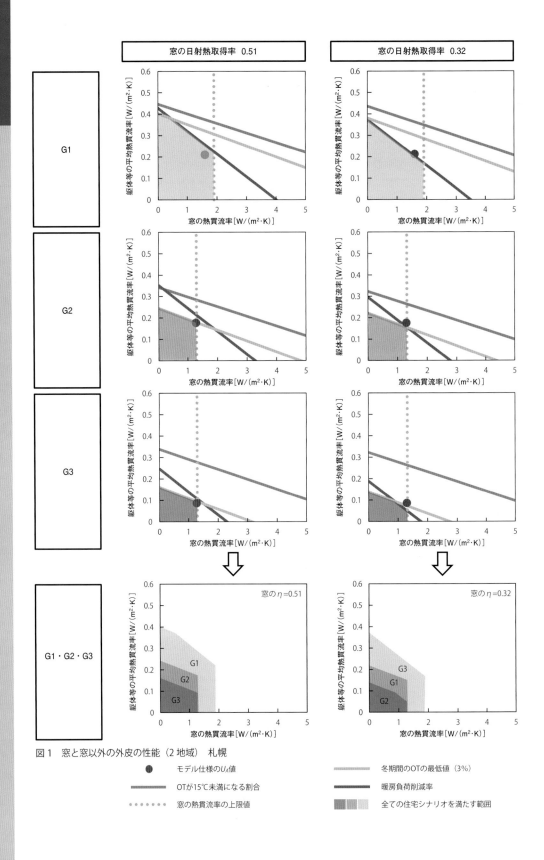

図1　窓と窓以外の外皮の性能（2地域）札幌

● モデル仕様のUA値

冬期間のOTの最低値（3%）

OTが15℃未満になる割合

暖房負荷削減率

・・・・・・・ 窓の熱貫流率の上限値

全ての住宅シナリオを満たす範囲

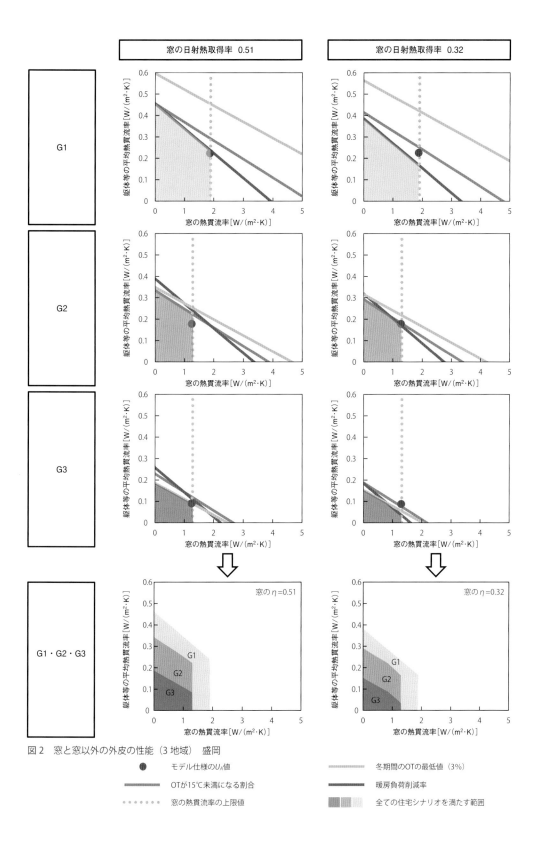

図2　窓と窓以外の外皮の性能（3地域）　盛岡

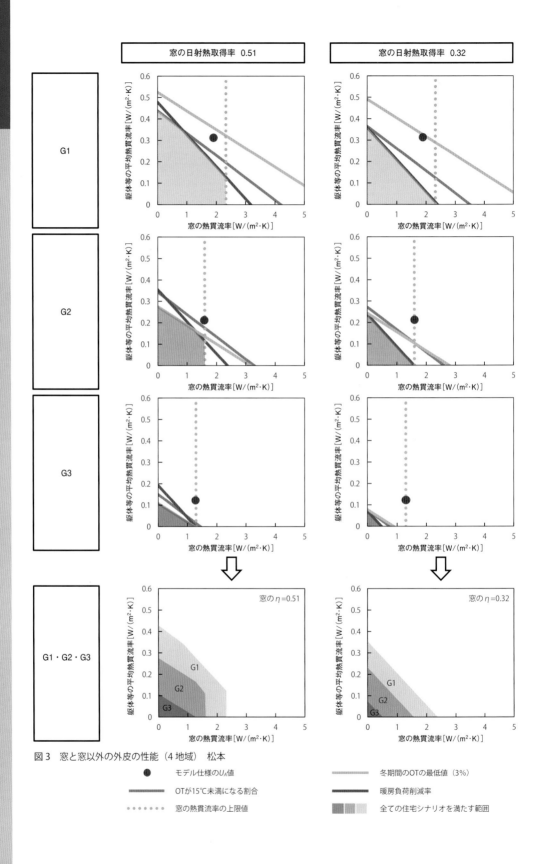

図3　窓と窓以外の外皮の性能（4地域）　松本

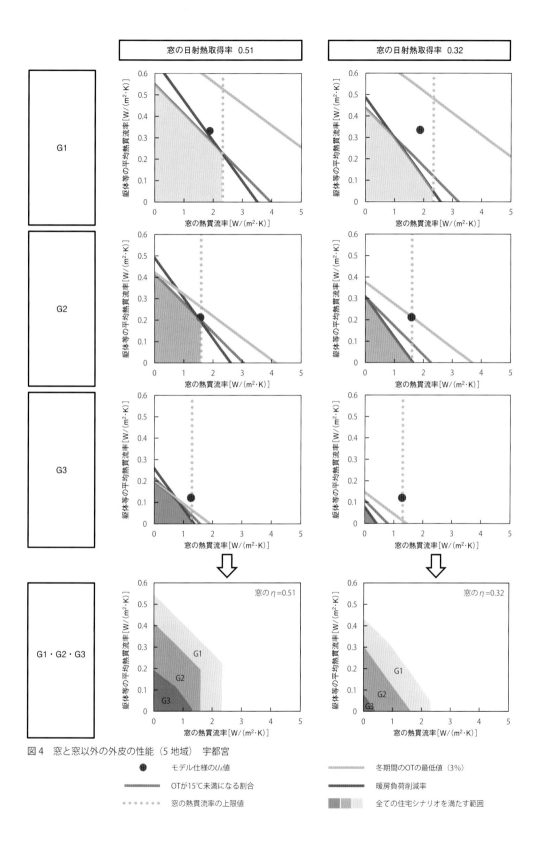

図4　窓と窓以外の外皮の性能（5地域）　宇都宮

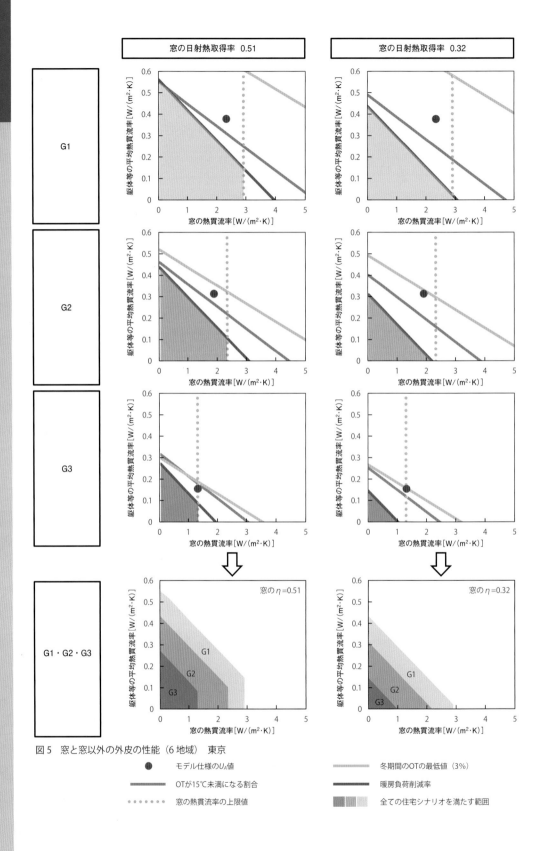

図5　窓と窓以外の外皮の性能（6地域）東京

● モデル仕様のU_A値

───── OTが15℃未満になる割合

········· 窓の熱貫流率の上限値

───── 冬期間のOTの最低値（3%）

───── 暖房負荷削減率

全ての住宅シナリオを満たす範囲

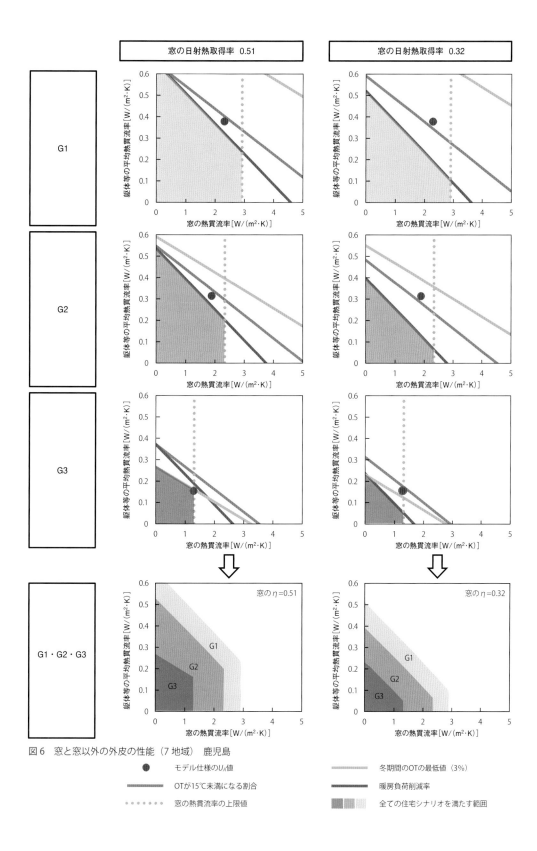

図6 窓と窓以外の外皮の性能（7地域）鹿児島

● モデル仕様のU_A値

ーー OTが15℃未満になる割合

・・・・・ 窓の熱貫流率の上限値

ーー 冬期間のOTの最低値（3%）

ーー 暖房負荷削減率

▨ 全ての住宅シナリオを満たす範囲

注意点1：同一の地域区分内における気象条件の違いが及ぼす影響

前述したチャートは，代表都市により大きく違うのは当然ですが，同じ地域区分のなかでも気象条件が異なるとこのチャートも異なります。

図7は，5地域と6地域の代表都市とそれ以外の都市の気象特性の違いを示したものですが，例えば5地域では，代表地点の宇都宮と比べ，富山は日射量が少なく，長岡は日射量が少ないうえ外気温も低く（HDD20が大きい）なります。同様に，6地域では，代表地点の東京と比べ，金沢は日射量が少なく外気温が低くなります。

これらの地域で「住宅シナリオを満たす範囲」は，図8～12のようになります。宇都宮よりも富山や長岡の方が，また，東京よりも金沢の方が，選択できる範囲は狭くなります。その主な理由は，寒冷で日射が少ないほど，窓と躯体などの外皮ともに，住宅シナリオを満たすための必要性能が高くなるためです。こうした地域では，断熱性能の確保のみならず，窓ガラスに日射熱取得型を選択することも有効な対策といえるでしょう。また，長岡のように日射遮熱型ではG3の住宅シナリオを満たすことが難しい地域も出てきますが，これは主に「暖房負荷削減率」の住宅シナリオを達成できないことが理由です。同じ地域区分でも気候特性や窓の日射取得率の違いで，選択範囲が大きく異なることに驚く方も多いでしょう。このことからも住宅の断熱性能として指標 U_A や Q 値，η_A や μ 値が万能の指標ではないことがわかります。

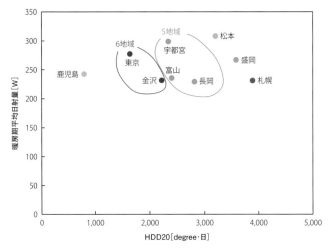

図7　本ガイドブックにおける計算地点の気候特性の違い

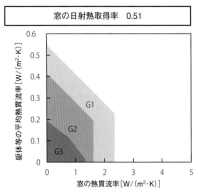

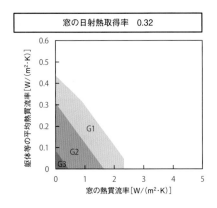

図8　住宅シナリオを満たす外皮性能の範囲（5地域）　宇都宮

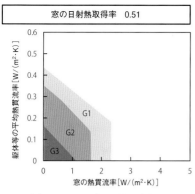

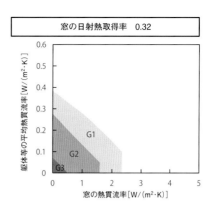

図 9　住宅シナリオを満たす外皮性能の範囲（5 地域）　富山

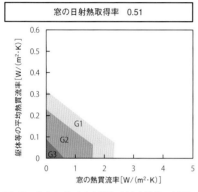

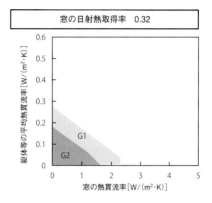

図 10　住宅シナリオを満たす外皮性能の範囲（5 地域）　長岡

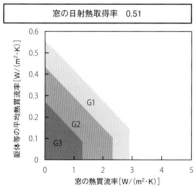

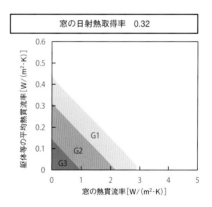

図 11　住宅シナリオを満たす外皮性能の範囲（6 地域）　東京

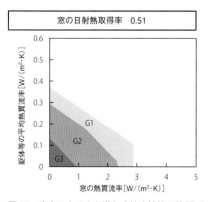

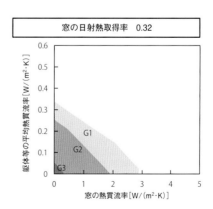

図 12　住宅シナリオを満たす外皮性能の範囲（6 地域）　金沢

注意点2：窓を採光・照明エネルギーも含めて考えるとどうなるか？

　窓の機能には，断熱と日射熱の制御のほかに採光などがありますが，窓の仕様により，日中の照明エネルギーが住宅全体の運用エネルギーにどう影響するでしょうか。

　表1，**図13**は，札幌，東京，鹿児島を例に，住宅水準と窓の仕様が暖房・冷房・照明エネルギーに与える影響を示したものです。これらからもわかるとおり，照明エネルギーについては，ガラスを日射取得型と日射遮熱型とした場合でもその差は大きくないことがわかります。このことから，窓の最適性能をEBの面から検討する際には，照明エネルギーは考慮せず，暖房と冷房エネルギーから決めて差し支えないと考えてよいでしょう。

			G1 水準			G2 水準			G3 水準		
			日射取得型	日射遮熱型		日射取得型	日射遮熱型		日射取得型	日射遮熱型	
	ガラスの日射熱取得率 [—]		0.64	0.40		0.64	0.40		0.64	0.40	
	ガラスの可視光透過率 [%]		75.5	70.5		75.5	70.5		75.5	70.5	
2地域 札幌	熱貫流率 [W/(m²・K)]		1.6		差	1.3		差	1.3		差
	暖房	一次エネルギー消費量 [GJ/年]	6.08	9.97	−3.89	5.18	8.45	−3.27	5.36	8.45	−3.09
		比率	60.4%	71.8%		56.2%	68.1%		55.8%	68.1%	
	冷房	一次エネルギー消費量 [GJ/年]	0.56	0.46	0.10	0.62	0.51	0.11	0.83	0.51	0.32
		比率	5.5%	3.3%		6.7%	4.1%		8.6%	4.1%	
	照明	一次エネルギー消費量 [GJ/年]	3.42	3.45	−0.03	3.42	3.45	−0.03	3.42	3.45	−0.03
		比率	34.0%	24.9%		37.1%	27.8%		35.6%	27.8%	
6地域 東京	熱貫流率 [W/(m²・K)]		2.33		差	1.9		差	1.3		差
	暖房	一次エネルギー消費量 [GJ/年]	2.13	2.57	−0.43	1.62	2.02	−0.40	0.93	1.00	−0.06
		比率	23.5%	28.1%		18.7%	23.4%		11.7%	12.5%	
	冷房	一次エネルギー消費量 [GJ/年]	3.55	3.13	0.42	3.64	3.19	0.45	3.65	3.53	0.12
		比率	39.0%	34.2%		42.0%	36.9%		45.7%	44.3%	
	照明	一次エネルギー消費量 [GJ/年]	3.40	3.44	−0.04	3.40	3.44	−0.04	3.40	3.44	−0.04
		比率	37.4%	37.6%		39.3%	39.7%		42.6%	43.2%	
7地域 鹿児島	熱貫流率 [W/(m²・K)]		2.33		差	1.9		差	1.3		差
	暖房	一次エネルギー消費量 [GJ/年]	0.95	1.16	−0.20	0.71	0.90	−0.19	0.39	0.42	−0.03
		比率	9.8%	12.4%		7.4%	9.8%		4.2%	4.6%	
	冷房	一次エネルギー消費量 [GJ/年]	5.52	4.83	0.68	5.68	4.96	0.72	5.69	5.50	0.19
		比率	56.5%	51.8%		58.6%	53.9%		60.6%	59.3%	
	照明	一次エネルギー消費量 [GJ/年]	3.30	3.34	−0.04	3.30	3.34	−0.04	3.30	3.34	−0.04
		比率	33.8%	35.8%		34.0%	36.3%		35.2%	36.1%	
			日射取得型	日射遮熱型		日射取得型	日射遮熱型		日射取得型	日射遮熱型	
	日射熱取得率 [—]		0.51	0.32		0.51	0.32		0.51	0.32	
	可視光透過率 [%]		60	56		60	56		60	56	

表1　住宅の一次エネルギー消費量（暖房・冷房のCOP＝3.0，照明はすべてLED）

ただし，これは窓の計画の際に採光を軽視していいということではありません。一般的に，照明の点灯は夜間が主となりますが，周辺建物などとの関係で採光により明るさを確保できなければ日中の照明電力は飛躍的に増大してしまいます。そのときには，ガラスの可視光透過率が大きく影響することになります。また，窓からの採光は，むしろ環境の質（NEB），すなわち住空間の心地よさや歩行安全性などの面からきわめて重要であることはいうまでもありません。

　窓の理想的な設計は，まず，窓と躯体に分けて熱貫流率と日射熱取得率の性能を決定し，その後，採光で得られる日中の明るさを確認し，窓の大きさや配置を決める，それが基本となります。Ⅲ06に，HEAT20で開発してきた簡易な採光計画手法を説明しますので合わせてごらんください。

注1）省エネルギー基準策定モデルの場合です。本ガイドブックにおける暖房負荷やOTの計算条件は，Ⅰ04，APPENDIX1を参照してください。
注2）ガラス面積比0.8の場合（金属製，プラスチックと金属の複合性，金属製熱遮断構造のいずれか）。

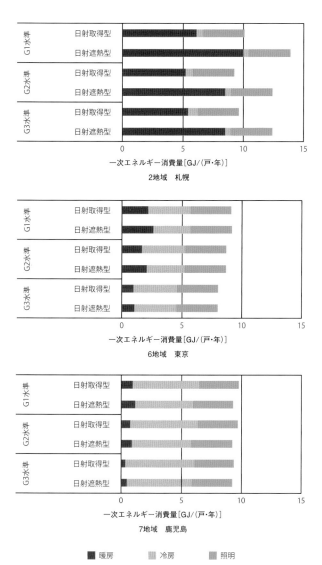

図13　住宅の一次エネルギー消費量（暖房・冷房のCOP＝3.0，照明はすべてLED）

III

躯体と
開口部の
デザイン

02

A：躯体デザインと技術

気密性能水準の提案

なぜ今，気密性能推奨値の提案なのか？

　気密の目的・必要性は，①暖冷房の熱負荷低減と室内環境向上，②断熱材の性能低下の防止，③繊維系断熱材の壁内結露防止（室内側防湿），④計画換気の性能保持になります[1]。

　住宅の省エネルギー基準では平成4（1992）年基準から，気密性能の定量的基準が設定されていましたが，平成18（2006）年の改定で定量基準が廃止されました。その理由は，当時，既に多くの住宅で基準値に達していたことで，上記の気密の目的の①と④が担保されたと判断されたことと，上記の②は断熱性能，③は防露性能で規定することとし，定量的基準が必要なくなったためとされています[1]。ただ熱損失係数 Q 値（当時）のように設計段階で評価できないことや，実測でしか性能確認できず時間と費用を要すること，建物形態（2階建や平屋建，集合住宅など）に大きく影響される数値であったことから，単位量当たりでの規定に意味がもてないことなどの理由が廃止の本当の理由でもありました。

　しかし近年，施工の高精度化や研究が進んできたことで，設計段階で部位ごとの隙間からの通気量（漏気量）が推定，すなわち住宅全体の気密性能が推定できるようになってきました[2]～[5]。さらに，HEAT20水準住宅の実践者であれば，施工のばらつきは小さく，より一層，気密性能を推定する条件が整ってきていると考えられ，定量的推奨値を提案する意味があると考えました。

　住宅購入者や居住者の側は，健康や快適性（NEB）を重視するようになってきています。これまで，気密性能は省エネ（EB）や換気システムの効率のうえで語られてきましたが，例えば冬期暖房時の隙間からの冷気の流入は評価されていませんでした。前述したように，ある一定の気密性能を達成している昨今，さらに気密性を高めるメリットは，この冷気の不快さをなくすなどのNEBの向上にあると考えます。その性能はどの程度なのか，それをここでは説明していきます。

HEAT20における気密性能とは？

　現在，わが国の気密性能（以下，C 値）は，気密測定器により得られた任意5点以上の通気量（排気量）と内外差圧の回帰式から，差圧が9.8［Pa］時の通気量［m³/h］を求め，これを単純開口に置き換えたときの有効開口面積（総相当隙間面積 α_A［cm²］）を，"実質延床面積［m²］"で除した値としています[6]。ただし，この実質延床面積にはいくつかの算出方法があり，それぞれの方法により，同じ α_A でも C 値が微妙に異なります。実質延床面積で除する理由は，建物が大きくなるほど，隙間面積が大きくなるのは道理なので，建物規模の違う住宅の優劣を比較できるようにするためです。

　では，この"建物規模"を具体的に考えると，どのような意味合いがあるのでしょうか？　わが国の気密性能基準ができたころ（約30年前）の住宅は，床断熱で吹抜があることは稀で，最上階（主に2階）の天井はフラットの家がほとんどであったため，建物規模を表すのに，建築基準法上の延床面積がわかりやすかったと思われます。ところが，現在の住宅のように吹抜があったり，最上階居室の天井が非居室域の天井より高くなるような勾配天井があったりする場合の建物規模は，基準法の延床面積で適切なのでしょうか？　この場合，建物の広さ大きさを感じるのは，空間の気積によるのではないでしょうか。C 値算出のための実質延床面積には，この部分を算入する方法が規定されていますが，考え方（計算）が少し複雑になっています。

　一方，気密性能について国外に目を向けると，諸外国（特に北欧・北米）の多くで，内外差圧が50［Pa］の時の ACH（*Air Changes par Hour*），すなわち換気回数［回/h］で規定しています[7]。換気回数とは，室内の気積に対して外気が何回入れ替わるかを表しているので，気積が基になっているといえます。

　以上のことから，HEAT20の気密性能は，内外差圧9.8［Pa］における通気量 $Q_{9.8}$［m³/h］を断熱外皮内の気積 V_i［m³］[注1]で除した換気回数で表すこととしました（式（1））。

$$ACH_{9.8} = Q_{9.8}/V_i \ [回/h] \qquad (1)$$

$ACH_{9.8}$：内外差圧 9.8 [Pa] 時の換気回数 [回/h]，

$Q_{9.8}$：内外差圧 9.8 [Pa] 時の通気量 [m³/h]　　　V_i：住宅の断熱外皮内の気積 [m³]

推奨水準の検討

　では，戸建住宅に求められる望ましい気密性能はどの程度でしょうか？　これまで，さまざまな研究成果[8)9)10)]が示されていますが，建設地や換気システムに左右されない数値として，C 値 1.0 [cm²/m²] 以下が望ましいといえそうです。その検討の経緯（＝根拠）と結果を以下に説明します。

　検討は，建築学会標準モデル[11)]を基に，2 階南側の窓をバルコニー掃出し窓に変更，加えて現代風にリビングを吹抜とし，それが 2 階ホールにつながる間取りに修正したモデルで行いました（**図 1**）。このモデルで，暖房時における各隙間からの外気流入量を次の手順で計算しました。

①各取合部の隙間の通気率と隙間特性値[注 2)]（以下，両者を合わせて隙間の特性とする）を試験体測定[12)]や参考文献 13）などから，ACH9.8：1.6，1.3，0.3，0.2（C 値：約 3.0，2.4，0.5，0.3）の気密性能住宅を設定

②熱負荷計算ソフト AE–Sim/Heat にて，間仕切壁内や階間空間も計算対象とした住宅データを作成し，札幌（HEAT20 の代表都市で最寒冷）の標準年気象データを用いて，年間の各空間の温度変動を算出。

③②の時系列変動の中から，冬期の暖房時で内外温度差が大きく，外部風速が一番大きい時刻を抽出（2 月 3 日 23 時：外気温度－4.9 [℃]，外部風速 6.3 [m/s]），その時の各空間の温度を用いて**図 1** を単純化した**図 2** のモデルで換気回路網計算[注 2)]を行い，各部の通気量 [m³/h] を算出。なお，外部風は，南壁の法線方向から，遮るものがない状態で吹き付けるものとした。

④隙間の開口幅を設定し各隙間の面積を求め，③算出の通気量を風速に換算し，その風速を評価した。

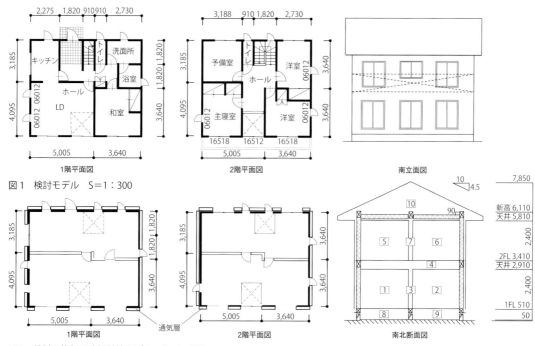

図 1　検討モデル　S＝1：300

図 2　検討用換気回路網計算モデル　S＝1：300

III

躯体と
開口部の
デザイン

02

A：躯体デザインと技術

気密性能水準の提案

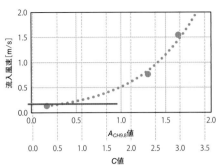

図3　気密性能と外壁幅木下流入風速の関係

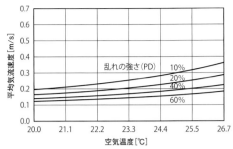

図4　空気温度と平均気流速度（不満足者15%）[14]

冬期暖房時の基本的な内外差圧の分布は，最下部が外気から室内に向けて，最上部が室内から外気に向けて最大となります。つまり，すべての隙間の特性が同じと仮定すると，単位長さ当たりでは１階床と外壁の取合いの隙間（外壁幅木下）や掃き出し窓の下部からの流入量が最も大きくなるということです。幅木下や窓の下部からの冷たい外気の流入は，そのまま床面を這って居住者の足元を冷やすことになり，快適感に大きく影響を及ぼすと考えられるため，推奨値を決めるにあたって，この流入風速に着目しました。換気回路網計算で算出された流入量 [m³/h] から，幅木下の隙間幅を 0.4 mm（複数の現場での採寸による）とした面積で除して得られた値で，幅木下からの風速を図3に示します。これによると，$A_{CH9.8}$（C値）が小さくなるにつれて，風速の低減効果が小さくなっていくのがわかります。

　ところで，人が不快に感じない風速はどの程度なのでしょうか？　環境工学の教科書の快適感には，図4のようなグラフが示されています[14]。これは，不満足者率 15%，言い換えればほとんどの人が不快でないと感じる空気温度と風速の関係を表しています[注3]。これより，室温が 20℃の場合は，0.2 [m/s] であれば許容できるといえます（乱れの強さが 10%の場合）。つまり，これ以下の風速にする意味はあまりないということです。この値を図3に当てはめると（図3の赤線），$A_{CH9.8}$は 0.5 [回/h]（C値＝約 0.9 [cm²/m²]）となります。換気システムの機能などの側面から検討した，既往の研究と必要な気密性能がほぼ一致しました。

　ただ HEAT20 では，経年で 20〜30%劣化することを考慮して，新築時の性能としては **$A_{CH9.8}$＝0.4 ±0.1（C値＝0.7±0.2）** が適当と考えています。この数値は温暖地では緩くてもよいとは考えられますが，既往の研究から C値 1.0 [cm²/m²]（$A_{CH9.8}$は 0.55 [回/h]）以下が望ましく幅が狭いことから，全国一律での提案とします。

HEAT20 からの提案

　これまでの計算によって求められた外気流入が，室内温度環境に与える影響を CFD により確認しました。図5に，床面高さ１cm の平面温度分布を示します。（a）が現在の住宅の平均的な気密性能と考えられる $A_{CH9.8}$＝1.6 [回/h]（C値＝約 3.0 [cm²/m²]），（b）が $A_{CH9.8}$＝0.3（C値＝約 0.5）の場合です。なお，CFD では窓などの隙間幅も幅木下と同じ 0.4 mm と仮定して流入風速を与えました。幅木下や掃き出し窓の下枠から流入した冷気の影響は，図5（a）では床面に広範囲に渡っているのに対して，図5（b）では狭い範囲に抑えられ，かつ全体的に温度が（a）に比べて約 0.5℃高くなっており，快適エリアが広くなっていることがわかります。

　推奨値である $A_{CH9.8}$で 0.4±0.1 [回/h]（C値で 0.7±0.2 [cm²/m²]） については，もちろん，さらに 0 に近づけて悪いことはありませんが，このレベルでの性能の競争に意味はなく，0 近くを達成するために少なくない労力やコストをかけているなら，その投資を他にふり向けた方がいいのではないかと考えています。

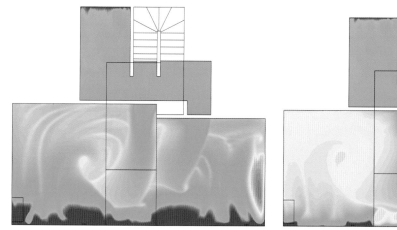

温度[℃]
20.0
19.0
18.0
17.0
16.0
15.0
14.0

(a) $A_{CH9.8}$＝1.6［回/h］（C値＝約3.0）　　　　　　(b) $A_{CH9.8}$＝0.3［回/h］（C値＝約5.0）

図5　CFDによる床表面温度分布

注1）JIS A 2201で規定されている実質延床面積の算定方法の一つに，建物外皮内の気積を2.6で除する方法があります が，この場合の気積は階間の天井ふところは除くことになっています。本提案は，その気積も含めた断熱外皮 内部の気積としています。

注2）換気回路網計算は，隙間や開口の通気量を式（2）（3）によって求め，室への流入を正，流出を負とした場合に， 各室の流量収支が0になるように調整して（各室の大気基準の床面圧を求めて），各部の通気量を算出するもの です。

$$Q=a\Delta P^{1/n}\quad(2)\qquad Q=0.36\,\alpha_A\sqrt{\frac{2}{\rho}\,|\Delta p|}\quad(3)$$

Q：通気量［m³/h］，a：通気率［m³/(h・Pa$^{1/n}$)］，n：隙間特性値［－］
α_A：相当開口面積［cm²］，ΔP：隣室または外気との差圧［Pa］，ρ：空気密度［kg/m³］

注3）図4は，人体の後頭部から室温と同じ温度の気流に対する試験結果を基にしており，幅木下からの外気の流入を考 える本検討の想定とは異なります。ただ，後頭部（首筋）が足元より敏感であることなどを考えて適用しました。

【参考文献】
1）住宅の省エネルギー基準の解説，財団法人建築環境・省エネルギー機構，第2版，平成19年4月1日
2）服部哲幸，坂本雄三：木造軸組住宅の納まり別気密性能と高気密化に関する研究，日本建築学会大会学術講演梗概 集 環境工学Ⅱ，pp.325-326, 2004年8月
3）坂部芳平，鈴木大隆ほか：枠組壁工法住宅の躯体を構成する部位の隙間特性の把握と気密性能の研究，空気調和・ 衛生工学会大会学術講演論文集，pp.353-356, 2005年8月
4）松岡大介：戸建て住宅における冬期の外壁内外差圧の実状，日本建築学会大会学術講演梗概集，環境工学Ⅱ， pp103-104, 2018年9月
5）金子友昭，松岡大介：木造戸建住宅の気密性能に関する研究，その2　高気密住宅の冬期の内外差圧の実状，日本 建築学会大会学術講演梗概集，環境工学Ⅱ，pp.691-692, 2020年9月
6）JIS A 2201：2017
7）例えばREHVA Journal：Building and ductwork airtightness requirements in Europe, June 2018
8）吉野博：日本の気密測定はなぜ1mmAqで測るのか，建築技術2017年1月号，pp.108-110
9）田島昌樹：第3種換気に求められる気密性能とは，建築技術2017年1月号，pp.102-103
10）村田さやか，北谷幸恵：第1種換気，第3種換気に求められる気密性能とは，建築技術2019年1月号，pp.124-127
11）宇田川光弘：標準問題の提案　住宅用標準問題，日本建築学会環境工学委員会 熱分科会第15回熱シンポジウム， 1985年
12）上村比呂凪，松岡大介ほか：木造戸建住宅の気密性能に関する研究，その1 試験体による各種取合い部の隙間特 性，日本建築学会大会学術講演梗概集 環境工学Ⅱ，pp.689-690, 2020年9月
13）清水則夫，小峯裕己ほか：住宅部品の通気抵抗について，空気調和・衛生工学会大会　学術講演論文集，pp.609-612, 1995年10月
14）ASHRAE STANDARD 55

III
躯体と
開口部の
デザイン

03

防露計画

A：躯体デザインと技術

防露性の確認方法

　結露というと，冬期に窓や壁などの断熱性能が低い場合に室内側で起こる「目に見える結露（表面結露）」がありますが，HEAT20の断熱水準では，この結露は起こらない（または発生しても実害に至らない）と考えられます。一方，「目に見えない結露である（壁体）内部結露」は冬型と夏型がありますが，夏型については外壁からの漏水がなければ，新築時の材料に含まれている湿気の放出が原因であり，継続的に発生せず実害には至らないことがわかっています。

　以下では，湿害に至るおそれのある冬型の内部結露に絞り解説します。

　断熱外皮（外壁・屋根・天井・床のすべて）における防露設計の原則は，断熱材室内側（発泡プラスチック系断熱材充填の場合は断熱材そのもの）の透湿抵抗を高く，外気側の透湿抵抗を低く設計し，さらに外気側には通気層を設けるようにすることです。なお，通気層は躯体を乾燥させるためだけでなく，外装材から侵入した雨水を躯体に入れないようにする働きがあるので，長期の耐久性が求められる現代の住宅においては不可欠な工法といえます（ただし，通気胴縁が横桟の場合には，外装材から侵入した水をせき止めてしまう場合があるので注意を要する）。さらに，躯体などの木材には，竣工初年の結露は材料からの湿気の放出によるものの影響も大きいため，乾燥木材を用いることが重要です。

　HEAT20レベルの外皮では，充填断熱に加えて付加断熱工法とする仕様は避けてとおれないと思われます。そうなると，充填断熱材の外側に透湿抵抗の高い発泡プラスチック系断熱材を採用することも考えられ，上記の原則が守れなくなる可能性があります。その場合の内部結露の判定はどのように行えばよいのでしょうか？　日本住宅性能表示基準・評価方法基準技術解説[1]や住宅性能評価協会ガイドラインなどでは，防露性の評価方法として次の四つが示されています。

　①断熱材の室内側に既定の透湿抵抗を有する防湿材を施工する。

　②透湿抵抗比を用い，断熱材室内側の防湿性能を地域に応じて規定された値より高くする。

　③定常結露計算を行い，壁体内の各材料境界の水蒸気圧が飽和水蒸気圧を下回るようにする。

　④非定常熱湿気（熱水分）計算を行い，年間を通して規定以下の含水率となるようにする。

　ここで，①は付加断熱材の透湿抵抗が充填断熱室内側の透湿抵抗と同じか大きくなった場合，評価基準には抵触しないとしても，上記の原則に反することになるので，結露の危険性をはらむことになります。②は断熱層が単一の材料の場合とされているため，付加断熱工法の場合は，躯体の外側に構造面材がなく，充填と付加する断熱材が同じ（密度やグレードも同じ）場合に適用できますが，そのような仕様はかなり少ないのではないでしょか。『HEAT20設計ガイドブック＋PLUS』では，充填＋付加断熱工法を対象に「透湿抵抗比と熱抵抗比の関係」による評価方法を提案していますが，これは住宅性能表示制度などには対応していないため，あくまで設計の仕様検討のために用いることとなります。

　ここでは，市販の表計算ソフトで計算できる，③定常結露計算における防露設計について解説します。ただ，定常計算には材料の吸放湿性や蓄熱性，また室内からの漏気（つまり施工の技量・水準）は算入されません。本来，建設地の気象や工事会社の施工の水準に適した（安全率も考慮した）断熱壁体を設計するためには，建設地の気象データを用い，材料の吸放湿性や蓄熱性，漏気を加味した上記④の非定常熱湿気計算で設計することが望ましいといえます。ただし，これには特別な計算ソフトが必要で，現時点では，まだまだ一般的になっていません。とはいうものの，近年はCADと連動させた非定常熱負荷計算ソフトが普及してきていますので，非定常結露計算ソフトも近い将来に普及すると思われ，今後はこうしたツールを用いた丁寧な設計が一般的になっていくでしょう。

充填＋付加断熱工法で付加断熱材に発泡プラスチック系断熱材を用いた場合の検討

　発泡プラスチック系断熱材を付加断熱として用いる場合，それらの断熱材は透湿抵抗が大きく，壁体内から逃げようとしている湿気をせき止めてしまうので，防露上は好ましくないのではないかという疑問をよく聞きます。逆に，付加断熱材により，冬期の結露ポイントである，付加断熱材もしくは構造面材室内側の表面温度（充填断熱材の外気側温度）が上昇し，飽和水蒸気圧（露点温度）が高くなるので，防露上有効に働く？　という疑問もよく耳にします。結論をいえば，上記の二つの現象は正しく，結露の有無は付加断熱材の透湿抵抗と熱抵抗のバランスで決まります。それについて外壁を例に説明しましょう。

　まず始めの壁体構成を，**図1**に示す通気層ありのグラスウール充填断熱工法とし，建設地は札幌とします。室内条件は技術解説[1]では，室温 10℃・相対湿度 70％を用いることとなっていますが，HEAT20 の断熱水準であれば非居室でも室温は高いことを考え，20℃，60％としてみました。

　計算の結果，各数値を**表1**に断面の水蒸気圧力分布を**図2**に示します。なお，各種物性値は参考文献2）によりました。壁体内の水蒸気圧が，飽和水蒸気圧に対して最も接近する，構造面材（合板）の室内側においても下まわっているため，結露しない結果となっています。

　では，この壁体の合板の外側に付加断熱材として，"ポリエチレンフォーム断熱材1種2号"25 mm を加えてみます。計算の結果を**表2**，断面分布を**図3**に示します。付加断熱材で外気側の透湿抵抗が増した結果，合板の室内側表面での水蒸気圧が 419→581 [Pa] と大きく上昇していますが，断熱性能が良くなった効果で，飽和水蒸気圧が 497→628 [Pa] になっています。そして元の壁構成と同様，"結露しない"結果となりましたが，**図3**の飽和水蒸気圧と水蒸気圧の2本の線は元の壁構成（**図2**）に比べて近づいています。この程度は相対湿度で表されますが，84→92％となり，高湿化しました。

　では，すべての付加断熱材で同様の結果となるのでしょうか？　**図3**の付加断熱材を"ポリエチレンフォーム断熱材1種1号"に変更してみます。1号も2号も熱伝導率は同じ 0.042 [W/m²K] ですが，厚さ 25 mm の透湿抵抗値は 0.018→0.033 [m²sPa/ng] と増加します。計算の結果を**表3**および**図4**に示しますが，水蒸気圧は飽和水蒸気圧を上回り，"結露する"という判定になりました。

　以上により，「付加断熱材の断熱性能と透湿抵抗のバランスが重要」ということが理解できたかと思います。なお，計算方法の詳細については参考文献3）などを参照してください。

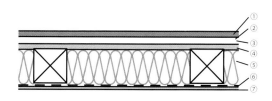

①外装材，②通気層15mm，③透湿防水シート，④合板9mm，
⑤グラスウール16K 150mm，⑥住宅用プラスチック系防湿フィルムA種，
⑦石こうボード9.5mm

図1　充填断熱壁体構成

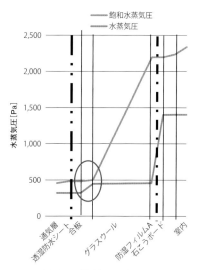

図2　定常結露計算結果①（充填断熱工法）

III
躯体と
開口部の
デザイン

03
防露計画

A：躯体デザインと技術

	厚さ [mm]	熱伝導率 λ [W/mK]	熱抵抗 R [m²K/W]	透湿比抵抗 ξ [msPa/ng]	透湿抵抗 R' [m²sPa/ng]	温度 [℃]	飽和水蒸気圧 f_s [Pa]	水蒸気圧 f_j [Pa]
室内側伝達			0.1100	—	—	20.00	2,339.25	1,403.55
						19.28	2,236.96	1,403.55
石こうボード	9.5	0.221	0.0430	0.02520	0.00024	19.00	2,198.06	1,400.71
防湿フィルムA種	—	—	—	—	0.08200	19.00	2,198.06	429.53
グラスウール16K	150	0.045	3.3333	0.00588	0.00088	−2.70	497.07	419.08
合板	9	0.16	0.0563	0.90100	0.00811	−3.18	483.63	323.04
透湿防水シート	—	—	—	—	0.00019	−3.18	483.63	320.79
外気側伝達			0.1100	—	—	−3.90	458.27	320.79
ΣR			3.6526		0.09142			

表1　定常結露計算結果①（充填断熱工法）

	厚さ [mm]	熱伝導率 λ [W/mK]	熱抵抗 R [m²K/W]	透湿比抵抗 ξ [msPa/ng]	透湿抵抗 R' [m²sPa/ng]	温度 [℃]	飽和水蒸気圧 f_s [Pa]	水蒸気圧 f_j [Pa]
室内側伝達			0.1100	—	—	20.00	2,339.25	1,403.55
						19.38	2,251.05	1,403.55
石こうボード	9.5	0.221	0.0430	0.02520	0.00024	19.14	2,217.38	1,401.18
防湿フィルムA種	—	—	—	—	0.08200	19.14	2,217.38	589.76
グラスウール16K	150	0.045	3.3333	0.00588	0.00088	0.38	628.50	581.03
合板	9	0.16	0.0563	0.90100	0.01081	0.07	614.24	500.79
A種ポリエチレンフォーム1種2号	25	0.042	0.5952	—	0.01800	−3.28	480.00	322.67
透湿防水シート	—	—	—	—	0.00019	−3.28	480.00	320.79
外気側伝達			0.1100	—	—	−3.90	458.27	320.79
ΣR			4.2478		0.10942			

表2　定常結露計算結果②（付加断熱工法）

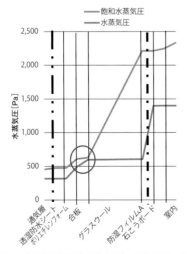

図3　定常結露計算結果②（充填＋付加断熱工法）

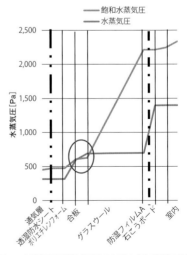

図4　定常結露計算結果③（充填＋付加断熱工法）

	厚さ [mm]	熱伝導率 λ [W/mK]	熱抵抗 R [m²K/W]	透湿比抵抗 ξ [msPa/ng]	透湿抵抗 R' [m²sPa/ng]	温度 [℃]	飽和水蒸気圧 f_s [Pa]	水蒸気圧 f_j [Pa]
室内側伝達			0.1100	—	—	20.00	2,339.25	1,403.55
						19.38	2,251.05	1,403.55
石こうボード	9.5	0.221	0.0430	0.02520	0.00024			
						19.14	2,217.38	1,401.47
防湿フィルムA種	—	—	—	—	0.08200			
						19.14	2,217.38	687.87
グラスウール16K	150	0.045	3.3333	0.00588	0.00088			
						0.38	628.50	680.19
合板	12	0.16	0.0563	0.90100	0.00811			
						0.07	614.24	609.62
A種ポリエチレンフォーム1種1号	25	0.042	0.5952	—	0.03300			
						−3.28	480.00	322.44
透湿防水シート	—	—	—	—	0.00019			
						−3.28	480.00	320.79
外気側伝達			0.1100	—	—	−3.90	458.27	320.79
ΣR			4.2478		0.12442			

表3　定常結露計算結果③（付加断熱工法）

充填＋付加断熱工法の防露上の注意点

　施工中に構造面材が濡れた場合，付加断熱材に発泡プラスチック系断熱材を用いると，室内側防湿フィルムとの間の湿気はなかなか抜けないので，その湿気が木材を腐朽させないかの懸念もあると思います。これについては定常計算では判らず，非定常計算で判断が可能となりその場合，面材が濡れた場合を想定し初期含水率を高く設定して検討する必要があります。ただ，面材の雨による濡れ具合と，その後の施工中の乾き具合と含水率の関係が明らかにはなっていません。

　現在の知見では，合板吸水実験の結果[4]から，24時間濡らした場合，合板の厚さ方向の平均質量含水率を推定すると25％程度となるため，この程度であるなら内外も透湿抵抗の高い材料に挟まれていたとしても，湿気は徐々に抜けていき結露しても短時間のため，腐朽には至らないと思われます（長期間高湿が続くことによる，壁の中でのカビの懸念はありますが）。当然ながら，問題部分を出来るだけ乾燥させてから施工すること，漏水がない，室内防湿フィルムに顕著な欠損がないことが前提になります。

　この他に，充填断熱材に繊維系断熱材を用いた場合で，室内側防湿フィルムに欠損があった場合，室内からの漏気が壁体内結露にどの程度影響するのかの疑問もよく聞くところです。しかし，この問題には換気システムも関係し，外部の風向風速も加味した実際の内外圧力差や，防湿フィルムの欠損の程度と隙間面積の関係などの知見が必要であり，これらの研究はまだ緒に着いたばかりで，明確になっていないのが現状です。

　心配な場合は定常計算で室内側の透湿抵抗を小さくして検討してみてはいかがでしょうか（いわゆる安全率を考慮するということです）。とはいえ，防湿・気密フィルムの欠損が極小であれば，結露への影響はほとんどないと考えられるので，本書のⅢ04を参考に，特に配管・配線周りの防湿・気密を丁寧に施工する，防湿フィルムが破れてしまった場合は防湿気密テープで補修するなどの施工を行うことが重要です。

【参考文献】
1)（一財）日本建築センター：日本住宅性能表示基準・評価方法基準技術解説（新築住宅）2020
2) 独立行政法人住宅金融支援機構：木造住宅工事仕様書 2019年版
3) 松岡大介：内部結露の定常計算法とは，建築技術，pp.152-155，2018年1月
4) 栗田紀之，石川廣三ほか：木造住宅の耐久性向上に関わる建物外皮の構造・仕様とその評価に関する研究，構造用合板の表面および小口面からの吸水試験，日本建築学会大会学術講演梗概集，材料施工，pp.1033-1034，2017年8月

III

躯体と
開口部の
デザイン

04

躯体の技術

A：躯体デザインと技術

　近年，住宅においても SDGs などに象徴される循環・共生・脱炭素化などがキーワードとなり，世界保健機構（WHO）が住環境や断熱化に言及するなど，高断熱化への関心が急速に高まってきています。わが国でも，地球温暖化防止の施策としての ZEH の普及が進み，2019 年度の新築注文戸建住宅の ZEH の戸数は約 57,000 戸（新築住宅の約 20%を占める）と推定されています。

　6 地域の場合，ZEH に求められる ZEH 強化外皮基準 0.6 W/(m²·K) は HEAT20 G1 水準 0.56 W/(m²·K) とほぼ同じ水準，更なる強化外皮基準 0.5 W/(m²·K) は，G2 水準 0.46 W/(m²·K) とほぼ同じ水準となっており，ZEH の外皮性能の基準設定に HEAT20 の提案が大きく影響したといわれています。

G1〜G3 水準に対応する断熱技術

　HEAT20 G1〜G3 水準の住宅に用いられる断熱材，断熱工法は，省エネ基準相当の住宅とはかなり大きな差異があるのではないかと思われるかもしれませんが，開口部材や断熱建材の高性能化が進んだことで，壁などにおいて付加断熱が必要になるものの，他の部位では高性能断熱材への変更・厚さアップすることで，同様な工法の延長で対応が可能です。

　以下では，特に躯体の各部位において断熱材の厚さアップなどの場合に生じる問題点と対策，壁の付加断熱において繊維系断熱材と発泡プラスチック系断熱材を併用した場合の注意点を中心に説明します。

　躯体の高断熱化を図るには，高性能な断熱材を使用すること，構造熱橋の影響を低減する断熱工法を採用することが一般的な方法となります。高性能な断熱材とは，熱抵抗の大きな断熱材を指しますが，熱抵抗を大きくするためには

　①厚さを厚くする

　②熱伝導率の小さい材料を選択する

ことが必要です。

　建築上の法的な制限や使用部位によっては施工可能な厚さが限定されるため，熱伝導率の低い材料の開発は重要であり，高断熱住宅の普及に合わせて高性能な断熱材の開発も加速しています。発泡プラスチック系断熱材においては，発泡セル径の小型化や低輻射成分の混入など，繊維系断熱材においては細繊維化や高密度化などにより高性能化しており，躯体の高断熱化にはかかせない材料となっています（**写真 1**）。

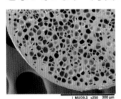 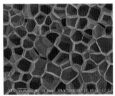  

| 2倍発泡品断面写真 | 50倍発泡品断面写真 | 一般繊維の顕微鏡写真 | 細繊維の顕微鏡写真 |

発泡プラスチック系断熱材の拡大写真　　　　　　**繊維系断熱材の拡大写真**

写真 1　高性能断熱建材の例[1]

図1は，断熱材の熱抵抗と部位の熱貫流率（天井：野縁上断熱，壁：充填断熱，床：大引間断熱の場合）の関係を示したグラフです。断熱材の熱抵抗を大きくすることで，熱貫流率は小さくなりますが，熱抵抗が5〜6 m2・K/W以上になると，熱貫流率の低減率は小さくなることがわかります。

また，同じ熱抵抗の断熱材を用いた場合，熱橋や熱流方向の影響により，天井・床・壁の順番で熱貫流率が小さくなります。また，床下は床下地盤の熱容量や外気との交換換気量が限られ，熱的に安定し，熱損失量を計算する際には温度差係数0.7が乗じられるため，実質的な断熱材の断熱性能への影響は天井・壁・床の順番で小さくなります。

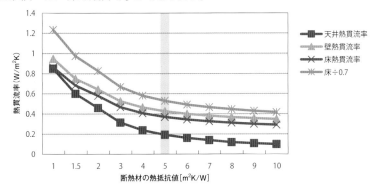

図1　断熱材の熱抵抗値と熱貫流率の関係

表1で示すように，一般的な2階建の場合，壁の面積は天井・床の2倍程度あり，熱損失量が大きくなるため，壁の高断熱化は特に重要なポイントです。また，屋根・天井面は，夏期における日射の影響，冬期における夜間放射による仕上げ面からの放射の影響を減らすことなどの観点からも，高断熱化することが重要であり，伝統的な木造住宅が厚い茅葺屋根で覆われていたのもこのような理由によるものです。

	天井	壁（除窓）	床・土間床	窓・ドア
外皮の面積 [m²]	67.9	139.5	67.9	32.2
面積比率 [%]	22%	45%	22%	10%

表1　自立循環型住宅設計ガイドライン設定モデル住宅（温暖地）の外皮面積比率
　　　木造2階建，延床面積120.08 m²

木造住宅における躯体の断熱工法は，充填断熱工法と外張断熱工法に大別されます。

HEAT20が目指す高断熱住宅では，充填断熱の外側に断熱材を付加するなどの充填＋付加断熱工法を採用することが多くなってきています。表2は，高断熱化を見据えた部位ごとの断熱工法と，主に使用される断熱材の種類を示したものです。

表3は，G1〜G3水準の住宅を各地域で建てる際の，断熱工法の対応例です。G1水準の場合は，各地の従来の断熱工法の延長で対応が可能です。G2・G3水準の場合は，温暖地でも壁などで充填＋付加断熱が必要になることがわかります。

A：躯体デザインと技術

躯体の技術

部位	No.	断熱材施工箇所	断熱工法 充填	外張(内張)	充填＋付加断熱	主に使用される断熱材
①屋根	a	野地上側		○		発泡プラスチック系断熱材
	b	野地下側（垂木間）（母屋・登梁間）	○			繊維系断熱材
	c	野地上＋野地下			○	発泡プラスチック系断熱材 繊維系断熱材
②梁上（桁上）		梁上	○			発泡プラスチック系断熱材 繊維系断熱材
③天井	a	野縁上側	○			繊維系断熱材
	b	野縁下側		○		発泡プラスチック系断熱材
④外壁	a	壁内	○			繊維系断熱材
	b	壁外側		○		発泡プラスチック系断熱材
	c	壁内＋壁外側（壁内側）	○		○	発泡プラスチック系断熱材 繊維系断熱材
⑤床	a	根太間	○			発泡プラスチック系断熱材 繊維系断熱材
	b	大引（床梁）間	○			
	c	根太間＋大引間	○			
⑥外気に接する床	a	根太（梁）間	○			発泡プラスチック系断熱材 繊維系断熱材
	b	根太（梁）下側		○		
	c	根太（梁）間＋根太（梁）下側			○	
⑦基礎	a	基礎内側		○		発泡プラスチック系断熱材
	b	基礎外側		○		
	c	基礎両側		○		
	d	土間床断熱		○		

表2　断熱部位ごとの断熱工法と使用断熱材

地域グレード	1・2・3地域			4・5地域			6・7地域		
	G1水準	G2水準	G3水準	G1水準	G2水準	G3水準	G1水準	G2水準	G3水準
U_A値	0.34〜0.38	0.28	0.2	0.46〜0.48	0.34	0.23	0.56	0.46	0.26
①屋根	野地上＋垂木間断熱	野地上＋垂木間断熱	野地上＋垂木間断熱	野地上断熱	野地上＋垂木間断熱	野地上＋垂木間断熱	野地上断熱	野地上断熱	野地上＋垂木間断熱
	垂木間断熱	垂木間断熱	垂木間断熱	垂木間断熱	垂木間断熱	垂木間断熱	垂木間断熱	垂木間断熱	垂木間断熱
③天井	野縁上断熱	野縁上断熱	野縁上断熱	野縁上断熱	野縁上断熱	野縁上断熱	野縁上断熱	野縁上断熱	野縁上断熱
④外壁	充填＋付加断熱	充填＋付加断熱	充填＋付加断熱	充填＋付加断熱	充填＋付加断熱	充填＋付加断熱	充填断熱	充填＋付加断熱	充填＋付加断熱
				充填断熱			外張断熱	充填断熱	
				外張断熱					外張断熱
⑤床	大引間断熱	大引間＋根太間断熱	大引間＋根太間断熱	大引間断熱	大引間＋根太間断熱	大引間＋根太間断熱	大引間断熱	大引間断熱	大引間＋根太間断熱
⑦基礎	内側＋外側断熱	内側＋外側断熱	内側＋外側断熱	内側断熱	内側＋外側断熱	内側＋外側断熱	内側断熱	内側断熱	内側＋外側断熱
開口部 U値	1.6〜1.9	1.3〜1.6	〜1.3	1.9〜2.33	1.6〜1.9	〜1.3	1.9〜2.33	1.9〜2.33	〜1.6

表3　G1〜G3における部位別断熱工法対応例

　ここでは，**表2**に示す工法のうち，代表的な高断熱住宅の断熱工法の仕様例や設計・施工上の注意点について，部位別に説明していきます。

屋根断熱（野地上，垂木間，垂木間＋母屋間）

1）野地上側断熱

　屋根の野地板の上に断熱する工法です。

　一般的に，硬い発泡プラスチック系ボード状断熱材が用いられます。切妻や片流れの屋根の場合は，施工が簡単です。寄棟や入母屋など複雑な屋根形状の場合は，断熱材のカットや通気層の確保に工夫が必要です。

　また，壁が外張工法の場合には，壁と屋根の取合部における断熱層・通気層の連続性の確保，および雨漏れ対策などに注意が必要です。断熱材の外側の通気胴縁は断熱材を貫通して，垂木に留め付ける必要があるため，断熱厚さが大きくなると垂木と確実に留め付けられるよう垂木幅を大きくするほか，断熱材メーカー指定のビスを使用することなど施工に注意が必要です。一般的には，100 mm程度の厚さが上限となります。

2）野地下側断熱（垂木間・登り梁間・母屋間）

　垂木・梁・母屋などの間に断熱する工法（**図2**）です。

　一般的に，弾力性のある繊維系断熱材が用いられます。垂木や梁のせい一杯に断熱材を充填し，垂木・梁の上に屋根下地合板・通気胴縁を設置し，その上に野地板を施工する方法と，垂木や梁のせい内に通気層を確保し，その上に野地板を施工する方法があります。例えば，垂木や登り梁2×10材（235 mm）に，通気層確保部材を用いて200 mm厚の断熱材を施工する方法などがあります。また，垂木間などの断熱で不足する場合に，母屋間で断熱する方法や，垂木下側に垂木と直交方向に胴縁を施工し，胴縁間に断熱材を施工する方法などがあります。

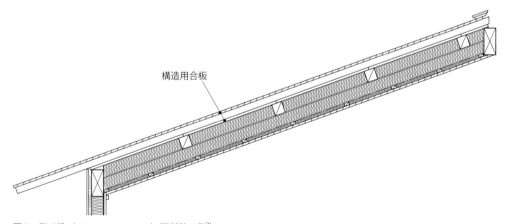

構造用合板

図2　登り梁（105 mm×240 mm）間断熱の例[2]

III

躯体と
開口部の
デザイン

04

躯体の技術

A：躯体デザインと技術

3）野地上側＋野地下側　断熱

　野地上側断熱や，野地下側間断熱だけでは対応できない断熱性能とする場合などに，野地上側と野地下側（垂木間断熱など）の両方に断熱する方法です（**図3**）。

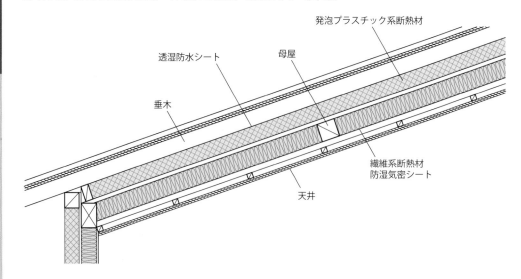

図3　野地上側断熱＋野地下側断熱の例

梁（桁）上断熱

　屋根断熱と比べて，複雑な屋根形状にも対応可能で，天井裏の空間における設備配管・配線などの取りまわしが容易です。梁や桁の上部の高さ位置を揃え，その上に合板などを施工し，断熱材を施工する方法です（**図4**）。

　簡単に気密層と断熱層の連続化が確保でき，梁（桁）上の気密シートが補助的な防水層として機能する工法です。断熱厚が大きくなると，軒先で垂木間の通気スペースを確保できない場合もあるので，断熱厚に応じて梁・桁の上に木材を設置して通気スペースを確保します。

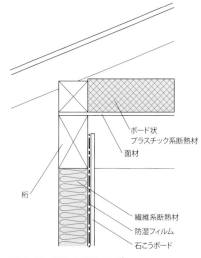

図4　梁（桁）上断熱の例[3]

天井断熱

1）野縁上側断熱

　野縁の上に断熱材を施工する方法です。寒冷地では繊維系断熱材の吹込み工法，温暖地では繊維系フェルト状断熱材を敷き込む工法が一般的です。比較的空間が広いので，厚い断熱材の施工が容易です。野縁の上にフェルト状の断熱材を敷き込む場合は，野縁間の空間が小屋裏空間とつながらないよう，吊り木まわりなどに隙間ができないよう切込みなどを入れて施工することが重要です。このリスクを減らす工法として，野縁間にも断熱材を施工する方法もあります（**図5**）。

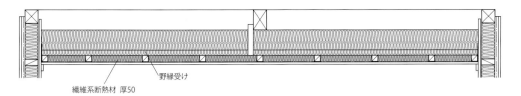

繊維系断熱材 厚50
野縁受け

図5　野縁上側断熱（野縁間にも断熱材）の例[2]

　また，断熱材を二層施工する場合は，一層目と二層目の断熱材を敷き込む方向を直交させて，隙間ができないようにします。また，付属防湿フィルム付き断熱材を使用する場合は，二層目（上側）の断熱材の防湿フィルムをはがすなど，湿気が滞らないようにします（**図6**）。

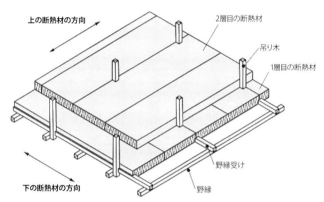

上の断熱材の方向
2層目の断熱材
吊り木
1層目の断熱材
下の断熱材の方向
野縁受け
野縁

図6　断熱材二層施工の場合の注意点[3]

2）野縁下側断熱

　野縁の下の天井に内側から張り付け断熱材を張り付ける方法で，主に発泡プラスチック系断熱材が使用されています。主にリフォームで行われる工法ですが，室内の高さの関係であまり厚い断熱材の施工はできません。

外壁断熱

1）外壁：充填断熱

　柱や間柱の間に断熱材を充填する工法です。主に，繊維系断熱材や現場発泡ウレタンフォーム断熱材が用いられています。断熱材の厚さは構造部材によって制限されるため，一般的には軸組工法では105〜150 mm，枠組壁工法では89〜140 mm（2×6材使用の場合）が標準的な厚さとなります。

2）外壁：外張断熱

　構造躯体の外側に，断熱材を外張する工法です。主に，発泡プラスチック系断熱材が用いられます。繊維系断熱材を使用する場合は，断熱厚と同じ厚さの横桟などを用いて断熱材をはめ込みます。発泡プラスチック系断熱材の場合は横桟を用いないことが一般的で，断熱厚さが大きくなると，通気胴縁が柱・間柱と確実に留め付けられるよう間柱幅を大きくするほか，外壁材の重量に合わせて断熱材メーカー指定のビスを使用するなど，施工に注意が必要です。一般的には，100 mm程度の断熱厚さが上限となります。

III
躯体と
開口部の
デザイン

04

躯体の技術

A：躯体デザインと技術

3）外壁：充填＋付加断熱

　高断熱化の際に，充填断熱や外張断熱では対応できない断熱性能が必要な場合には，充填断熱と外張断熱あるいは内張断熱を併用する充填＋付加断熱工法とする必要があります（**図7**）。充填断熱・付加断熱ともに繊維系断熱材あるいは発泡プラスチック系断熱材を用いる場合もありますが，充填に繊維系断熱材・付加断熱に発泡プラスチック系断熱材を使用するケースが一般的です。以下に，この組合せの場合の注意事項を示します。

①充填する繊維系断熱材の室内側には，JIS A 6930 A種の透湿抵抗以上の防湿層を施工します。別張防湿気密プラスチックフィルムのほか，グラスウール・ロックウール各社の厚さ50μ以上の付属防湿フィルム付きの製品がこれに該当します。

②躯体の内外が，室内側の防湿層と躯体外側の透湿抵抗の高い発泡プラスチック系断熱材で構成されるため，構造材や造作材，壁外側に貼る面材は十分乾燥したものを用いる必要があります。

③発泡プラスチック系断熱材を付加断熱に使用した場合，「住宅瑕疵担保履行法」の防水層の3条確認により，透湿防水シートを省略することが可能です。施工の詳細は，各断熱材製造会社に問合せてください。

④防火地域・準防火地域の場合，発泡プラスチック系断熱材製造会社が個別認定を取得していますので，内容の詳細は各断熱材メーカーに問合せてください。

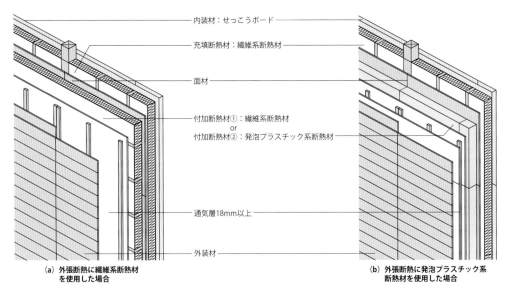

(a) 外張断熱に繊維系断熱材を使用した場合

(b) 外張断熱に発泡プラスチック系断熱材を使用した場合

図7　充填断熱＋付加断熱の例[4]

防露に関する検討例

　充填＋付加断熱工法の防露に関しては，（97〜99頁参照）に記載されていますが，ここでは，断熱建材協議会が一次元定常計算で確認した，結露リスクの低い充填断熱（繊維系断熱材）＋付加断熱（発泡プラスチック系断熱材）の組合せ例を紹介します。

　住宅性能表示制度評価方法基準では，内部結露の確認は一次元定常結露計算や非定常計算などによることとされています。一次元定常結露計算は他の計算方法に比べ比較的簡易で，結露が生じやすく安全側の結果となります。ここでは，一次元定常計算で結露の有無を確認した結果を示します。

発泡プラスチック系断熱材の透湿性については，JIS A 9521（建築用断熱材）において透湿係数の上限値が規格化されており，一般的な結露計算に使用されています。実際の性能としては，この数値よりも透湿係数は小さく（透湿抵抗は大きく）なりますので，本計算では各メーカーより実測値を集め，その中で最も危険側の（透湿抵抗が大きい）数値を，表4に示します。ボード状の硬質ウレタンフォーム断熱材につきましては，透湿抵抗の大きいさまざまな表皮材がありますので，各断熱材メーカーに問合せてください。

	透湿係数（厚さ25mm）JIS規格（最大のもの）[ng/m²・s・Pa]	透湿比抵抗 JIS規格ベース [m・s・Pa/ng]	透湿比抵抗 実測値 [m・s・Pa/ng]
押出法ポリスチレンフォーム3種bA	145	0.28	0.57
ビーズ法ポリスチレンフォーム1号	145	0.28	0.57
フェノールフォーム1種2号	60	0.67	1.15

表4 発泡プラスチック系断熱材の透湿抵抗[4]

図8の右図に，計算条件として各層の物性値を示します。図8は結露域図で，各材料境界における2種類の水蒸気圧をプロットしています。実在水蒸気圧が飽和水蒸気より上まわらない場合に，結露域が発生しないと考えることができます。

物性値以外の内外温湿度条件は，長期優良住宅認定などにかかわる技術的審査マニュアルの一次元定常結露計算による確認方法に基づいています（表5）。

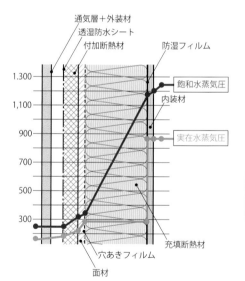

材料	厚さ [mm]	熱伝導率 [W/mK]	透湿比抵抗 [msPa/ng]	透湿抵抗 [m²Pa/ng]
石こうボード	12.5	0.22	0.0252	0.0032
防湿フィルム	—	—	—	0.082
充てん断熱材	105	0.036	0.00588	0.00062
穴あきフィルム	—	—	—	0.00305
面材	9	0.16	0.901	0.01801
付加断熱材[※1]	25	0.028	0.28	0.007
透湿防水シート	—	—	—	0.00019
通気層（カテゴリーII）	18	0.11[※2]	—	0.0017

※1 計算例で各断熱材の性能で確認は行っている。
※2 表面熱伝達抵抗［m²K/W］を記載している。

図8 充填断熱＋外張付加断熱の場合の定常結露計算例[5]

室内側にJIS A 6930 A種の透湿抵抗以上の防湿層を施工し，外張断熱の発泡プラスチック系断熱材を25mm以上の厚さで施工する場合は，結露は発生しない結果となります（表5）。より厚く付加断熱材を施工する場合は，結露リスクは安全側となります。

No	透湿防水シート 透湿抵抗 [m²sPa/ng]	通気層	付加断熱材 種類※2	厚さ [mm]	λ※3 [W/m・k]	透湿比抵抗※4 [msPa/ng]	面材(合板)厚さ [mm]	充填断熱材 付属穴あきフィルム※5	厚さ [mm]	λ [W/m・K]	防湿層※1 透湿抵抗 [m²sPa/ng]	内装材	充填断熱材外気側境界の飽和水蒸気圧−実在水蒸気圧 [Pa]
1	0.19	18mm以上（カテゴリーⅡ）	EPS1	25	0.034	0.57	12	あり	105	0.038	0.082	石こうボード 12.5mm	10.91
2			EPS2		0.036	0.57							5.54
3			XPS1C		0.036	0.57							5.54
4			XPS3A		0.028	0.57							31.23
5			PF	20	0.02	1.15							7.67
7			EPS1	25	0.034	0.57	12	なし		0.04	0.082		31.22
8			EPS2		0.036	0.57							25.64
9			XPS1C		0.036	0.57							25.64
10			XPS3A		0.028	0.57							52.36
11			PF	20	0.02	1.15							23.71

※1　防湿層：JIS6930：1997 住宅用防湿フィルム 50μ 以上
※2　EPS1, 2：ビーズ法ポリスチレンフォーム　XPS1C, XPS3A：押出法ポリスチレンフォーム（スキンなし）
　　　PS：EPS2 及び XPS1C（EPS1, XPS3A より結露が生じやすい）　PF：フェノールフォーム
※3　λ：熱伝導率
※4　発泡プラスチック系断熱材の透湿比抵抗
※5　穴あきフィルム透湿抵抗：0.00305［m²・s・Pa/ng］
表5　内部結露発生のない仕様例5)
　　　対象地域：全国　温湿度条件：外気−11.6℃・70%RH，室内 10℃・70%RH

　出隅については，コーナー部の通気胴縁は断熱厚に合わせて，下地の位置に合わせた幅のものを使用します。

　入隅の場合は，通期胴縁の位置に合わせて，躯体内に下地となる位置に受け材となる胴縁を施工します。これらの施工は，G1・G2 水準における外張断熱の場合も同じです（**図 9**）。

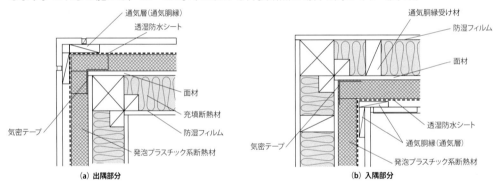

(a) 出隅部分　　　**(b) 入隅部分**

図 9　外壁の出隅・入隅部分の例5)

床断熱

　大引間や根太間に充填する工法です。根太間や大引間のみでは断熱厚は限られますので，高断熱化のためには大引間と根太間両方に断熱する方法のほか，根太や大引きのせいを大きくして断熱材を厚く施工する方法や，室内側や大引の下に追加して断熱する方法などがあります（**図 10**）。後者の場合は，床下通気の障害にならないような対策が必要です。

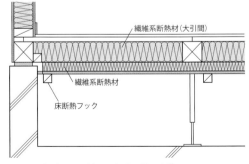

図 10　大引下に断熱を付加する施工例2)

基礎断熱

基礎立ち上がりの内側や外側，基礎水平面の上部あるいは下部に，断熱材を打込み・接着する工法で，一般的には吸水性の少ない発泡プラスチック系断熱材が用いられます。一般的な厚さの上限は内外とも 100 mm 程度です。基礎断熱は，床断熱と比較し基礎・地盤の大きな熱容量が室内側となりますので，全館連続暖冷房の場合などで効果を発揮します。部分間欠暖冷房の場合，特に施工初期や初めての冬は床下温度が十分上がらず，床下の表面結露やカビなどが発生することがあります。

基礎断熱の場合の施工上の注意点は，下記の通りです。

①基礎と土台の間には気密パッキンを用い，気密性を確保します。

②壁が充填断熱で基礎が内側断熱の場合など，断熱欠損にならないよう土台まわりには必要に応じて現場発泡ウレタンフォーム断熱材などで処理します。

③壁が外張断熱で基礎が内側断熱の場合は，土台回りの金物表面に結露する懸念がありますので，現場発泡ウレタンフォーム断熱材などで処理します。

1）基礎内側断熱（図 11）

基礎のコンクリートと断熱材を同時打ち込みする方法と，基礎へ断熱材を接着する方法があります。外側断熱と比べ，蟻害のリスクは小さくなります。浴室下部の場合，厚さが厚くなると，ユニットバスなどと干渉する場合がありますので，注意が必要です。接着する場合は，基礎に密着するよう断熱材メーカー指定の接着剤を使用することを推奨します。

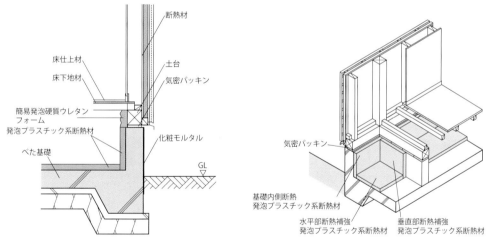

図 11　基礎内側断熱の施工例[5]

2）基礎外側断熱

基礎のコンクリートと断熱材を，同時打ち込みする方法が一般的です。シロアリによる蟻害のおそれがありますので，日本木材保存協会に認定された防蟻断熱材を使用するなどの対策が必要です。

3）基礎両面断熱

基礎のコンクリートと断熱材を，布基礎の両面に同時打ち込みする方法が一般的です。断熱材が型枠を兼ねたタイプの製品もあります。

III
躯体と
開口部の
デザイン

04
躯体の技術

A：躯体デザインと技術

4）土間床断熱

　土間床の下側あるいは上側に断熱する方法です。基礎壁の断熱に加えて，外気側に近い部分の土間床上面に基礎壁から折り返し断熱することで，土間床からの熱損失を低減することができます。

　表6の内側断熱べた基礎の場合の線熱貫流率表によると，折り返し300〜450mm未満で土間床断熱の熱抵抗を大きくする（1.0以上2.0未満⇒5以上10.0未満）より，折り返し900mm以上にしたほうが，より線熱貫流率が小さく熱損失を低減できることがわかります。

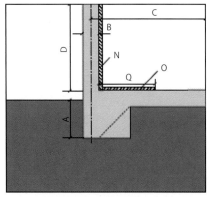

記号	項目 [　] は表6の適用範囲
A	根入れ深さ（mm）[300mm以下]
B	基礎壁の幅（mm）[120mm以下]
C	基礎の心から室内側の水平長さ（mm）
D	基礎壁の高さ（mm）
N	室内壁の内側に設置する断熱材の熱抵抗（m²K/W）
O	土間床上端の上に設置する断熱材の熱抵抗（m²K/W）
Q	土間床上端の上に設置する断熱材の壁から室内側の水平長さ（mm）

図12　土間床などの外周部の線熱貫流率の計算例（2021年4月から運用開始となった新評価法に基づく）

Q [mm]	300未満	300以上450未満					450以上900未満					900以上3060未満				
O [m²K/W] N [m²K/W]	無断熱および1.0未満	1.0以上2.0未満	2.0以上3.0未満	3.0以上4.0未満	4.0以上5.0未満	5.0以上10.0未満	1.0以上2.0未満	2.0以上3.0未満	3.0以上4.0未満	4.0以上5.0未満	5.0以上10.0未満	1.0以上2.0未満	2.0以上3.0未満	3.0以上4.0未満	4.0以上5.0未満	5.0以上10.0未満
1.0以上2.0未満	1.60	1.33	1.30	1.28	1.27	1.26	1.26	1.21	1.19	1.17	1.16	1.14	1.05	1.01	0.99	0.97
2.0以上3.0未満	1.58	1.33	1.30	1.29	1.28	1.27	1.26	1.21	1.19	1.18	1.17	1.14	1.05	1.02	0.99	0.98
3.0以上4.0未満	1.56	1.33	1.30	1.29	1.28	1.28	1.26	1.21	1.19	1.18	1.18	1.13	1.05	1.02	1.00	0.98
4.0以上5.0未満	1.53	1.33	1.30	1.29	1.29	1.28	1.25	1.21	1.20	1.19	1.18	1.13	1.05	1.02	1.00	0.98
5.0以上10.0未満	1.51	1.32	1.30	1.29	1.29	1.28	1.25	1.21	1.20	1.19	1.18	1.12	1.05	1.02	1.00	0.98

表6　内側断熱・べた基礎の場合（温暖地の参考）

【参考文献】
1）断熱建材協議会：断熱建材ガイドブック，建築技術，2017年
2）（一社）新木造住宅技術研究協議会：Q1.0住宅設計・施工マニュアル2020
3）（一社）木を活かす建築推進協議会：R2年度　国土交通省補助事業　住宅省エネルギー技術講習テキスト　設計施工編
4）（地独）北海道立総合研究機構 北方建築総合研究所：調査研究報告404，2020年3月
5）断熱建材協議会

column——❶

気密性能を確保するために

　木造住宅の気密性能を確保するためには，各部位一般部の気密材（気密フィルム・面材など）の正しい施工や設備系の貫通部やコンセントボックスなどの気密処理が必要です。躯体において，最下階や中間階の床，天井・屋根と外壁や間仕切壁の取合部に，多くの隙間が存在していることが明らかとなっています 1）〜3）。気密化に必要な対策は断熱工法や断熱水準によってもさまざまですが，HEAT20 で提案した気密水準を確保するための注意点を以下に述べます。

床断熱工法

　床断熱工法において，剛床合板と柱／間柱周辺に生じる隙間は相当床面積 α_A でおおむね 30〜60cm^2/m^2（一般住宅において 0.2〜0.4［cm^2/m^2］に相当）となるため，この部分の気密化は必須となります。気密テープによる柱周辺の L 字テープ貼りは，隙間が残りやすいので，樹脂製の専用気密部材などの利用が望まれます（**写真 1**）。また，ガンタイプの一液ウレタンフォームによる充填気密は，作業性は優れていますが，はみ出したウレタンフォームが床仕上材施工の邪魔になるため，半分程度の深さで施工するような注意が必要です。

写真 1　剛床と柱・間柱の隙間の気密化施工【床断熱工法】

基礎断熱工法（写真 2，3）

　基礎と土台部分には，気密パッキンの施工が一般化していますが，気密パッキンの施工のみでは，特に隅角部のパッキン端部やつなぎ目で欠損が生じることがあります。経年による性能低下を避けるためにも，気密テープまたは一液ウレタンフォームなどによる気密対策が望まれます。床断熱工法の玄関土間，浴室基礎（それぞれ約 1 坪程度の大きさの場合）の気密補強では 2〜5［cm^2/m^2］，基礎断熱工法では 2〜10［cm^2/m^2］の気密性能改善が確認されています（**写真 2**）。これらの部分の気密化を徹底するためにも，気密パッキン施工のみに頼らず，前述したような二重の対策を行うべきでしょう。

写真 2　玄関土間と気密基礎パッキン部の気密化
　　　　（気密テープの例）

写真 3　浴室土間と気密基礎パッキン部の気密化
　　　　（気密テープの例）

III
躯体と
開口部の
デザイン

05

熱・エネルギー（NEB／EB・熱収支）

B：開口部デザインと技術

窓の魅力

　窓には，採光性，通風性のほか，断熱性，日射遮蔽性，遮音性，耐風圧性，防災性，防火性といった物理的な機能が求められます。また，窓に用いられるガラスという素材は，透視性があり，窓から見える景色による視覚的な刺激や，窓の大きさによる開放感など，生理的・心理的な利点もあります。

　近年，実施された窓の心理的な効果に関するアンケート調査結果では，窓に対して，圧迫感の低減，外とのつながりといった項目を挙げる回答者が多くなっています（表1）。

心理的な項目			調査結果
気分的な心地よさ	疲労回復	疲れを癒せる	
		リラックスできる	
		気分転換できる	
		目を休められる	
	室内の変化	視覚的な刺激がある	
		空間に変化がある	
		見て楽しめる	
	雰囲気のよさ	健康的な感じがする	
		清潔感がある	
		雰囲気が明るい	
		圧迫感が低減できる	
落ちつき・集中		落ちつきがある	
		安心感がもてる	
		集中しやすい	
外界との連続感		開放感がある	
		外とのつながりがある	

指摘人数13名以上（全体の70%）
指摘人数9名以上（全体の50%）
指摘人数9名未満（全体の50%未満）

表1　窓の心理的な効果に関するアンケート調査結果[1]

　2012年，Veitchは，住宅の窓，昼光，眺望の生理的・心理的効果について「自然の景色の眺めがある住宅は，住民の感情として健康に明らかな利益を提供する」と報告しています[2]。

　欧州板硝子協会がまとめた資料に，記載されている窓の生理的・心理的な効果と利点[3]を，以下に示します。

・昼光による治癒効果，手術後の回復を早める効果

　　病室に窓があることは軽度の患者のストレスレベルを減少させる傾向にあり，自然光が入りやすい病室は入院期間が短い，という調査結果があります。また，自然光は手術後の回復期間や鎮痛薬の使用量に，よい影響を与えるという結果もあります。

・昼光による学習効果（作業効率向上），健康改善効果

　　学校では，カリフォルニア，ワシントンおよびコロラドで，窓が大きい教室の学生は，窓が小さい教室の学生より，数学，読解力で進捗が早く，テストの点数がよい，という報告結果があります。また，別の研究で，無窓の教室では若年者ほど欠席率が高く，心理学的に精神病質のグループに分類される学生が多い結果となった，という事例もあります。

　　欧州規格 EN17037「Daylight of Building」[4]では，眺望に対する最低限の推奨基準を示しています。

・一つの開口部は，幅1m×高さ1.25m以上の寸法であること。

・景色層は，使用されたエリアの少なくとも75%から見られること。

・眺望の外側距離は，6mより長いこと。

これらからも窓は，生理的・心理的に重要な役割があることがわかります。建物内部に居ながら外部への視覚的なつながりを感じられるのが「窓」特有の機能であり，在室者の精神的安定性にも寄与しています。私たちは，生涯のうち 80%以上の時間を建物の中で過ごすといわれています[5]。これだけの長時間を過ごす室内環境を生理的・心理的に快適にするためには，開口部を大きくとり，眺望や開放感を得ることが大切です。

NEB・冬期室内温熱環境

前述したように，開口部を大きくするためには，当然のことながら省エネルギーと温熱環境の確保・向上は必要不可欠となります。ここでは，窓の NEB として，冬期ピーク時の開口部近傍の室内温熱環境に着目し，住宅の断熱仕様（平成 28 年省エネ基準，HEAT20 G1・G2・G3 水準）の違いを検討してみます。

モデル住宅の断熱仕様を平成 28 年省エネ基準，HEAT20 G1・G2・G3 水準相当，地域は東京とし，検討対象とする部屋はリビングとします。また，検討日時は拡張アメダス気象データ 2010 年版の標準年データで，外気温度が−0.5℃（最低値）となる 1 月 2 日，午前 7 時としました。また，リビング室温は空調設定温度の 20℃としました。検討する開口部の熱性能値を，表 2 に示します。その他，計算条件は Appendix を参照してください。

	U_w [W/m²K]	η_w	サッシ	ガラス構成	出典
平成 28 年省エネ基準レベル	4.65	0.63	アルミ	FL3＋A6＋FL3	
G1 水準	2.33	0.46	樹脂	FL3＋A12＋Low-E3 （日射取得型）	建研 解説書 第三節付録 B，第四節付録 C
G2 水準	1.90	0.46	樹脂	FL3＋Ar12＋Low-E3 （日射取得型）	
G3 水準	1.30	0.39	樹脂	Low-E3＋Ar9＋FL3＋Ar9＋Low-E3 （日射取得型）	建産協「ZEH の作り方」

表 2 開口部熱性能値

窓近傍の体感温度──窓近傍の OT

熱負荷計算結果の居間空間を構成する各部位の表面温度の値から，窓の近傍 MRT（WindowMRT）を算定し，設定温度（室温）と平均化することで，窓近傍の体感温度（窓近傍作用温度 WindowOT）を求めます。

Window MRT＝$\Sigma\Sigma$（ω_i・f_{ij}・t_{sj}）

ω_i：窓近傍位置の微小立方体を人体と見立てたときの i 面の重み係数［─］
f_{ij}：窓近傍位置の微小立方体 i 面から居間空間を囲む部位 j を望む形態係数［─］
t_{sj}：居間空間を囲む部位 j の表面温度［℃］
ここで$\Sigma\omega$＝1，Σf_{ij}＝1

Window OT＝（t_i＋*Window MRT*）/2　　（t_i：設定温度（室温）［℃］）

冬期夜間の窓近傍のガラス側に正対する面は，冷たいガラス表面からの冷放射を受けます。ガラス側に正対していない面は，冷放射の影響が少なくなり，人体の表裏で受ける放射熱量が異なることによる，不快感が生じることになります。

III

躯体と
開口部の
デザイン

05

熱・エネルギー（NEB／EB・熱収支）

B：開口部デザインと技術

　図1では，南側窓からの距離に応じた1cm角の微小立方体の面の放射温度をプロットしました。ここで検討した微小立方体の面は，南側の窓に正対する面と，部屋中央を向いた面の二つとし，モデル住宅の断熱仕様をG3水準と，平成28年省エネ基準の場合で比較しています。

　窓からの距離500mmのとき，モデル住宅の断熱仕様がG3水準の場合，南向きの窓に正対する面と部屋中央を向いた面の放射温度の差は1.9℃であったのに対し，平成28年省エネ基準の場合は6.8℃と，放射温度の差が大きくなります。

　上記の放射温度の結果から，人体表裏の放射温度差により人体の不快感は大きくなるものと推定し，ここでは，人体の重み係数は，立位を前提に側面部をまとめ，側面部の受ける放射温度を最も窓からの形態係数が大きい放射温度で代表させることにしました。モデル住宅の断熱仕様別に，窓からの距離別の体感温度（OT）を**図2**に示します。

　平成28年省エネ基準の窓（代表窓：アルミサッシ FL3＋A6＋FL3）と，G3水準の窓（代表窓：樹脂サッシ Low-E3＋Ar9＋FL3＋Ar9＋Low-E3（日射取得型））では，窓近傍500mmの位置で，体感温度では3.7℃の違いがあることがわかります。また，リビング中央と窓近傍500mmの位置の体感温度の差は**表3**のようになりました。

　表3をみると，断熱性能が高ければ高いほど，部屋中央と窓近傍の体感温度差は縮まることがわかります。このことからも，高性能窓を採用することは，省エネ性に優れるだけでなく，窓近傍など，壁と比較して断熱性能の低い位置における体感温度と，部屋中央の体感温度の差を低減することになり，部屋のどこでも温熱環境的に快適な空間を構築することに役立つことがわかります。

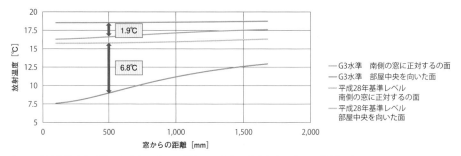

図1　窓近傍微小立方体の南向きの窓に正対する面と部屋中央を向いた面の放射温度

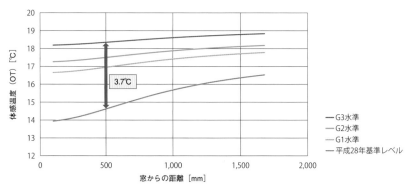

図2　リビングの窓からの距離別の体感温度（OT）

リビング中央体感温度と窓近傍500mmにおける体感温度の差	平成28年省エネ基準レベル	G1水準	G2水準	G3水準
	1.9	0.8	0.7	0.5

表3　リビング中央と窓近傍500mmの位置の体感温度の差 ［℃］

リビング中央の体感温度と窓近傍の体感温度

次に，リビング中央と窓から 500 mm 離れた箇所における年間の冬期 OT15℃未満の割合と，OTの累積頻度 3%の割合を比較した結果を，**表 4** に示します。**表 4** の結果から，冬期の窓近傍のOT15℃未満の割合はリビング中央よりも高く，冬期の窓近傍の OT 累積頻度 3%未満の上限温度はリビング中央よりも低くなっていることがわかります（**図 3**）。

窓近傍の温熱環境を部屋中央と同程度にするには，窓の断熱性能をどれだけ上げる必要があるかを検討すると，以下のような結果が得られました。

参考として，ガラスの熱貫流率から建築物省エネ法の解説書に記載された方法でガラス窓の熱貫流率を推定すると，平成 28 年省エネ基準相当で検討された U_w=2.77 W/(m^2・K) 相当の窓はアルミ樹脂複合 Low-E 複層（A10 以上）となります（**表 5**）。

開口部は，透光性部位なので，日射取得の面から壁よりもはるかに大きい利点があります。冬期リビングの日射取得は，暖房エネルギー削減効果があることも踏まえ，適切な窓ガラスを選択してください。

平成 28 年基準レベル	U_w=4.65 [W/(m^2・K)]	平成 28 年基準レベルリビング中央	平成 28 年基準レベル（窓 500）	差
	OT15℃未満割合 [%]	17.8%	25.7%	−7.9%
	OT 累積頻度 3%未満 [℃]	10.5	8.8	1.7
G1 水準	U_w=2.33 [W/(m^2・K)]	G1 水準リビング中央	G1 水準（窓 500）	差
	OT15℃未満割合 [%]	9.2%	14.4%	−5.2%
	OT 累積頻度 3%未満 [℃]	13.1	11.9	1.2
G2 水準	U_w=1.90 [W/(m^2・K)]	G2 水準リビング中央	G2 水準（窓 500）	差
	OT15℃未満割合 [%]	5.6%	9.7%	−4.1%
	OT 累積頻度 3%未満 [℃]	14.1	13.1	1.0
G3 水準	U_w=1.30 [W/(m^2・K)]	G3 水準リビング中央	G3 水準（窓 500）	差
	OT15℃未満割合 [%]	0.1%	1.7%	−1.5%
	OT 累積頻度 3%未満 [℃]	16.3	15.5	0.8

表 4　リビング中央と窓から 500 mm 離れた場所での比較

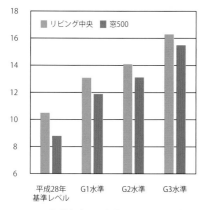

図 3　OT 累積頻度 3%未満となる上限温度比較

	各住宅レベル標準の窓の断熱性能値	冬期にリビング中央と同程度のOT を維持する窓の断熱性能
平成 28 年基準レベル	U_w=4.65 [W/(m^2・K)] ⇒	U_w=2.77 [W/(m^2・K)]
G1 水準	U_w=2.33 [W/(m^2・K)] ⇒	U_w=1.48 [W/(m^2・K)]
G2 水準	U_w=1.90 [W/(m^2・K)] ⇒	U_w=1.15 [W/(m^2・K)]
G3 水準	U_w=1.30 [W/(m^2・K)] ⇒	U_w=0.86 [W/(m^2・K)]

表 5　リビング中央と窓近傍で同程度の OT を維持するための窓の断熱性能値

III
躯体と
開口部の
デザイン

05

熱・エネルギー（NEB／EB・熱収支）

B：開口部デザインと技術

窓近傍のコールドドラフト

　窓の断熱性能が低いと，窓の表面温度が低くなるので，窓近傍ではコールドドラフトが生じます。

　前述の窓近傍の体感温度（窓近傍の OT）の検討では，窓近傍の空気温度の分布までは考慮していませんでした。ここでは窓近傍のコールドドラフトの状況を検討すべく，室内表面温度，室内空気温度分布の検討を行います。室内表面温度，室内空気温度の計算方法概説を，**図 4** に示します。対象はリビングとし，検討条件は前章の窓近傍の体感温度（窓近傍の OT）の検討の 4 条件以外に，ケース 5 として単板ガラスを用いた窓も加えて検討しました（**表 6**）。

　リビングに隣接する各部屋の各壁面（壁，ドア，床，または天井面）の熱貫流率と参照温度を**図 5，6，表 7** に，空調条件を**表 8** にまとめます。

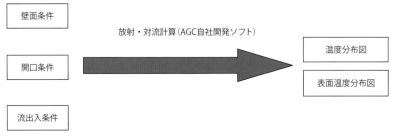

図 4　室内表面温度，室内空気温度の計算方法の概要

	窓の性能値		設定地域	設定日時	外気温度 [℃]	設定室温 [℃]	日射
		U 値 [W/m²K]					
ケース 1	平成 28 年 基準レベル	4.65	東京	1 月 2 日 午前 7 時	−0.5	20.0	なし
ケース 2	G1 水準	2.33					
ケース 3	G2 水準	1.90					
ケース 4	G3 水準	1.30					
ケース 5	平成 28 年基準	6.51					

表 6　温度分布シミュレーション用の開口部検討ケースと検討条件

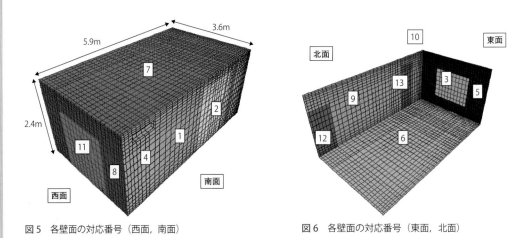

図 5　各壁面の対応番号（西面，南面）　　　　　図 6　各壁面の対応番号（東面，北面）

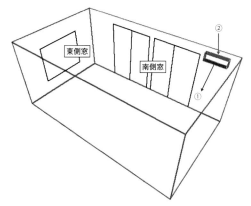

※流出入位置を図7に示す。流出入位置①の吹き出し向きは水平から下向き15°とした。

図7　空調流出入位置

		U値 [W/m²K]					参照温度 [℃]					参照する隣室
		ケース1	ケース2	ケース3	ケース4	ケース5	ケース1	ケース2	ケース3	ケース4	ケース5	
		平成28年基準レベル	G1水準	G2水準	G3水準	平成28年基準レベル	平成28年基準レベル	G1水準	G2水準	G3水準	平成28年基準レベル	
1	窓1	4.65	2.33	1.90	1.30	6.51	−0.5	−0.5	−0.5	−0.5	−0.5	外気
2	窓2											
3	窓3											
4	外壁1	0.53	0.44	0.32	0.14	0.53						
5	外壁2											
6	床面	0.48	0.34	0.34	0.13	0.48	5.7					床下空間
7	天井面	4.22	4.22	4.22	4.22	4.22	11.8	13.8	15.0	17.2	11.8	子供部屋1
8	西側内壁	2.36	2.36	2.36	2.36	2.36	9.7	12.0	13.3	16.1	9.7	和室
9	北側内壁	2.36	2.36	2.36	2.36	2.36	11.2	13.4	14.7	17.1	11.2	廊下
10	北側内壁	2.36	2.36	2.36	2.36	2.36	20.0					キッチン
11	ふすま	3.51	3.51	3.51	3.51	3.51	9.7	12.0	13.3	16.1	9.7	和室
12	扉	3.51	3.51	3.51	3.51	3.51	11.2	13.4	14.7	17.1	11.2	廊下
13	扉	仮想壁					20.0					キッチン

表7　各部屋の各壁面（壁，ドア，床，または天井面）の熱貫流率と参照温度

	流出入位置	面積 [m²]	流出入量 [m³/hr]	風速 [m/s]	流入温度 [℃]	暖房負荷 [W]
ケース1	①	0.09	966	3.00	23.5	1,079
	②	0.09		3.00	—	
ケース2	①	0.09	805	2.50	23.0	782
	②	0.09		2.50	—	
ケース3	①	0.09	805	2.50	22.5	651
	②	0.09		2.50	—	
ケース4	①	0.09	645	2.00	21.9	397
	②	0.09		2.00	—	
ケース5	①	0.09	966	3.00	24.0	1,251
	②	0.09		3.00	—	

表8　空調条件

III

躯体と
開口部の
デザイン

05

B：開口部デザインと技術

熱・エネルギー（NEB／EB・熱収支）

　上記の境界条件の下，設定温度 20℃となるような室内表面温度，室内空気温度分布は，図8, 9 のようになりました。

　ISO7730：2005 では，室内上下温度差として 3℃以下を推奨しています。解析結果の断面で，窓近傍 500 mm の位置における上下温度差は，G3 および G2 水準の場合は 3℃以下となり，これらも

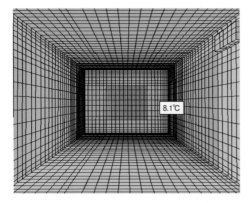

ケース1［平成28年基準レベル］アルミ FL3＋A6＋FL3

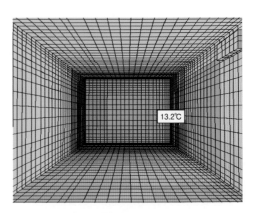

ケース2［G1水準］樹脂 FL3＋A12＋Low-E3

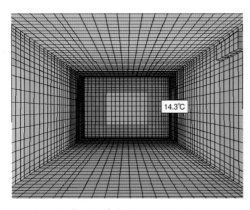

ケース3［G2水準］樹脂 FL3＋Ar12＋Low-E3

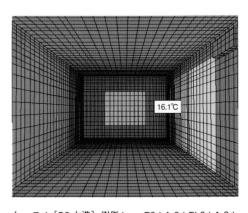

ケース4［G3水準］樹脂 Low-E3＋Ar9＋FL3＋Ar9＋Low-E3

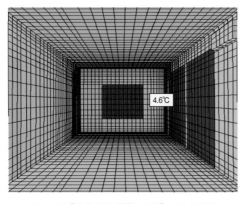

ケース5［平成28年基準レベル］アルミ FL3

図8　リビング表面温度分布

118

満たしていることがわかります。

　また，窓近傍にコールドドラフトがあると，室内空気の上下温度差が大きくなるので，より断熱性能の高いガラス窓を採用することが適切であることがわかります。

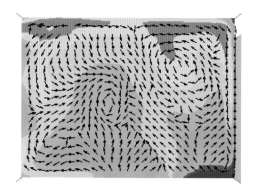

ケース 1 ［平成 28 年基準レベル］アルミ FL3＋A6＋FL3

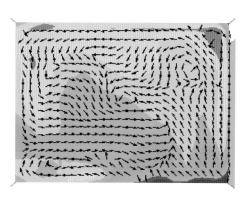

ケース 2 ［G1 水準］ 樹脂 FL3＋A12＋Low-E3

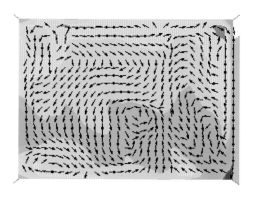

ケース 3 ［G2 水準］ 樹脂 FL3＋Ar12＋Low-E3

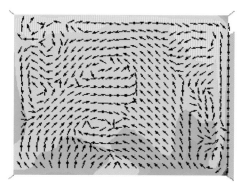

ケース 4 ［G3 水準］ 樹脂 Low-E3＋Ar9＋FL3＋Ar9＋Low-E3

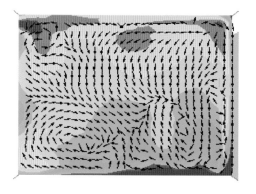

ケース 5 ［平成 28 年基準レベル］ アルミ FL3

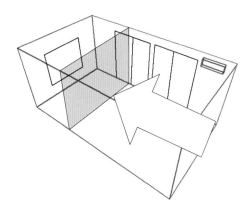

図 9　リビング空気温度分布

III

躯体と
開口部の
デザイン

05

B：開口部デザインと技術

熱・エネルギー（NEB／EB・熱収支）

外壁などの非透光性外皮の高性能化とは，最も単純にいえば屋内外間の貫流熱を減らすことといっても間違いではありません。それに対し，透光性のある外皮としての窓の高性能化とは，貫流熱をある程度抑えつつ，冬の日射熱の採り入れや夏の通風による排熱を促進することであり，両者では，考え方はまったく異なります。特に，HEAT20 が目指す高性能な住宅になると，その考え方をしっかり認識し，設計することが重要です。窓の熱移動は，室内から屋外への流出と屋外から室内への流入があり，これらを差し引きし窓面積当たりで示した数値を，本ガイドブックでは熱収支ということにします（**図 10**）。

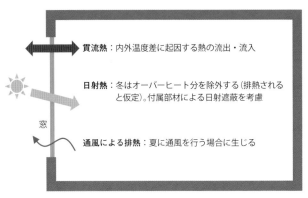

$$熱収支＝（貫流熱の量＋日射熱取得量$$
$$＋通風による排熱量）／窓面積$$

※暖房期間または冷房期間の平均値
詳細は次項の熱収支の計算方法を参照

貫流熱：内外温度差に起因する熱の流出・流入

日射熱：冬はオーバーヒート分を除外する（排熱されると仮定）。付属部材による日射遮蔽を考慮

窓

通風による排熱：夏に通風を行う場合に生じる

図 10　窓における熱収支のイメージ

冬の熱収支──パッシブソーラー

図 11 は札幌・東京・鹿児島において，方位が南側・東側・北側に位置する窓の熱収支を示したものです。南側と東側に位置する窓は，ガラスの日射熱取得率が高く，窓の熱貫流率が小さいほど，熱収支は大きくなり，組合せによってはプラスの値，すなわち損失する熱量より取得する熱量の方が，多い場合があります。言い換えれば，窓を設置することで暖房負荷は確実に減る，しかもエネルギー源は太陽，つまり無限ですので，再生可能エネルギー利用と同じということを意味します。

冬の熱収支は，後述する「夏の熱収支」と比べて，等高線の間隔が狭く，熱貫流率のみならず日射熱取得率の影響も大きいのが特徴であり，冬期においても日射熱取得に注意して窓を選定する必要があります。また，熱収支が同じということは，暖房負荷が同じということであり，同じ暖房負荷にしたければ，図中の等高線の範囲内で熱貫流率と日射熱取得率を選ぶことが可能となります。ただし，夜間などの温熱環境の確保の面から，熱貫流率については，III 05 に記載したとおり一定の性能を確保する必要があることはいうまでもありません。

一方，北側に設置する窓は，どんな組合せにおいても熱収支はマイナスとなるため，日射熱取得率ではなく熱貫流率を指標に窓を選定する必要があります。

熱収支の計算方法

- 貫流熱については，室温と外気温の温度差および窓の熱貫流率から算出する。
- 日射熱取得量については，窓面日射量と窓の日射熱取得率から算出し，日射熱取得率は窓面に対する直達日射の入射角を考慮する。
- 通風による排熱については，通風がない場合の熱収支・冷房負荷および通風がある場合の冷房負荷を算出したうえで，通風がある場合の熱収支＝通風がなく冷房負荷が同等のときの熱収支，と仮定して算出。
- 暖房負荷，冷房負荷，室温は，温熱環境シミュレーションプログラム AE-Sim/Heat を利用する。対象とした窓の性能は，熱貫流率 0〜5 ［W/(m²·K)］，日射熱取得率 0〜0.7 ［−］。住宅モデル，窓以外の外皮の断熱性能は，APPENDIX1 を参照。暖冷房運転スケジュールと設定温度は，Ⅰ04 を参照。

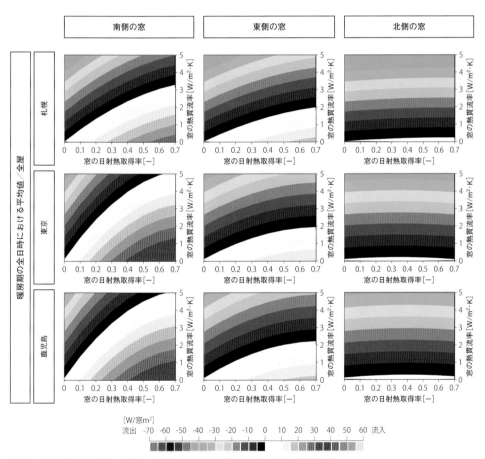

図 11　冬の熱収支（札幌・東京・鹿児島／窓以外の外皮は G2 水準の断熱性能）

III

躯体と
開口部の
デザイン

05

B：開口部デザインと技術

熱・エネルギー（NEB／EB・熱収支）

夏の熱収支

　図 12，13 は，東京と鹿児島において，方位が南側・東側・北側に位置する窓の熱収支を示したものです。夏は，熱取得による室温上昇を抑えるため，熱収支を小さな値とするよう窓を選定する必要があります。熱収支を小さくする方法としては，例えば遮熱型のガラスを使用する，または内・外付けブラインドなどの付属部材を設置するなどにより日射取得率を下げる方法，外気温が高い期間が長く続く地域では，屋外から室内への貫流熱を小さくするために，断熱性能が高い（熱貫流率が小さい）窓を選定することなどがあります。

　冷房期間を通して考えると，熱貫流率が大きい（断熱性能が低い）方が，室内の熱を流出させやすいために，有利に見えてしまうかもしれません。これは，室温より外気温が低いときに貫流熱の流出が生じるためですが，この流出量はわずかであり，当然のことながら窓を開けて通風をする方が，圧倒的に高い効果が得られますので勘違いしてはいけません。通風については，騒音，防犯，雨水浸入などの問題もありますが，それらについては窓の開閉形式や付属部材の設置，住宅設計などにより対応していくべきです。

　HEAT20 では，主として冬期間の EB と NEB を指標に住宅シナリオを提案し，それを実現する U_A 値を求めるという考え方となっています。2016 年に発行した設計ガイドブッ＋PLUS「はじめに」や本ガイドブック冒頭の「はじめに「HEAT20」が考えてきたこと 2008 年〜2020 年」でも述べているように，夏の暑さ対策を軽んじているわけではありません。むしろ U_A，η_A という一般的な外皮性能値では，夏対策の有効な設計指標にはなり得ない，ゆえに，本稿で示すような考え方で住宅防暑設計を行っていただきたいと考えているわけです。今後，全国的にますます夏の外気温は上昇していくと予想されるなかで，夏をどう快適・安全に過ごすか，これはこれからの高断熱住宅の設計でより重要なテーマになっていくでしょう。

窓の設計の基本方法

　冬期と夏期の熱収支から見た窓の設計の重要性に関して述べてきましたが，窓の設計の基本をまとめると以下のとおりです。

①熱貫流率は基本，冬期の EB と NEB から決定する。

②ガラスの日射熱取得率は，基本，日射取得型ガラスを選択するなど，なるべく大きな値のガラスを選択し，温暖地や冬期日射取得が期待できない窓では，一般的に日射取得型ガラスより断熱性能が優れる日射遮熱型ガラスを選択する。

③夏期の防暑のための付属部材設置や通風のための工夫を講じる（**表 9**）。

地域	直達日射	ガラス	日射遮蔽の附属部材	通風
寒冷地	日射を受ける窓	日射取得型	居室・大きな面積の窓に設置	行う
	受けない窓らない窓	どちらででも可	設置しない	行う
温暖地 蒸暑地	冬に日射を受ける窓	日射取得型	設置する	行う
	夏のみ日射を受ける窓	日射遮熱型	設置する	行う
	その他の窓	どちらでも可	設置しない	行う

※通風：同一室内に望ましくは対角線上に，二つの通風用の窓・開口（ドアなど含む）を

表 9　窓の設計の基本的な考え方

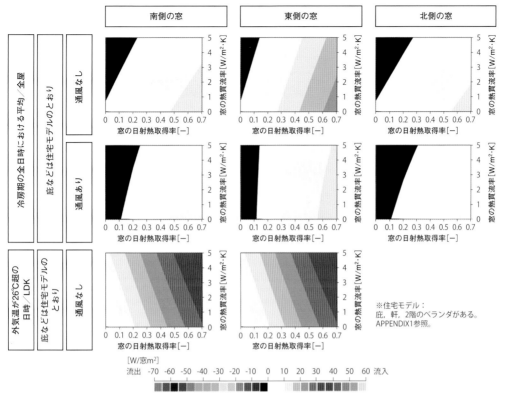

図12 夏の熱収支（東京／窓以外の外皮は G2 水準の断熱性能）

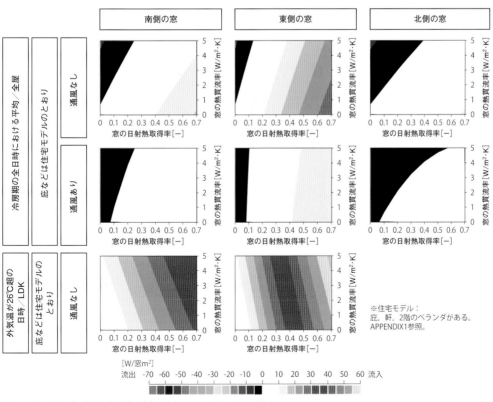

図13 夏の熱収支（鹿児島／窓以外の外皮は G2 水準の断熱性能）

III

躯体と
開口部の
デザイン

05

熱・エネルギー（NEB／EB・熱収支）

B：開口部デザインと技術

　単体の窓では，熱貫流率と日射熱取得率の組合せが限られています。しかし，既製の窓部材の組合せや居住者の窓開けの励行など，このほかにも窓の性能を理想に近づける工夫はさまざまあります。例えば，上部の窓枠にフックを設置し，住まい手がすだれを吊るし，天候・季節により調整するのは，安価に適切な日射制御をする方法の典型といえるでしょう。また，リフォームなどで二重窓化する場合は，窓の間にスクリーンなどの日射遮蔽部材を設置すると，室内側に設置するよりも日射遮蔽効果は高まります（**写真1**）。

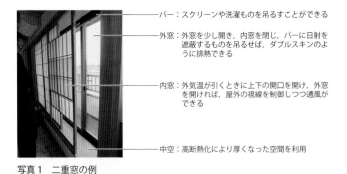

バー：スクリーンや洗濯ものを吊るすことができる

外窓：外窓を少し開き，内窓を閉じ，バーに日射を遮蔽するものを吊るせば，ダブルスキンのように排熱できる

内窓：外気温が引くときに上下の開口を開け，外窓を開ければ，屋外の視線を制御しつつ通風ができる

中空：高断熱化により厚くなった空間を利用

写真1　二重窓の例

日射熱がもたらす EB：一次エネルギー消費量

　図14は，一次エネルギー消費量の試算例です。η_{AH}（暖房期の平均日射熱取得率）が0.1の場合と比べ，3.7〜4.7の場合は，暖房エネルギーが少なくなります。この暖房エネルギーの削減における日射熱取得の効果を，**図14**中の「高断熱化の効果」と比べると，決して小さくないことがわかります。実際にはη_{AH}を0.1まで小さくすることは難しいので，『意識しないままに』ある程度の日射熱を利用していることになります。しかし，日当たりのよい敷地であればη_{AH}を3.7〜4.7よりも大きくして，日射熱を意識的に利用することが可能です。日当たりの悪い敷地でも，なるべく日射熱取得量が減らないように，窓の設置位置などを工夫することが考えられます。もちろん，冷房エネルギーを増大させない防暑対策（日射遮蔽，通風）と合わせて考える必要があります。

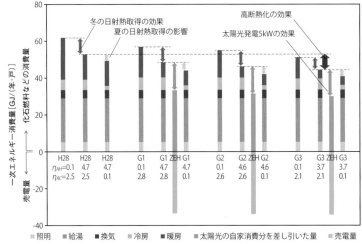

【計算条件】計算：エネルギー消費性能計算プログラム。立地：6地域，A3区分。暖冷房設備：エアコン。換気：ダクト式第3種換気設備。給湯：ガス潜熱回収型給湯機。照明：LED。太陽光：結晶シリコン系太陽電池，屋根置き型，南向き，傾斜角30°

図14　日射熱などが一次エネルギー消費量に及ぼす効果・影響

住宅に注がれる日射熱の量

　図には示していませんが，6 地域の場合，日射熱取得による暖房負荷の削減効果は数 GJ になります。一方，住宅が受ける暖房期の日射量は，東京で 100［GJ］超になるなど，その量は莫大です（**図15**）。隣戸が同程度の屋根高さで他に日射を遮る建造物などがなければ，地盤や窓面が日影になっていても，屋根面などの敷地内のどこかには，こうした多量の日射が注がれているはずです。本ガイドブックで想定する住宅モデルでは隣棟などの日影の影響は考慮していませんが，それでも暖房負荷低減に利用される日射量は，住宅が受ける日射量のごく一部ということになります。冬期日射量に恵まれる日本において，もっと積極的に日射熱を利用すべき，これは省エネルギーの方向でもあります。

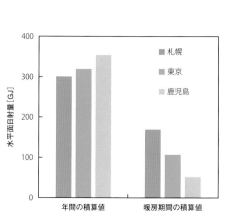

本図では，APPENDIX1 の住宅モデルの建築面積 67.9 m² 当たりの日射量を示す。暖房期間の積算値の多さが，札幌，東京，鹿児島の順となるのは，寒冷な地域ほど暖房期間が長いため

図 15　水平面日射量（67.9 m² 当たり）

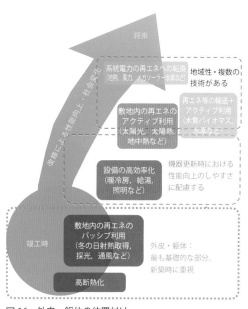

図 16　外皮・躯体の位置付け

化石燃料消費量削減に向けた外皮・躯体の位置付け

　日射には，太陽光発電や太陽熱給湯などのアクティブ利用の方法もあります。例えば，ZEH は外皮性能向上と設備効率向上により一次エネルギー消費量を削減するとともに，太陽光による発電を系統に供給するメリットがあり，現時点で目指すべき目標の一つでもあります。ただし，仮に暖房などの負荷が多ければ大面積の発電パネルが必要となり，屋根形状などの設計自由度が低下しますし，長期的には屋根の漏水のおそれ，寒冷地では雪害への対応も求められます。化石燃料を完全にゼロにすることと ZEH は異なります（**図 14**）。

　今後建てられる住宅は，大半は 21 世紀後半まで使用され，なかには 22 世紀初頭でも現役の住宅もあるでしょう。その間，何度か設備は更新されても，外皮・躯体性能は簡単に引き上げることは困難です。住宅で消費するエネルギーは，ZEH が最終目標ではありません。再生可能エネルギーを存分に活用したプラスエネルギー住宅へとその先の目標は続いています。それを実現するためにも，断熱外皮性能は後戻りするわけにはいきません。今後いかなる高効率の設備機器が登場したとしても，二世代・三世代先のために，住宅断熱外皮を考える，これが，設備とは異なる外皮デザインの本質でもあります。（**図 16**）。

III

躯体と
開口部の
デザイン

05

熱・エネルギー（NEB／EB・熱収支）

B：開口部デザインと技術

窓のエネルギー性能（WEP）

前項では窓について，断熱だけに留まらず冬の日射熱取得や通風にも着目した設計の考え方を紹介しました。日本古来の窓には，建具の設えにより朝夕や季節の移ろいに対応するさまざまな例が見られます。現代の住宅においても，遮断のみならず，外界の暖かさ，涼しさ，明るさなどの採り入れに今以上に積極的になれば，外観意匠などの面でも地域性豊かな住まいづくりにつながります。

HEAT20 では，前項で述べた熱収支について検討してきましたが，国内では窓性能を暖冷房負荷の観点で評価する「窓のエネルギー性能（WEP）」が，2018 年に JIS-A2104 として示されました。以下では，WEP という比較的新しい窓の考え方と評価例などをご紹介します。

窓のエネルギー性能は，英文では WEP（Window Energy Performance）といい，暖房と冷房の別で表すことができます。JIS-A2104：2018 によると，窓の暖房（冷房）エネルギー性能は，窓から室内暖房（冷房）負荷へ及ぼす月別寄与の年間合計とあります。暖房の場合，外皮の貫流・漏気・機械換気などで熱が室内から外へ逃げても，日射や機器発熱などの室内にもたらされる熱があれば，室温は外気温よりも高くなります。そうして得た熱により室温が設定値（HEAT20 では 20℃）を上まわれば暖房は不要ですが，下まわるときには暖房機で室内に熱を供給します。この供給する熱の量が，暖房負荷です。窓のエネルギー性能は，暖房（冷房）負荷のうち，窓に起因する熱量を，窓 1 [m²] 当たりで表現します。

以下では，窓が代表的仕様の場合について，窓のエネルギー性能の評価事例を示します。立地は，2 地域，6 地域，7 地域，それぞれの代表都市である札幌，東京，鹿児島です。窓は，表 10 と表 11 のとおり，日射遮熱型または日射取得型ですが，平成 28 年省エネルギー基準レベルの 6・7 地域の場合のみ透明複層ガラスとします。

	平成 28 年基準レベル		G1 水準		G2 水準		G3 水準	
サッシの仕様	樹脂と金属の複合材料製		樹脂製		樹脂製		樹脂製	
ガラスの仕様	Low-E複層ガラス		ダブル Low-E三層複層ガラス（G7 以上×2）		ダブル Low-E三層複層ガラス（G9 以上×2）		ダブル Low-E三層複層ガラス（G9 以上×2）	
種別	日射遮蔽型	日射取得型	日射遮蔽型	日射取得型	日射遮蔽型	日射取得型	日射遮蔽型	日射取得型
U [W/(m²·K)]	2.33		1.6		1.3		1.3	
η [−]	0.32	0.51	0.24	0.39	0.24	0.39	0.24	0.39

表 10　2 地域の各断熱水準における窓の U 値および η 値

	平成 28 年基準レベル		G1 水準		G2 水準		G3 水準	
サッシの仕様	金属製		樹脂と金属の複合材料製		樹脂製		樹脂製	
ガラスの仕様	透明複層ガラス		Low-E複層ガラス		Low-E複層ガラス		ダブル Low-E三層複層ガラス	
種別	普通複層		日射遮蔽型	日射取得型	日射遮蔽型	日射取得型	日射遮蔽型	日射取得型
U_W [W/(m²·K)]	4.65		2.33		1.90		1.3	
η_W [−]	0.63		0.32	0.51	0.29	0.46	0.24	0.39

表 11　6，7 地域の各断熱水準における窓の U 値および η 値

暖房エネルギー性能

　窓のエネルギー性能の計算では，まずは月別の値を計算し，次に年間で合算します。**図 17** は暖房エネルギー性能の月別の計算結果のうち，2 月，5 月，8 月の値を示しています。縦軸の値が小さいほど暖房負荷が少ない，つまり暖房エネルギー性能が高くなります。

　左側のグラフでは，熱貫流率が小さいほど暖房エネルギー性能が高くなることを確認できます。

　右側のグラフでは，日射取得型の窓が多いほど暖房エネルギー性能が高くなります。

　一部の計算結果では，値がマイナスになっています。これは，熱損失よりも熱取得の方が多いことを意味します。このような窓の場合，計算上は，窓面積を大きくするほど暖房負荷が少なくなり，無暖房住宅に近づいていくことがわかります。

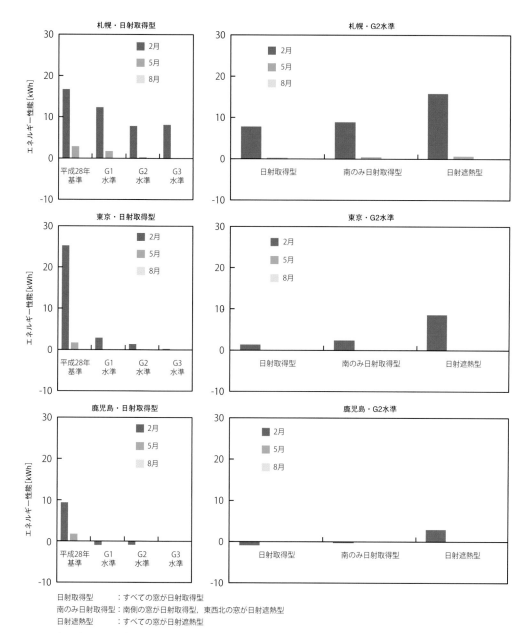

日射取得型　　　　：すべての窓が日射取得型
南のみ日射取得型：南側の窓が日射取得型，東西北の窓が日射遮熱型
日射遮熱型　　　　：すべての窓が日射遮熱型

図 17　窓の暖房エネルギー性能（月別の計算結果）

図18は，冷房エネルギー性能の月別の計算結果です。縦軸の値が小さいほど冷房負荷が少ない，つまり冷房エネルギー性能が高くなります。左側の図を見ても熱貫流率による違いはわかりにくく，あまり大きな影響とはいえません。右側の図を見ると，日射遮熱型の窓を多用する方が，冷房エネルギー性能は高くなることがわかります。一部の計算結果では，2月にも値がプラスになっています。これは，室温がオーバーヒートするほどの日射熱の採り入れていることを意味します。部分間歇暖房の住宅では，冬にオーバーヒートを生じても，冷房はせずに窓開けをするか，日中は不在などの理由で排熱しないことが一般的だと思います。その熱の一部は，蓄熱されて活かされるでしょう。冷房負荷として負の評価をする必要はありません。全館空調の場合には，断熱性能が向上するほど，冬に冷房が稼働する可能性・頻度が高まりますが，空調機器の改良により対応する術はあるでしょう。

ところで，本ガイドブックのコンテンツ作成で用いているAE-Sim/Heatでは，気候に応じた暖房期間と冷房期間が設定されます。暖房期間には冷房負荷は発生せず，冷房期間には暖房負荷は発生しません。これにより，冬にオーバーヒートが生じたら窓開けをするなどの運用をある程度加味しつつ，暖冷房負荷を評価することができます。

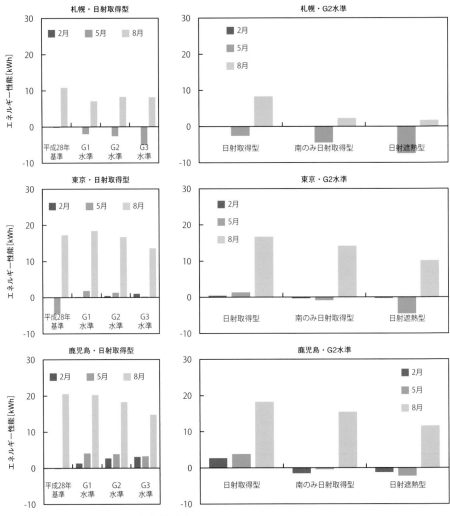

日射取得型　　　　　：すべての窓が日射取得型
南のみ日射取得型：南側の窓が日射取得型，東西北の窓が日射遮熱型
日射遮熱型　　　　　：すべての窓が日射遮熱型

図18　窓の冷房エネルギー性能（月別の計算結果）

一方，窓のエネルギー性能では，こうした暖房期間や冷房期間の設定がなく，通年において暖房負荷と冷房負荷が発生し得ます。これにより，冬期のオーバーヒート分の日射熱を含めて，窓がもたらす効果を評価できます。

　こうした評価ツールの特性を理解しておけば，夏・冬ともに高い性能を発揮する窓の設計に活かせるでしょう。

年間の暖房・冷房エネルギー性能

　図19は，窓のエネルギー性能の年間の合計値です。暖房は日射取得型，冷房は日射遮熱型を多用した方が，窓のエネルギー性能が高く（値が小さく）なります。図19中の「合計」は，暖房と冷房の合算値です。合計が最も値が小さくなるのは，南のみ日射取得型として他の方位は日射遮熱型とする場合です。しかし，これだけで日射遮熱型を選択するのは早とちりです。もちろん，夏と冬の日当たりの条件しだいでは，日射遮熱型が優位な場合もあります。ただ，合計には前述の冬の冷房エネルギー性能も含まれていること，窓開けを行えば夏の冷房負荷が低減すること，日射遮蔽の付属部材を用いれば，日射遮熱型のガラスよりも圧倒的に大きな効果が得られること，などを考慮すれば，図19から受ける印象よりも日射取得型が優位となるケースが多くなるはずです。

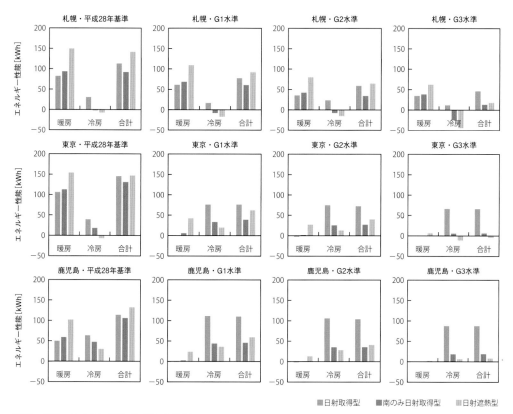

図19　窓のエネルギー性能（年間の合計値）

【参考文献】
1）日本建築学会計画系論文集 第474号：窓の心理的効果とその代替性
2）Veitch JA., The Physiological and Psychological Effects of Windows, Daylight, and View at Home：Review and Research Agenda, Feb 2012, NRCIRCRR-325, Canada
3）The distinctive benefits of glazing：The social and economic contributions of glazed areas to sustainability in the built environment（Glass for Europe）
4）EN17037：2018 Daylight of Building
5）板硝子協会 建築環境WG：窓の生理的・心理的効果とその魅力，2016年1月

III
躯体と
開口部の
デザイン

06

光環境

B：開口部デザインと技術

窓と採光

　住宅高断熱化や高性能窓の普及により，3章01で述べてきたような方位や躯体の外皮性能とのバランスを考えた開口部設計を行うことで，室内温熱環境の向上と暖冷房エネルギーの削減を両立する住宅計画が可能となります。しかし，ガラスの多層化や窓面積の減少，宅地問題やプライバシー・防犯によるカーテン・ブラインドの多用や小窓化などにより室内の明るさは低下していると考えられます。

　電気照明がなかった時代には，窓は室内を十分に明るくするための唯一無二の装置でしたから，当時から窓を上手に設計することが，建築にとって最優先課題の一つであったことは間違いありません。20世紀に入って電気照明が格段に進歩したことにより，窓からの採光がもたらす意義にも徐々に変化が生じてきました。特に，圧倒的に効率がよく使い勝手に優れたLED照明が今世紀になって普及するようになると，そもそも窓が光環境・視環境の点から本当に必要なのだろうか？という問いまでもが投げかけられるようになってきました。というのも，LED照明を用いることで，省エネルギーの点からは窓からの採光をそれほど重視しなくてもよくなったからです。それでは，窓は光環境の点からは既に本当に必要ないのでしょうか？　このような問いに答えるには，エネルギー的な側面だけではなく，人が生活するための環境の質を確保するうえでの窓と採光の重要性を改めて見直す必要があるでしょう。

図1　世界各地の窓

　LED照明時代にも残る窓の価値とは何か？　まずは，外とのつながりや眺望がもたらす心理的な開放感や心地よさが見逃せない点です。もちろん，将来完璧なVR（Virtual Reality）が出現すれば，話は変わるかもしれませんが，現段階では窓から得られる外の眺めに置き換わるものはありません。眺望が得られれば，自ずから採光はある程度確保されることになります。ですから，住宅における窓の設計を進めていくうえでは，眺望を主たる指標とすることも検討に値するでしょう。ただし，今のところ眺望に対する評価を，定量的に予測することが可能な指標は，まだ学術的には確立されていません。さらに，眺望にはプライバシーを侵害するおそれがあるという負の側面が伴うことにも，留意する必要があります。

それでは，窓の効果の一つとして，すぐに思いつく採光はどのような意味をもっているでしょうか？　一般的な居室で推奨されるレベルの光量であれば，自然光がもたらす心理的・生理的効果，つまりサーカディアンリズムなど健康に対する効果は，既に LED 照明でもある程度は再現することが可能です。LED 照明が未だ苦手とする領域があるとすれば，非常に高い色温度，つまり北の空の青白い自然光の再現でしょう。室内にもたらされた自然光の変動についても，本気になれば応答性能の高い LED 照明でつくり出すことができるでしょう。完璧に制御された LED 照明による光を，自然光と区別することは，今後益々困難になっていく可能性が高いといえます。そのため，量的な部分を除けば，自然光を使わなくてはならない必然性は，最近では薄らいできているのが実状です。

　本稿では，採光を目安として窓の設計基準を示していきますが，以上の議論をまとめると，それは現段階において利用可能な指標（採光量−鉛直面照度）によって，眺望や開放性も含めた室内の総合的な光・視環境を保証していると捉えていただく必要があります。ただし，窓からの採光が得られるように設計しておくことで，仮に災害や突発的な停電などで電気照明が使えなくなったときにも，最低限の明るさは確保できるという利点があることは付記しておきます。

図 2　窓としての好ましさの評価構造　　　　図 3　視点位置における鉛直面照度

採光と室内の明るさ：空間の明るさ評価に関する最近の動向

　採光はまずは室内の明るさをもたらすことになり，この明るさは室内の光・視環境を考えるうえで，最も基本的な出発点になります。まず，ベースとなる明るさをつくっておいて，そのうえでダイニングや作業机などそれぞれのスペースに特化した光環境を個別に制御していくことにより，無駄なエネルギー消費を抑えつつ，質の高い環境を実現可能な照明計画が可能となります。

　窓のある空間における明るさを完全に予測する方法は，まだ学術的には確立していません。ただし，ここ数十年の研究からは，視野内の平均輝度（輝度とは，各箇所から目に届く光の強さと捉えてください）をベースに，必要に応じて窓面の輝度の対比効果を加味すればよいことは明らかになりつつあります。ただし，視野内の平均輝度を求めることは，設計段階でシミュレーションするうえでも，あるいは施工後に実測をするうえでも，まだ若干ハードルが高く，それに類似したより簡易な指標として鉛直面照度が用いられることがあります。視点位置における鉛直面照度は，視野全体から目に届いた光の強さに該当しますが，視野内の平均輝度と異なる点は，視線を向けている方向からずれていくにつれて，その箇所から目に届く光の効果は減じて加算していく（真横から届く光の効果はゼロになります）ところにあります。ただし，光が均一に分布している空間であれば，平均輝度と鉛直面照度のどちらを用いても，それ程大きな差は生じないと考えてもよいでしょう。

廊下の床や紙面の明るさなどの評価方法

　なお，最も一般的な照明基準である JIS Z9110：2010 照明基準総則では，住宅については床面や作業面の推奨照度が示されています。これは，もともと作業する場における照明に主眼が置かれた国際基準を出発点としているため，ここで示されている水平面照度の推奨値は空間の明るさを保証するものというよりは，ダイニングや作業机などそれぞれのスペースに適した照明を示すものとして捉えてください。

III

躯体と
開口部の
デザイン

06

光環境

B：開口部デザインと技術

窓からの採光による室内の明るさ

　多くの居住者にとって，自然光により得られる明るさは価値あるものです。日当たりの悪い部屋では採光量[1]を確保するため，明るすぎる部屋では明るさをコントロールするために窓の工夫が求められます。

　どうすれば室内の明るさを適度にコントロールできるのか，南向きの窓がある8畳の部屋（**図4**）を例に考えてみましょう。

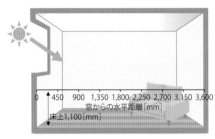

立地：東京
部屋：8畳間，天井高2.4[m]
窓：南向き
腰高窓：幅1.64m×高さ1.17m＝面積1.92[m²]
高窓・地窓：幅3.6m×高さ0.53m＝面積1.91[m²]
掃き出し窓：幅1.64m×高さ1.87m＝面積3.1[m²]
照度：床から1.1mの高さにおける東・西・南・北向き
　　　鉛直面照度の平均値

図4　照度の計算モデル

　隣棟などの日影にならない壁面に腰高窓を設置すると，窓近傍に直射光が入り，とても明るくなります（**図5左**）。一方，隣棟間隔が狭く日影になる壁面の場合は，腰高窓よりも高窓の方が部屋の照度を確保できます（**図5右**）。

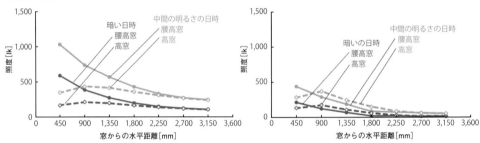

図5　腰高窓と高窓

　地窓は，床面で反射した自然光が部屋の奥まで明るくすることが特徴であり，採光を得ながら，戸外からの視線の遮断し，庭の植栽などを眺めることができるなどのメリットがあります。室内の明るさは，床の仕上材の反射率に大きく左右されます（**図6**）。部屋の照度を高めたいなら反射率が高い材料を選ぶことが大切です。

　一方で，庇の有無でも部屋の明るさは異なります。庇は，夏の太陽高度が高い時期を中心に直射光を遮る効果のほかに，窓際の過度な明るさを緩和する効果もあります（**図7**）。

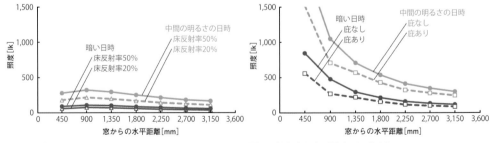

図6　地窓　　　　　　　　　　　　　　**図7　掃き出し窓（庇あり・なし）**

　また縁側は，一般的な庇よりも直射光の遮蔽効果が大きくなります（**図8**）。

　ベランダの腰壁には透光性のある材料を用いることも多いですが，非透光性部材を使うより室内

の照度が高くなり，**図9**の例では2割程度明るくなります。また，ベランダの床面で反射した光も室内に入射するため，ベランダ床面の仕上げの反射率が高い方が，室内の照度は高くなります。特に，集合住宅では窓から遠い室奥が暗くなる傾向があるため，これらの改善のためには，夏期日射熱の反射のことにも注意しながらベランダ周りの材料選定をするとよいでしょう。

以上のように，窓まわりの設計の工夫次第で採光量・室内の明るさは大きく改善します。一方で，室内に侵入する日射熱取得量に関係するため，住まい方や立地条件も踏まえ，光環境と熱環境の双方をバランスよく向上させる窓設計が大切です。

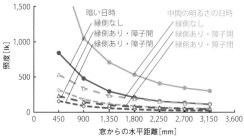

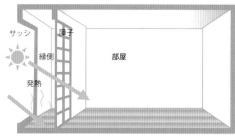

図8　掃き出し窓（縁側あり・なし）

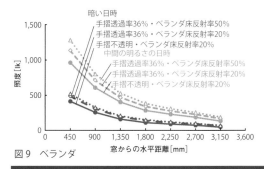

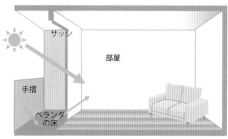

図9　ベランダ

透光性間仕切

窓からの採光に限界がある場合に，明るさを向上させる手段として，透光性間仕切や天窓を設置する方法があります。透光性間仕切は，可視光を透過する素材による壁体，開口，障子などの建具のことで，隣室から自然光を採り入れることができます（**図10**）。採光量は，**図11**の例のように，透光性間仕切の透光面積が大きいほど多くなり，また，隣室の内装仕上材の反射率が高い方が多くなります。

無窓居室では，隣室との間のふすまなどを開放しても，天井付近の明るさ不足のために，部屋が陰鬱な雰囲気になることがあります。これを緩和するには，壁の最上部まで透光性のある障子や間仕切とし，天井付近の照度を上げることが効果的です。

洗面室，家事室や廊下など窓のない非居室空間では，家事などのたびに照明を点灯・消灯することが一般的です。こうした空間では，透光性間仕切を設置することで，明るさと利便性を向上させることができます。

透光性間仕切に利用できる素材はさまざまあります（**表1**）。透視性（プライバシーの確保），内装不燃性などの要件を踏まえて，素材を選択してください。

可動ルーバーの引き戸

間仕切壁の開口

図10　透光性間仕切の例

III
躯体と
開口部の
デザイン

06

光環境

B：開口部デザインと技術

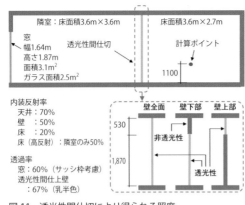

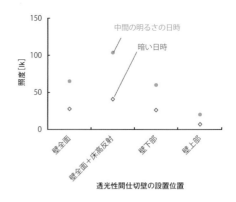

図11 透光性間仕切により得られる照度

特徴	a. 透視性が高いもの	b. 透視性が中程度のもの	c. 透視性が低いもの（乳半色など）	d. 空隙があり，採光と通風を行えるもの	e. 透視性に可変性があるもの
素材の例	フロートガラス，ポリカーボネイト	型ガラス，ポリカーボネイト	すりガラス，ポリカーボネイト，ガラス用フィルム，障子紙，ロールスクリーン	ブラインド，格子（木，FRP，金属など）	ブラインド，b.～d.の素材を開閉建具により設置したもの

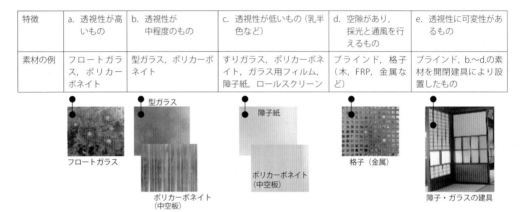

表1 透光性間仕切の素材の例

天窓

　天窓は，部屋中央に設置すれば，室奥までむらの少ない明るさが得られます（**図12a.**）。ただし，これは最良な方法ではない場合もあります。特に温暖地の夏，直射光が床付近に入射すると，居住空間などの放射環境に加えて，身体が接触する床表面の温度が上がるため，体感上の不快感が高まります。

　暑さをなるべく抑えながら天窓からの採光を行う方法として，自然光を壁面に入射させる方法があります。採光の重要な目的の一つに，部屋全体を明るい印象にすることがあります。これは手元を照らす照明とは異なります。壁面を自然光で照らすと，部屋全体の印象を明るくすることができます。壁面で生じた熱は，周辺に拡散する前に屋外へ排出します。例えば，開閉可能な天窓を採用し，天窓自体から排熱する方法があります（**図12b.**）。

　ちなみに，天窓からの採光量が夏には減少しても差し支えない部屋では，天窓直下にスクリーンを設置する日射遮蔽方法が一般的ですが，北側以外では，天窓からの日射は鉛直面から侵入する日射量の3倍前後になるため，排熱には十分注意する必要があります。

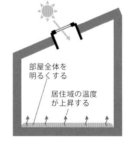

a.天窓を部屋中央に設置する場合

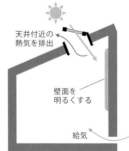

b.自然光を壁面に入射させ，天窓から排熱する場合

図12　天窓からの日射熱の排熱のイメージ

　ここでは，窓からの採光量の過不足をなるべく簡便にチェックする方法を紹介します。前述のとおり，明るさは鉛直面照度で評価できます。しかし，鉛直面照度の計算は，手間が掛かります。そこで本項では，窓からの採光量と鉛直面照度の関係を用いることにします。窓からの採光量は，以下で述べるとおり電卓などで計算ができます。

床面積当たりで見た採光量と鉛直面照度

　一般的な住宅において，室中央で窓を向いて立った場合の目の位置の鉛直面照度（床上 150 cm）を，床面積当たりの採光量から簡易に予測するためのグラフと式を以下に示します。実際には，窓から入ってくる自然光によって得られる鉛直面照度には，採光量のみならず，室の大きさや形状・窓の形状や高さ・内装反射率，さらに窓方位も影響します。ここでは，できるだけ簡易に鉛直面照度を予測するために，室内の大きさの影響は採光量を床面積で除することによって考慮し，その他に内装反射率と窓方位を変数として，予測式を構築しました。一般的な住宅モデルを対象として，室形状・窓形状などを変化させてシミュレーションした結果から求めています。地域による差はなく同じ式が適用できますが，本来鉛直面照度に影響を及ぼす窓の形状や高さなどの影響は加味していません。実際の空間においてはある程度の誤差が生じてくる可能性があることには，留意が必要です。

　窓方位については，南面に窓がある場合とそれ以外の場合で，予測式が変わってきており，東面・西面・北面の窓に比べると，南面の場合は同じ採光量でも得られる鉛直面照度は若干低くなります。また，内装反射率が高いほど鉛直面照度は高くなります。なお，床面積当たりの採光量 x は以下の式（2）から求めてください。

$$\log E_V = 0.91x + 0.42R \begin{cases} -0.38, & \text{南面窓の場合} \\ -0.28, & \text{南面以外の場合} \end{cases} \tag{1}$$

E_V：鉛直面照度［lx］
x：床面積あたりの採光量［lm/m²］
R：内装反射率［－］

$$x = \frac{\Sigma \text{窓面積当たりの採光量}［\text{lm/m}^2］\times \text{窓面積}［\text{m}^2］}{\text{床面積}［\text{m}^2］} \tag{2}$$

　また，内装反射率および窓面積当たりの採光量については，後述を参考にしてそれぞれ求めてください。

鉛直面照度の目安

　本ガイドブックでは，採光によって得られる鉛直面照度の基準値を 50［lx］に設定しました。日本建築学会の AIJES-L0002-2016 照明環境規準・同解説に示されている住宅における壁面の輝度の推奨最小値から推定される鉛直面照度の値よりは若干高い設定となっていますが，年間を通して日中（太陽高度 10°以上）の 90％以上がこの値をクリアしていれば，光・視環境の点からは住宅の窓として十分な大きさが確保されていると判断できるでしょう。

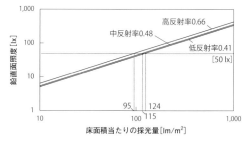

図 13　南面窓における採光量と照度の関係

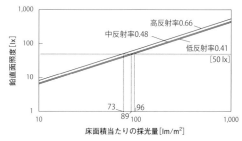

図 14　東・西・北面窓における採光量と照度の関係

窓面積当たりの採光量　その1

　前項で述べた床面積当たりの採光量を求める式（2）には，窓面積当たりの採光量を代入します。窓面積当たりの採光量は，式（3）で推定することができます。

窓面積当たりの採光量＝窓の透過率が 100%の時の採光量×ガラスの透過率×
窓のガラス面積比×付属部材の透過率　　　　　　　　　　　　　　　　　　　　(3)

　右辺の変数のうち「窓の透過率が 100%の時の採光量」については本項で説明し，「ガラスの透過率」「窓のガラス面積比」「付属部材の透過率」については次項で説明します。

窓の透過率が 100%の時の採光量

　窓の透過率が 100%の時の採光量は，軒や隣棟の日影を考慮した窓 1 m² 当たりの採光量のことで（図 15），窓の設置位置により異なります。図 16 は，太陽高度が 10°以上の昼間の時間帯を対象に，暗い日時（年間で暗い方から 10%の日時），中間の明るさの日時（年間で暗い方から 50%の日時）における採光量を示しています。中間の明るさの日時には，南向きの窓の採光量が多くなります。しかし，暗い日時や隣棟の影になりやすい 1 階では，方位による違いは小さくなりますので，南向きにこだわらず，隣棟との距離が開けている方位に窓を設置することが有利です。

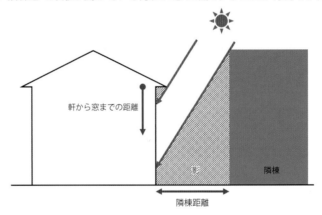

図 15　軒からの距離，隣棟距離

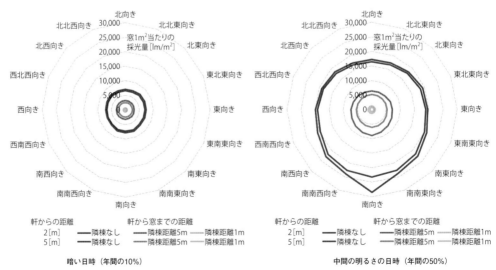

図 16　窓の透過率が 100%のときの採光量（東京）

図17に，全国6地域の暗い日時における窓の透過率が100%の時の採光量を示します。隣棟などの日影がある場合，壁面上部の方が日当たりはよいですが，軒の直下は日影となり，0.5～1m程度離れた高さに窓を設置すると採光量が多くなることがわかります。

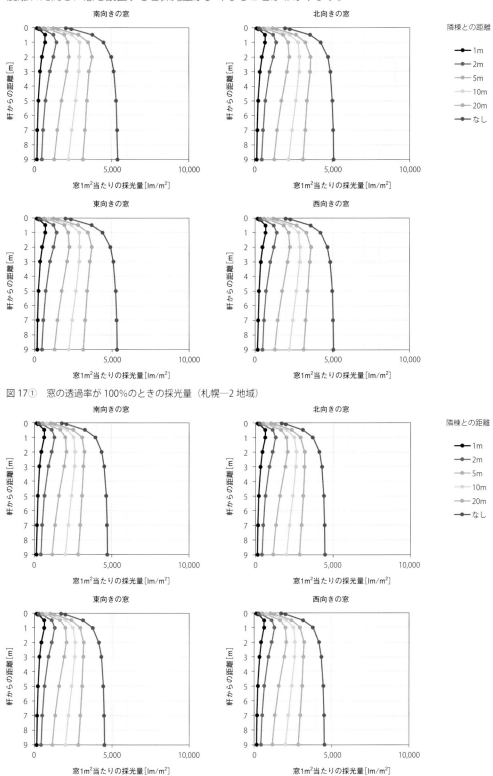

図17① 窓の透過率が100%のときの採光量（札幌―2地域）

図17② 窓の透過率が100%のときの採光量（盛岡―3地域）

III

躯体と
開口部の
デザイン

06

光環境

B：開口部デザインと技術

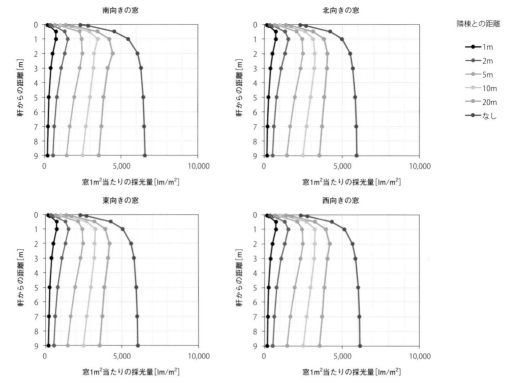

図17③ 窓の透過率が100%のときの採光量（松本─4地域）

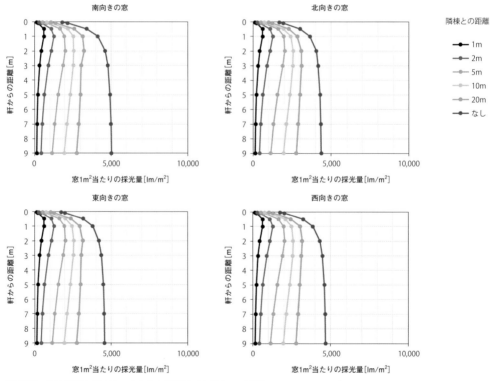

図17④ 窓の透過率が100%のときの採光量（宇都宮─5地域）

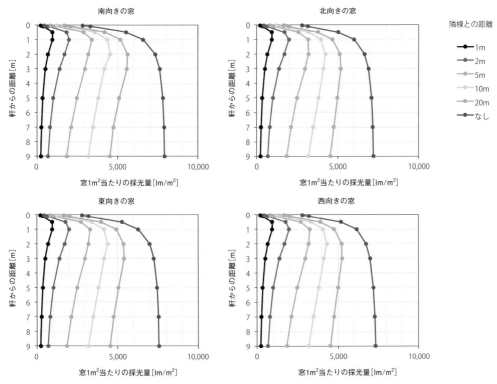

図17⑤　窓の透過率が100%のときの採光量（東京―6地域）

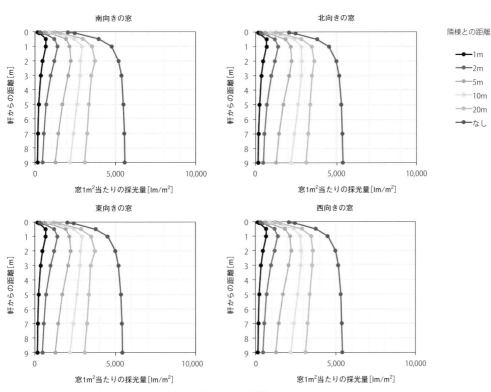

図17⑥　窓の透過率が100%のときの採光量（鹿児島―7地域）

窓面積当たりの採光量　その2

　本項で説明するのは，前項で示した窓面積当たりの採光量の式の右辺の変数のうち，ガラスの透過率，窓のガラス面積比，付属部材についてです。

ガラスの透過率

　透過率は，ガラスの種類によりさまざまなものがあり，ガラスメーカーのカタログに記載されています。表2に示す透過率は，HEAT20の代表仕様例と推奨仕様例（『HEAT20設計ガイドブック＋PLUS』既刊）に示されるLow-Eガラスの代表的な値です。

	日射取得型	日射遮熱型
可視光の透過率	76%	71%

表2　HEAT20の推奨仕様例に示されるLow-Eガラスの可視光の透過率

窓のガラス面積比

　ガラス面積比は，窓のサッシ枠を含む見付け面積に占めるガラス部分の面積の比率です。表3に，住宅の省エネルギー基準に基づくガラス面積比を示します。小窓の場合には，ガラス面積比が小さくなるため，小窓を設置する非居室の採光を検討する際には，実寸から算出したガラス面積比を用いるなど，特に注意が必要です。

建具の構造	金属製，プラスチックと金属の複合性，金属製熱遮断構造	樹脂製，木製
ガラス面積比	0.8	0.72

表3　住宅の省エネルギー基準に基づく窓のガラス面積比[2]

付属部材

　付属部材のうちレースカーテンなどについては，遮光率が表示されている製品が多くあります。図18は透過率の例ですが，生地の遮光率が高く，ひだの倍数[3]が多いほど，透過率は低くなります。ルーバーと庇については，見かけの透過率を図19，20に示します。見かけの透過率は，付属部材がない場合と，比べた付属部材がある場合の窓面に入射する自然光の量の割合です。ルーバーの見かけの透過率は，付属部材の形状と反射率（色）により異なり，レースカーテンと比べると低めです。なお，直射光の遮蔽度合いが天候に伴い変化するのに応じ，見かけの透過率は大きく変動しますが，図19，20の値は，太陽高度10°以上の日中における平均値を示しています。

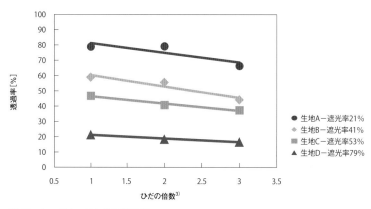

図18　レースカーテン等の透過率

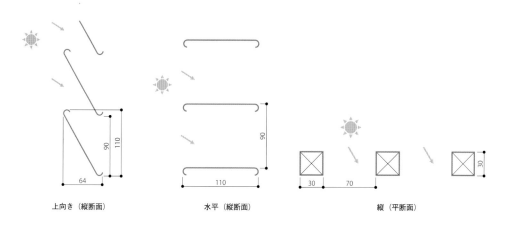

窓の方位	南向き						西向き					
ルーバー角度	上向き		水平		縦		上向き		水平		縦	
ルーバー反射率 [%]	60	10	60	10	60	10	60	10	60	10	60	10
透過率 [%]	23	9	52	11	33	23	24	11	60	13	34	31

図 19　ルーバーの見かけの透過率（東京，年間の太陽高度 10°以上の日時の平均値）

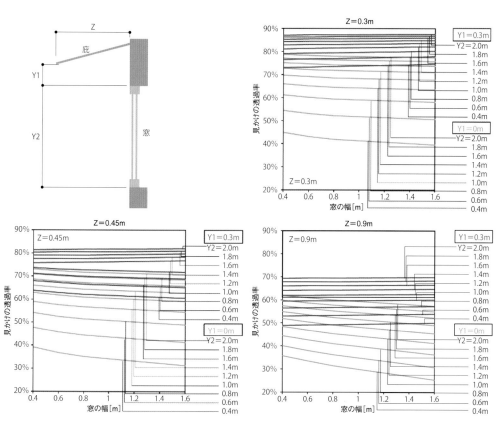

図 20　庇の見かけの透過率（東京，南向き，年間の太陽高度 10°以上の日時の平均値）

141

III

躯体と
開口部の
デザイン

06

光環境

B：開口部デザインと技術

内装仕上材の色と室内の明るさ

　窓から室内に入った自然光は，壁や床などの表面で反射します。**図21**のように，内装仕上材の反射率が高いほど，反射する光量が多くなり，室内照度が増します。特に，日当たりが悪い部屋では，内装仕上材に反射率が高い材料を選ぶとよいでしょう。

　図22に示すのは，内装仕上材の反射率の例です。色が濃い・暗いものは反射率が低く，色が薄い・明るいものは反射率が高くなります。**図13, 14**（採光量と照度の関係）中に示した内装反射率は，天井，壁，床の反射率の面積荷重平均値です。面積荷重平均値の計算方法と試算例を，**表4**に示します。

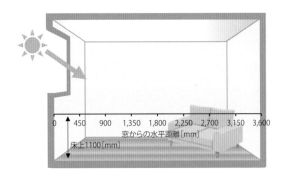

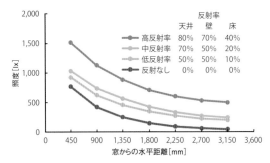

図21　内装仕上材の反射率と室内の照度

色の効果

　反射率が同じ程度でも，色は灰色，黄色，緑色というようにさまざまあります。**図23**のように，内装仕上材が白やグレーなどの無彩色だけの場合，あるいは青などの寒色の場合は，部屋が青白く暗い印象になります（**図23左**）。また，特に窓が北向きの場合や積雪がある場合には，青白さが助長されます。一方，内装や家具などの一部に黄系の色を用いると，暗い印象が軽減されます（**図23右**）。こうした印象に配慮した色使いとするか，あるいは無彩色や寒色の内装が中心の部屋では，採光量を多めに確保するなどの工夫をするとよいでしょう。

【参考文献】
1）室内に採り入れる自然光の量
2）平成30年度　国土交通省補助事業　住宅省エネルギー技術講習　設計テキスト
3）ひだの倍数：ひだがある状態の生地の幅（≒カーテンレールの長さ）に対する，ひだを伸ばした時のカーテン生地の幅　詳細ルート

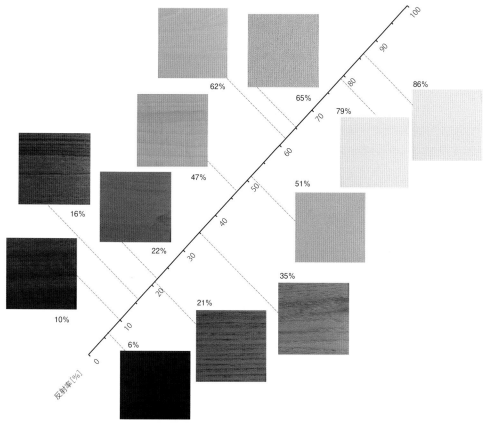

図22　内装仕上材の色と可視光の反射率

		高反射率	中反射率	低反射率
部位の反射率［%］	天井	80	70	50
	壁	70	50	50
	床	40	20	10
面積荷重平均値［%］		66	48	41

8 畳間，天井高 2.4［m］，窓面積 1.92［m²］
面積荷重平均値＝Σ（部位の反射率×部位の面積）/Σ（部位の面積）

表4　反射率の面積荷重平均値

無彩色

木質内装材（黄系の色）

図23　内装仕上材の色と明るさの印象

III

躯体と
開口部の
デザイン

07

開口部の技術

B：開口部デザインと技術

これからの高断熱住宅の設計のためには，外皮性能を躯体と窓に分けて考え，目指すべき性能を実現することの重要性を述べてきました。窓については，単に断熱・遮熱性能を向上するのではなく，これからは日射を考え，方位別に適材適所に窓を計画し効率的に住宅の性能を向上させることが重要となります。そして，冬と夏，中間期に合わせて，温度，エネルギー，光環境とのバランスを考え，窓を選択することが HEAT20 が目指す住宅の要件といえます。

開口部の断熱性能の向上と技術

窓の断熱性能は，サッシとガラスの組合せによって決まり，窓の断熱性能を高めるためには，それぞれの断熱性能を向上させることが有効です。サッシとガラスの仕様と断熱性能の関係を，**図1**に示します。サッシの材質は主に，金属，木，樹脂，金属と樹脂の複合などがあり，金属よりも木や樹脂の熱伝導率が小さいため，サッシの断熱性能は高まります。

窓の断熱技術

窓の断熱性能を向上させるため，複数の技術の掛け合わせによって製品化されています。ここでは，そのうち四つの技術について説明します。

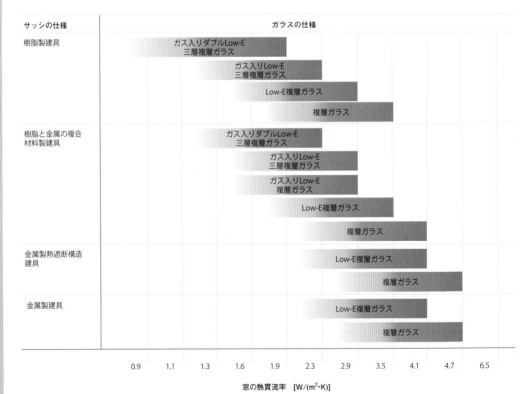

※サッシとガラスの組合せによる熱貫流率は，一般的な製品を用いた場合の目安を示しています。利用する際には，実際に使用するサッシとガラスの仕様に応じて窓の熱貫流率を算出してください。

図1　サッシとガラスの組合せによる窓の熱貫流率

3層複層ガラスへの対応

　ガラスの断熱性能をより高める方法の一つとして，ガラスの枚数を増やす多層化があります。しかし，ガラスの枚数が増えると，ガラスの総厚が増して，サッシに納めることが困難になります。そこで，樹脂サッシやアルミ樹脂複合サッシにおいて，三層複層ガラスに対応したサッシが開発されています。

ガラス面積の拡大

　窓全体の熱性能は，面積の大部分を占めるガラスの性能に大きく依存します。そこで，窓のガラス面積が大きくなるよう，サッシの見付けを小さくしたものが開発されています。

樹脂サッシ中空部への断熱材の注入

　サッシの内部には，いくつもの中空部があります。通常，中空部は空気で満たされていますが，空気よりも熱伝導率の小さい断熱材などを充填することによって，サッシの断熱性能を高める技術が開発されています。

内窓の設置

　屋外と室内の間には，一つの窓を設けることで，窓に必要な機能を満足させることができます。しかし，断熱性能や遮音性能などを高める目的で，内側にもう一つの窓を設けて，二重窓にする方法があります。外側の窓と内側の窓の間に空気層を設けることによって，目に見えない断熱材の役割を果たします。内窓の設置は新築時はもとより，改修時においても大掛かりな工事を必要とせず，より手軽に断熱性能や遮音性能を向上させることができます。図2に，二重窓におけるサッシとガラスの仕様と断熱性能の関係を示します。

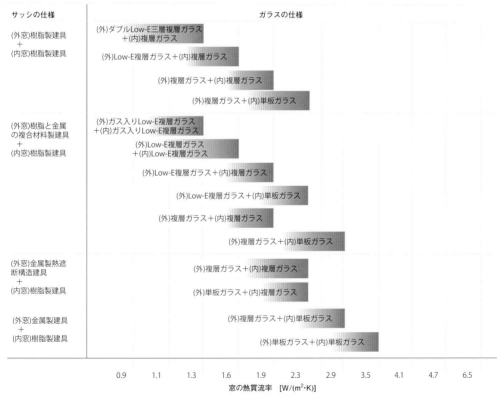

※サッシとガラスの組合せによる熱貫流率は，一般的な製品を用いた場合の目安を示しています。利用する際には，実際に使用するサッシとガラスの仕様に応じて窓の熱貫流率を算出してください。

図2　外窓と内窓の組合わせによる二重窓の熱貫流率

III

躯体と
開口部の
デザイン

07

開口部の技術

B : 開口部デザインと技術

図3　3層複層ガラスへの対応

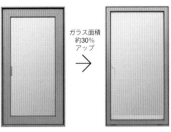

図4　ガラス面積の拡大

トリプルガラス
ダブルLow-E膜
アルゴンガス
樹脂スペーサー
断熱材（ピンク部）
※画像は商品説明用に
着色しています。

図5　断熱材注入

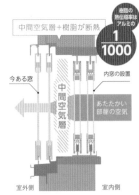

図6　内窓の設置

②樹脂分離断熱枠構造

①ドア厚 60mm

図7　玄関ドアの技術

玄関ドアの断熱技術

　玄関ドアの断熱性能を向上させるために，高性能ドアではさまざまな技術が導入されています。ここでは，主な技術を二つ説明します。

ドア扉の厚さの増加とウレタンの充填

　物質内の移動距離が長いほど，また，物質の熱伝導率が小さいほど，熱は流れにくくなります。よって，玄関ドア扉の厚さを厚くし，ドア内部の熱伝導率を小さくすれば，ドアの断熱性能は向上します。このため，ドア扉の厚さを 60 mm にしたり，内部にウレタンを注入した製品が開発されています。

ドア枠における樹脂分離断熱枠構造

　断熱性能を向上させるためには，ドアの枠に流れる熱も無視はできません。金属の枠は熱を通しやすいため，金属と金属の間に樹脂を挟み込むことによって熱の流れを遮断し，断熱性能を向上させている製品が開発されています。

ガラスの高断熱技術

　ガラスの断熱性能向上施策として，ガラスの多層化が挙げられます。しかし，単に多層化するだけではなく，より断熱性能を向上させる検討要素として，Low-E 膜の仕様，中空層の厚さ，中空層の気体の種類，周辺部スペーサーの種類が挙げられます。これら検討項目の中でも，まずは Low-E 複層ガラスの採用と，次に中空層のガス化を推奨しています。

　中空層厚さは厚みを増やしていくことで断熱性能は向上しますが，空気では 16 mm よりも中空層厚みを増やしても対流が生じ，断熱性能は向上しなくなりますので注意してください。また，透明複層ガラスの中空層にアルゴンガスを使用しても，ガラス間の放射による熱伝達は改善されないので，断熱性能の向上は限定的となります。ガス入り複層ガラスは Low-E ガラスとの併用で，その効果が顕著になります。

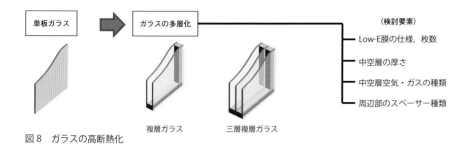

図8　ガラスの高断熱化

　各種ガラス中央部の熱貫流率の例を，以下に示します。

No.	ガラスの種類	ガラス熱貫流率 [W/m²K]
①	単板ガラス	6.0
②	透明複層（空気層 12 mm）	2.9
③	Low-E 複層（空気層 12 mm）（日射取得型 or 日射遮蔽型）	1.8
④	ガス入り Low-E 複層（ガス層 12 mm）（日射取得型 or 日射遮蔽型）	1.6
⑤	三層透明複層（空気層 12 mm）	1.9
⑥	ガス入り三層 Low-E 複層（Low-E 1 枚）（ガス層 12 mm） （日射取得型 or 日射遮蔽型）	1.2
⑦	ガス入り三層 Low-E 複層（Low-E 2 枚）（ガス層 12 mm） （日射取得型 or 日射遮蔽型）	0.90

この表で示したガスの種類はアルゴンガス（Ar）です。アルゴンガスは空気よりも熱伝導率が約 30%程度低いことから，断熱性能の向上に大きく寄与します。なお，アルゴンガスは空気中にも 1%程度存在する安定した（燃焼しない）不活性ガスです。

表1　各種ガラス中央部の熱貫流率の例[1]

　ガラスの多層化で断熱性能はよくなりますが，⑤三層透明複層（空気層 12 mm）に対し，③Low-E 複層（空気層 12 mm）の方が，やや熱貫流率が小さいことからも，Low-E 複層ガラス採用の効果が高いことがわかります。また，⑥ガス入り三層 Low-E 複層（Low-E1 枚）（ガス層 12 mm）よりも，⑥ガス入り三層 Low-E 複層（Low-E2 枚）（ガス層 12 mm）の方が，熱貫流率が小さくなります。同じ Low-E 膜であれば，日射取得型と日射遮蔽型で熱貫流率は同等になります。なお，ガス入り複層，ガス入り三層複層に使われるガスには，アルゴンガスの他にクリプトンガス（Kr）が使用される場合もあります。

ウォームエッジによる効果

　ウォームエッジとは，複層ガラスの周辺部の断熱性能を向上させる手法を意味します。ウォームエッジとしては，通常の複層ガラスのアルミスペーサーではなく，熱伝導率の低い樹脂スペーサーを採用するタイプが一般的です。図9 は室外温度−5℃，室内温湿度度 20℃，60%RH で，16 時間経過後のガラスエッジ部の結露状況を示しています。スペーサーの種類を変えてもガラス中央部の熱貫流率は同じですが，樹脂スペーサータイプはアルミスペーサータイプよりもガラスエッジ部の結露をよく防いでいることがわかります。

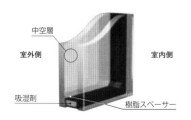

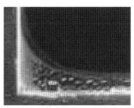

アルミスペーサータイプ

樹脂スペーサータイプ

図9　ウォームエッジ

高断熱窓のη値

III01 では躯体と窓の最適範囲について示しましたが，ここでは，HEAT20 で示す性能水準に対応する製品の選び方について説明します。

まず，III01 では，同じ地域，方位であっても開口部から室内に侵入する日射量の違いで二つのグラフが示されています。

窓（サッシ＋ガラス）の断熱性能を向上させるためには，Low-E ガラスの使用が必須となります。Low-E ガラスは，放射率の違いにより日射取得型と日射遮蔽型に区分されます。

その中でもポピュラーな日射熱取得率ηに，サッシフレームにより日陰となる部分の割合を係数として乗じた 0.51（日射取得型）と 0.32（日射遮蔽型）で分類したものとなります。

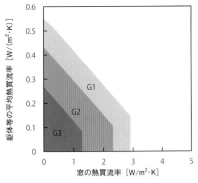

図 10　躯体と窓の最適範囲の例　6 地域（東京）

ここでは代表として 6 地域（東京）の例を**図 10** に示していますが，この最適範囲に該当する窓の仕様は，以下に示すような考え方で選択・決定していくこととなります。

設計事例

- 地域：6 地域（東京）
- 窓以外の外皮平均熱貫流率：0.1［W/m²・K］
- ガラス：Low-E 日射取得型

　　上記仕様である場合，6 地域の G1 水準に求められる窓の熱貫流率はおおよそ 2.3～2.9 ［W/m²・K］程度となります。

　　前章で示したサッシ構造と性能の関係から読み取ると，樹脂サッシやアルミと樹脂の複合構造サッシの製品領域となります。

その他の地域も，同様に確認することができますが，地域や目標とするグレードによっては，開口部の性能値が合致する製品が存在しないことも考えられます。その際は，付属部材を有効に活用しながら日射熱取得率や熱貫流率を調整するなどの工夫が必要となります。

付属部材の紹介

冬暖かく，夏涼しい温熱環境に優れた住宅とするためには，太陽の日射をうまくコントロールすることが大事な要素となります。冬期は日射を室内に積極的に取り入れることで，暖かい室内環境をつくることが可能となり，反対に夏期は涼しい室内環境にするために，日射を遮蔽して熱を内部に入れない工夫が必要です。

年間を通じて快適な室内環境を保つためには，季節に応じて日射取得と日射遮蔽をバランスよく最適化することが必要ですが，窓（サッシ＋ガラス）の選択と併せて，庇の設置や付属部材を有効に活用することが効果的です。以下では，日射のコントロール（日射取得・日射遮蔽）方法やそのポイント，更には日射遮蔽に有効な付属部材を説明します。

日射取得・日射遮蔽の方法：建物のつくりでコントロール

冬と夏では太陽の高度が違うので，日射の角度も異なります。そこで日射の角度に応じて，庇や窓の大きさといった建物のつくりによって，冬は日射しを取り込み，夏は遮蔽できるよう設計します。

ガラスを使い分ける

夏期には，開口部から入ってくる熱が住宅全体の約7割を占めるといわれており，日射取得・日射遮蔽にとっても窓は大変重要な役割を担います。地域や窓の方位などに応じて，日射取得型と日射遮蔽型の Low-E 複層ガラスを使い分けることも大切です。

日射遮蔽の付属部材を活用する

さらに，季節や時間帯などに応じて開閉などによって日射を調整できるブラインド，オーニングなどの付属部材を活用することが効果的です。カーテンやブラインドなどを室内側に設置するよりも，日射遮蔽の場合は外部に設置する方が日射遮蔽効果は大きくなります。

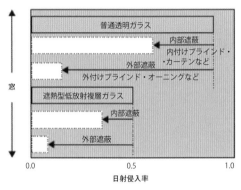

図11　窓の日射遮蔽性能の比較

図12　開口部の日射遮蔽部材の有無・位置による効果の違い

日射取得・日射遮蔽の設計ポイント

日射取得と遮蔽は正反対の作用なので，その相反する要素をうまく設計に取り込まなければ，快適な温熱環境は期待できません。設計の際には，住宅の方位に応じて 前述の①庇などの建物のつくり，②窓ガラス，③日射遮蔽部材の三つの要素をバランスよく組み合わせることが大切です。

表2は，温暖地を対象にその一例を示したものです。南面は冬は日射取得，夏は日射遮蔽となるように，北面は冬の熱損失を抑えることを優先し，東面や西面は夏の日射遮蔽を優先させることが基本となります。

		建物（窓・庇）/付属部材	窓ガラス
南	建物	夏は日射遮蔽，冬は日射取得できるように，庇などを工夫	冬により多くの日射熱を取得するために，大きな窓で日射取得型ガラス
	部材	場合によっては外部に設置	
北	建物	基本的には不要	冬用に小さな窓で，断熱性を重視した日射取得型ガラス
	部材		
東西	建物	庇で，夏は日射遮蔽（特に西側）	庇などで夏の日射遮蔽ができない場合は，日射遮蔽型ガラス
	部材	夏用に外部に設置（特に西側）	

表2　住宅の方位と付属物の組合せ例（温暖地）

III

躯体と
開口部の
デザイン

07

開口部の技術

B：開口部デザインと技術

日射遮蔽用の付属部材

　夏を快適に健康に過ごすためのポイントの一つに，日射遮蔽がありますが，適切に日射遮蔽し，室内に夏の強烈な日射しを入れないことが求められます。昔の日本家屋のように，大きな屋根や庇で軒を深くとれば日射遮蔽できますが，敷地に余裕がないことなども多いため，日射遮蔽型のガラスや付属部材を活用することが有効になります。

　ここでは，日射遮蔽効果の大きい外部に設置する付属部材を紹介します。建物の外壁や窓まわりに取付ける布製の「外付けシェード」や「オーニング」，金属製の「外付けブラインド」や「シャッター」などがあります。

図13　オーニング

図14　外付けシェード

図15　スリットシャッター

スリット全開

スリット全開

スリット半開

スリット全閉

図16　外付けブラインド

ルーバー収納時

ルーバー下降途中

ルーバー角度0°（全閉時）

「外付けシェード」は比較的取付けが簡単で，必要なときだけ出せばいいものです。同じく「オーニング」は開閉自在な庇のようなものなので，室内に入り込む日差しを室外で遮ることができます。そのため，何も設置しない部屋のエアコンの稼働率を100%とすると，室内にカーテンやブラインドを設置した場合は稼働率74%，室外に「オーニング」を設置した場合は稼働率33%となるというデータも示されており，節電にも効果があります。

金属製の「外付けブラインド」や「スリットシャッター」は，日射遮蔽にも有効ですが，外からの視線を遮ることや通風も調整でき，また防災や防犯にも役立ちます。

スリットを開け閉めできる「スリットシャッター」は，日射しに加え，視線もカットしつつ，風を通すことも可能です。「外付けブラインド」は，ルーバーの角度調整によって遮光・採光，通風・換気をコントロールすることで，省エネの効果も期待できます。

ガラスの防災安全性能

昨今の自然災害の激甚化に伴い，住宅の開口部においては省エネ性能の向上だけでなく，防災安全性能の向上も求められる重要な課題となっています。

ガラスの防災性

自然災害や人的災害の際に，ガラスによる破損被害を軽減することは設計上大切です。例えば，建築基準法施行令第82条の4（平成12年建設省告示1458号）の耐風圧強度検討によって，風荷重に対する強さは確保できますが，飛来物の衝突までは考慮されていません。そこで，地震や台風，突風などの自然災害による衝突に対しても，ガラス破損の被害を抑えられるようなガラスを選定できることがより好ましいといえます。このようなガラスとして，合わせガラスがあります。合わせガラスは2枚の板ガラスの間に特殊フィルムをはさんで熱と圧力で接着させたもので，接着性が強く，耐貫通性に優れているので，万が一破損しても破片が殆ど飛び散らず衝撃物が貫通しにくい安全性の高いガラスです（図17）。室内の家具などの衝突を想定した重量物衝撃実験では，合わせガラスの耐貫通性能の優位性が示されています（図18）。

板硝子協会は，昨今頻発している様々な自然災害を踏まえ，防災性能を確保する上で重要となる中間膜の厚みの違いによって合わせガラスを区分し，呼称を明確にしました[3]（表5，図19）。

合わせLow-E複層ガラス

安全合わせガラスまたは防災安全合わせガラスを用いたLow-E複層ガラス（図20）は，優れた断熱性能により冬期にライフラインが止まっても室内の自然室温を高く維持でき，また，割れてもガラスが飛散しにくいので，避難所または住宅内の避難場所のガラスとして大変効果的です。

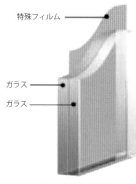

特殊フィルム

ガラス

ガラス

図17　合わせガラス

貫通

FL5＋フィルム

若干膜切れ
貫通なし

FL3＋30mil＋FL3

膜切れなし
貫通なし

FL3＋60mil＋FL3

図18　室内の家具などの衝突を想定した重量物衝撃実験抜粋[2]

中間膜の厚み	呼称
60mil 以上	防災安全合わせガラス
30mil 以上 60mil 未満	安全合わせガラス
30mil 未満	合わせガラス

表5　合わせガラスの呼称

図19　防災安全合わせガラスロゴマーク

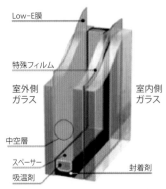

図20　合わせ Low-E 複層ガラス[4]

　建築物省エネ法では合わせガラスは単板ガラスとみなして，ガラス熱貫流率を定めてよいことになっています。

　また，下記の各ガラスメーカーの製品のガラス熱光学性能算定ツールが公開されています。こちらも参考にしてください。

・窓ガラスの光熱性能計算ツール TOP-G http://top-g.itakyo.or.jp/[5]

・開口部の熱性能評価プログラム WindEye シリーズ

ガラス中央部の熱性能評価 WindEyeGlass http://windeye.jp/Glass/[6]

【参考文献】

1）平成 28 年省エネルギー基準に準拠したエネルギー消費性能の評価に関する技術情報（住宅）現行版 エネルギー消費性能の算定方法 第三章第三節 熱貫流率及び線熱貫流率 付録 B 表 9，国立研究開発法人建築研究所
2）（一社）日本建材・住宅設備産業協会：省エネ建材で，快適な家，健康な家
3）（一財）建築環境・省エネルギー機構：自立循環型住宅への設計ガイドライン
4）早稲田大学理工学部木村研究室：オーニングの日射遮蔽効果に関する研究報告書，（一社）日本オーニング協会
5）AGC：板ガラス建材総合カタログ商品編，p.50
6）AGC：板ガラス建材総合カタログ技術資料編 p.7-2-2 重量物衝撃実験について
7）「防災安全合わせガラス」の普及促進について，板硝子協会 News Release，2020 年 8 月 27 日
8）AGC：板ガラス建材総合カタログ商品編，p.26
9）板硝子協会：窓ガラスの光熱性能計算ツール TOP-G，http://top-g.itakyo.or.jp/
10）リビングアメニティ協会：開口部の熱性能評価プログラム　WindEye シリーズ　ガラス中央部の熱性能評価 WindEyeGlass，http://windeye.jp/Glass/

column——❷

開口部の気密化

　開口部は，住宅の気密性能に与える影響が大きいとされてきましたが，樹脂サッシや樹脂・金属複合サッシなど気密性能の高いサッシを採用することで，開口部の気密性能を保つことが可能となってきました。躯体とサッシの取合いの気密化は当然必要ですが，開口部の気密性能は窓種や大きさ，現場調整の具合などによる影響を受けることでばらつきが大きくなると考えられますので，その点は注意が必要です。

　図1に，開閉方式による気密性能について整理しています。開閉方式の違いによる相当隙間面積の実測値は得られていませんが，気密測定時の漏気確認から上げ下げ窓の気密性能は相対的に低いことがわかっています。また，テラス窓においても同様に，4枚引き引き違い窓は同面積の2枚引き引き違い窓より気密性能も相対的に低くなります。

開閉方式	FIX窓	縦すべり出し窓 グレモンハンドル	横すべり出し窓 グレモンハンドル	縦すべり出し窓 オペレーターハンドル	片上げ下げ窓	引き違い窓 2枚引き	引き違い窓 4枚引き
気密性能 レベル		>			>	>	>

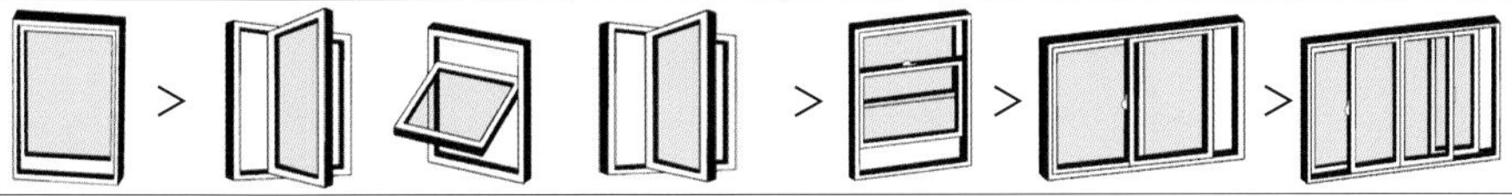

注）同じ大きさを想定した場合・実測値などによる推定

図1　開口部の開閉方式と気密性能

開口部の取合いの気密化と建付け調整（写真1）

　サッシ外枠と躯体は防水シートと防水テープによって処理されていますが，窓取付け枠と躯体の隙間による漏気が生じている場合がよく見られます。この漏気（隙間）防止と断熱欠損の補修も兼ねて，一液性硬質ウレタンフォームなどによる気密断熱施工を行います。この隙間充填施工により，住宅全体でおおむね$2\sim10\,cm^2$の相当隙間面積を減らすことができます。

　4枚引き引き違い窓について，建付け調整実施前後での気密測定結果から一つの窓で相当隙間面積$4\,cm^2$改善した例もあり，引き違い窓では適切な建具調整が必要です。

写真1　窓取付け枠と躯体の隙間

IV
住まいに
なにを
もたらすのか

HEAT20がスタートしたころは，まだ日本の一部の住宅でしか取り組んでいなかった高断熱住宅ですが，この10年間で，このレベルの住宅が新築戸建住宅の20%程度を占めるまでになりました。

　一年のうち寒さとの同居が半年に及ぶ北海道で，高断熱化が普及したのは，単に温熱環境の向上や省エネルギー化だけでなく，閉鎖から開放的な住空間へ変化させたこと，我慢の生活から豊かな暮らしに変えたことが最も大きな原動力でした。

　高断熱外皮技術が，これからの日本の住まいにどんな変化をもたらすのか，それが当たり前になるのはまだ先のことですが，HEAT20会員の住宅を対象にしたさまざまな調査から，その変化と魅力を考えてみたいと思います。

断熱・気密化の目的

これまでの日本の住まいは外皮の断熱性が低く，しかも隙間が多くあって，寒くて暑い生活を我慢で乗り切る状況でした。家全体を暖めれば大きな燃費がかかることから，暖房空間を絞るため，トイレや浴室は冷え込んでいました。こうした状況では結露も発生し，かびやダニが繁殖するなど不健康な生活を強いられてきました。一方で，温暖化が進む中，夏の暑さは厳しさを増し，通風では過ごせない状況が多くなりました。また，冷房病を嫌った夏ではなく，熱中症防止で冷房することが叫ばれる夏に変化しています。

外皮の高断熱・高気密化は，こうした不健康で不快な環境を改善させる有効な手段となります。

温熱環境が改善されたことで，生活空間は広がり，住まう家族の暮らし方も変化し，健康維持増進にも働くこととなりました。

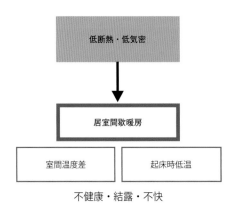

図1　低断熱・低気密熱の温熱環境

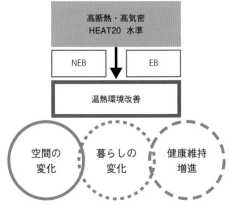

図2　高断熱・高気密の温熱環境改善が生む変化

HEAT20 水準の家を検証する意味

HEAT20 水準は温熱環境を改善し，空間を広げ，暮らしを変え，健康維持増進に作用にします。一方，断熱と日射取得・遮蔽の目標レベルをクリアしたとしても，窓辺や吹抜下の寒さ，床の冷たさなど，部分的な不快感は残ります。そして，心地よさには個人差があったり，暖房機器や換気装置にも影響されます。これらの課題を消化するためには，天井，壁（窓），床の断熱バランス，建材，設備機器，暮らし方に至るまで，幅広い，しかも柔軟な対策が求められます。

実際に HEAT20 水準の家に住まわれている実態を検証することは，性能がもたらす効果と，性能では足りない部分の対策を浮き彫りにさせるのです。

心地よさの感じ方

HEAT20 水準の家を検証する前に，まず心地よさの感じ方について整理しておく必要があります。住んでみて暖かい，涼しいと感じるのは，以前住んでいた家，または自宅以外の家に比べてという相対的なものです。こうした比較対象の家の大半は省エネ基準レベル以下の断熱性で，比べる対象が劣悪な状況なので，少しだけ改善してもかなり心地よくなったと思うかもしれません。

HEAT20 水準は G1，G2，G3 の順で性能を高めていきますが，この域になれば，「ある程度高い性能＝心地よい」状態からの比較となるので，心地よさの差は縮まってきます。HEAT20 水準の家を検証することは，このレベルの高い部分での差を知る貴重なチャンスとなるのです。

心地よさの質

よく「断熱性が高いから暖かくて，断熱性が低いから寒い」といわれますが，断熱性が低くても
ガンガン暖房すれば暖かくなります。でも，暖房をガンガンすることでできた温熱環境は，断熱性
が高くて小さな暖房で得た心地よさとは「質」が違います（**図4**）。前者は質が低く，後者は質が高
い。

では，心地よさの質とはなんでしょう？ 「上下の温度差」「体感温度」「冷輻射」「冷気流」といっ
た温熱要素がつくるものです。

［心地よさ］の感じ方は
相対的で経験との差

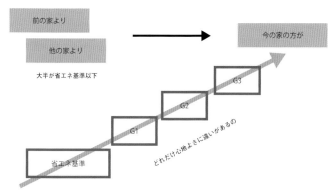

図3 心地よさの感じ方と性能レベルによる差

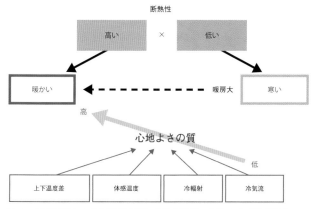

図4 低断熱でも大きな暖房で暖かくできるが，心地よさの質が違う

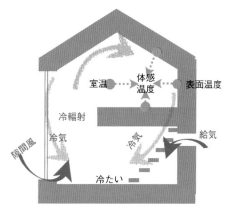

図5 さまざまな要因で起こる不快感

157

心地よさの質に作用するもの

　心地よさの質に作用する要素とはどんなものでしょうか？　それを示したのが**図6，7**で，**図6**は居住空間にかかわる要素で，**図7**は建設地の気候と居住者にかかわる要素を示しています。

　心地よさには部位ごとの断熱性，建材，設備機器が影響を与え，外気温の違いだけでなく，日射量の違いが寒さの感じ方に差を生み，加えて家族一人ひとり違った暮らし方，温熱感があることで，単に断熱性能で判断できるというものではありません。

　検証の重要性と価値は，こうした複雑に絡み合う要素がどんな結果を招き，それを居住者一人ひとりがどのように受け止め，暮らし方の中でどう対応しているのかを知ることができることにあります。

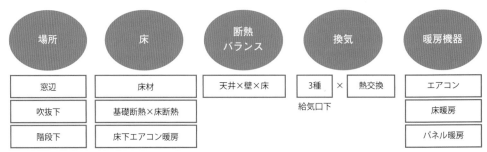

図6　心地よさの質に作用する居住空間に関わる要素

【居住空間に関わる要素】
・場所では窓辺，吹抜下，階段下でのコールド・ドラフトの影響があります。
・床では，体の中で唯一内装材と接しているのが床で，その表面温度，蓄熱性が快適感に大きく作用します。床断熱or基礎断熱の違い，床下エアコン暖房がどんな作用をするのか。
・断熱バランスでは，夏のことを考えて天井（屋根）にはたっぷりと，壁は窓の断熱をしっかりと……省エネの前に快適なバランス配置の検討が必要です。
・換気では，第3種換気は外気を直接取り込むので，室温への影響と，給気口下での冷気流の影響があります。熱交換換気では冷気の影響は減少しますが，それでも室温より低い給気温度となります。
・暖房機器では，エアコンの場合は気流の問題，床暖房では家全体に輻射熱が作用するまでの時間と床面温度，パネル暖房では窓辺の冷気対策はできても，家全体を暖めるために必要な時間と面積の問題など，暖房機器によってさまざまな課題があります。

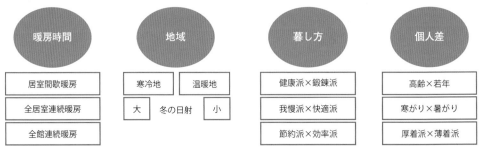

図7　心地よさの質に作用する建設地と居住者に関わる要素

【心地よさの質に作用する居住環境と居住者にかかわる要素】
・暖房時間では，居室間歇暖房では室間の温度差と起床時の寒さがあり，全居室連続暖房では非居室の寒さがあり，全館連続暖房では燃費が問題になります。
・地域では，寒冷地に住む人と温暖地に住む人では寒さの感じ方が違い，温暖地に住む人の方が寒さに鷹揚といえそうです。また，冬の日射量が多い地域と少ない地域では，日射の多い地域の方が寒さに鷹揚といえそうです。
・暮らし方では，適当な室温を求める健康派×我慢するくらいで健康と考える鍛錬派が対立，少し我慢もありの我慢派と快適を追求する快適派の対立，断熱性がよいのに暖冷房を小まめにON・OFFする節約派と連続運転の方が効率的と考える効率派の対立があったりします。
・個人差では年齢の違いによる温熱感があり，寒がりな人と暑がりな人の主張があり，厚着して室温の変動に備えたい人と薄着して室温を保ちたい人がいます。

外皮の断熱性が低いと外の寒さが侵入し，室内は細かく仕切って，暖房している部屋としない部分ができてしまいます（**図8左**）。一方，断熱性が高まれば，燃費を増やさずに家全体を暖めることができ，部屋を細かく仕切る必要がなくなります（**図8右**）。高断熱化は，このように「外に閉鎖・内に開放」を実現します。もちろん外に閉鎖でも日射は取得でき，窓を開ければ通風もでき，しかも内に開放なので風の通りがよくなります。大きなリビングをつくってそこだけ暖房するのではなく，小さなリビングでも全体がつながっていれば広く使えて，小さな家でも豊かに生活できます。

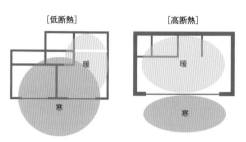

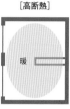

図9 外皮の断熱レベルの違いによる立面での温熱 MAP

図8 外皮の断熱レベルの違いによる平面での温熱 MAP

次に，暖冷房を簡便にするためにも，間取りをできるだけ開放的にしたいと考えるようになります。そこで，1階はできるだけワンルームにし，1・2階に吹抜をつくって，暖冷房の流れをスムースにする，平面・立面の両面でのオープン化が進んでいきます（**図9右**）。

HEAT20 は各地域の一般的な暖房手法の中でどんな温熱環境が得られ，どれほど省エネになるかの目安を示していますが，その温熱環境およびさまざまな暖房手法が，どのように生活空間を広げ，暮らし方を変化させていくのか，検証結果から見つけていきたいと思います。

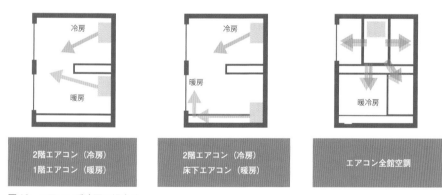

図10 エアコン暖冷房の組合せ

エアコンで暖冷房する場合には，三つの方法があります。
①最も簡便な方法は，1階に暖房用のエアコン1台，2階に冷房用のエアコンを1台設置して，吹抜を利用して暖冷房の流れをつくります。日本の温暖地では，このエアコン2台での暖冷房が標準的な仕様でしたが……。
②基礎断熱で床下空間をダクト代わりにすれば，床暖房も可能になるということで，最近になって人気を高めているのが床下エアコン暖房です。これで床面の冷たさも解決できます。①と②ともに家全体に暖冷房の流れをつくりますが，1階と2階の間でわずかに温度差ができます。
③この温度差をなくそうとするのが全館連続暖房で，エアコン全館空調のスタイルになります。

HEAT20 研究会には設計部会，検証部会，普及部会の 3 部会があり，これまで検証部会では会員が建設した G1〜G3 水準の住宅を中心にさまざまな検証を行ってきました。

以降では，これまで調査してきた 79 件の住宅を対象に，温度特性や暖房設備と暖房エネルギー特性，住宅計画上の特徴，健康・住まい方などのさまざまな観点から，住宅の高断熱化の特性やメリットなどを紹介します。ここでは，調査住宅の外皮性能や温度環境特性の概略について述べます。

調査住宅の断熱外皮性能

図1は，調査住宅の外皮平均熱貫流率 U_A 値（地域補正なし）を地域区分別にプロットしたものです。調査住宅は 2〜7 地域に建設され，2・3 地域は G2・G3，4 地域以西は G1・G2・G3 水準の高断熱住宅であることがわかります。

温度環境特性の概略

図2は，冬期 2 週間程度の測定期間内で居間のリビングの室温が 15℃より下がった時間の割合を示しています。ほとんどの住宅で 15℃未満となった時間割合は 10%未満となり，G1 から G2・G3 水準へと外皮性能水準が上がるほど，その割合が明確に減っていることがわかります。G1 水準で 15℃未満の時間割合が多いのは，間歇暖房で運転している住宅が多いことも影響しています。

図3〜5は，同じく，居間，洗面室，寝室の測定期間内の日最低室温（多くは朝方の温度）を示したものです。また，**図6**は一部，就寝中はあえて寝室の暖房温度を下げている住宅もありますが，

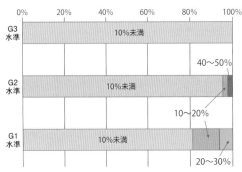

図2　居間室温が 15℃より下がる時間割合

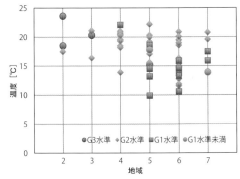

図3　リビングの日最低温度

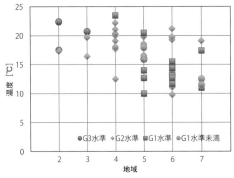

図4　洗面室の日最低温度

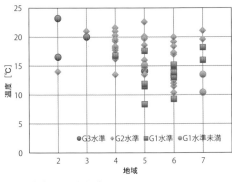

図5　寝室の日最低温度

表1 対象住宅で実施しているさまざまな暖房方式と導入件数

タイプ	設備	暖房方法		件数
A	エアコン	壁にエアコンを設置。 リビングなどに1台または補助的に寝室に設置されている例が主。	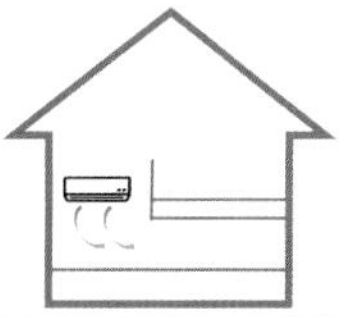	33
B	エアコン	床下にエアコンを設置。 床スリットから室内に暖気を上げる。	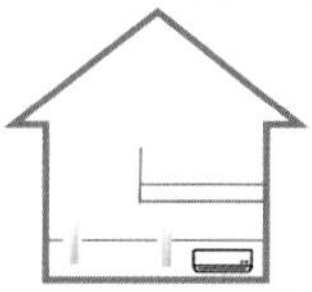	15
C-1	エアコン	約1畳の空調室にエアコンを設置。ダクトで各室に空調室の暖気を送る。熱交換換気の給気も空調室に送られ、暖房空気と同じダクトで各室へ供給される。 各室への供給は、1階は床下へ配管されたダクト床スリットから室内へ。2階は天井給気口から室内へ。	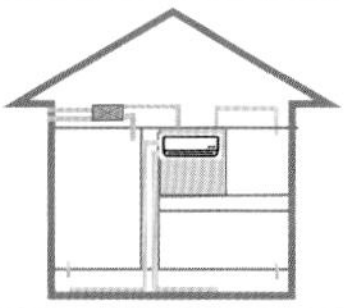	6
C-2	エアコン	C-1同様。 各室への供給は床下または階間を通して床スリットから。	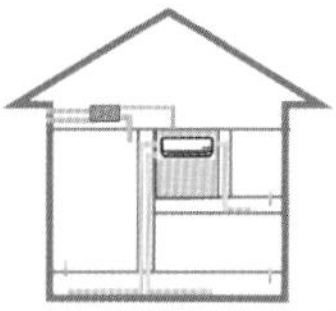	2
C-3	エアコン	小屋裏の空調室にエアコンと熱交換換気システム本体を設置し、ダクトで各室に暖気を送る。熱交換換気の給気も空調室に送られ、暖房空気と同じダクトで各室へ供給される。	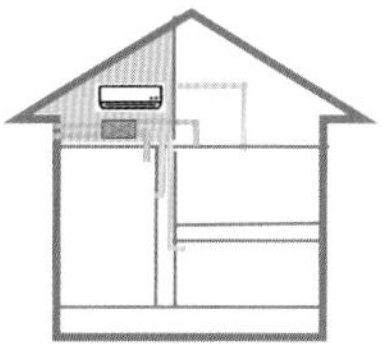	1
D	温水パネルヒーター	各居室、非居室に設置	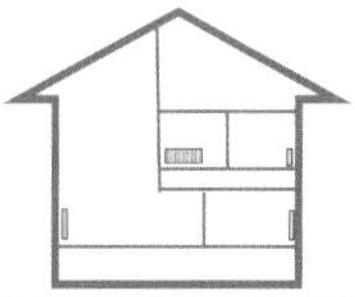	5
E	ガスボイラー	床下の設置。 床スリットから暖気を上げる。 2階へは1階間仕切壁を通して上げる。	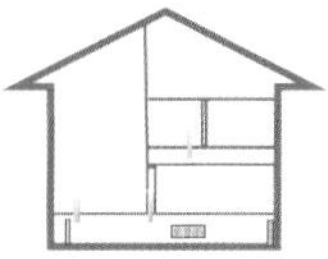	1
F	床下温水配管	階間にヒートポンプ温水暖房配管を設置し床面を暖める。	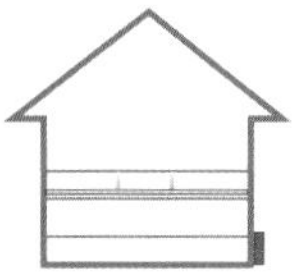	1
G	こたつ	こたつだけで過ごしている。	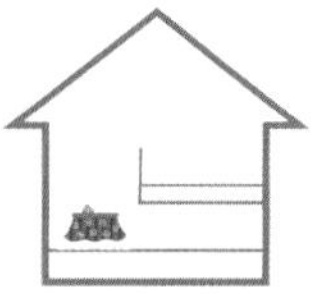	1
H	ほとんど暖房しない	曇天が3日程度続くと、リビングのエアコンをつける。	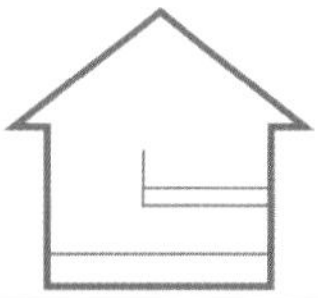	1

その他
・温水ラジエーター（床下設置）：1件　　・温水ルームヒーター：1件

163

事例紹介

エアコン暖房による場合（タイプ A〜C3）

エアコンによる暖房制御は，よく知られているように吸込み側の空気の温度で行われており，この温度が低いと高温の空気を吹き出し，戻り温度が高くなると吹出し温度が下がるあるいは風速を弱め，ほぼ同温になったときに停止するのが基本的パターンです。高断熱住宅ではエアコンの台数が少なくなるため，設置位置などを間違うと，住空間がまだ暖まらないうちに，エアコンが停止し，住まい手からクレームがでるという話は少なくありません。また，エアコンメーカーはいまだ低い断熱水準の住宅に焦点をあてた製品展開をしており，低熱負荷の住宅に見合った運転制御ができ，低容量・高効率なエアコンがほとんどないのも現実です。

エアコン暖房の基本は，少ない台数で頻繁なオンオフ運転を避けて，住空間全体に暖気をどういきわたらせるかであり，高断熱住宅の実践に経験豊かな住宅事業者は，空間計画と一体で考えたさまざまな工夫を講じています。ここでは吹抜（A）や床下（B）を空調用のチャンバーとした例，専用のチャンバー空間を居住階や小屋裏などに設けた例（C1〜C3）を紹介します。基本は同じで，チャンバー空間をどのように設置するかの違いです。

その他の暖房方式（タイプ D〜F）

灯油・電気・ガスボイラーを熱源として主要居室や低温となりがちな空間，あるいは床下などの温水パネルヒータを設け，夏はエアコン冷房か通風で対応する方式は，寒冷地の高断熱住宅を中心にこれまでも数多く行われている方法です。負荷に合わせてボイラー，放熱器をサーモ制御と循環ポンプの組合せを適切に設計することが重要なポイントとなります。

A：吹抜空間にエアコンを設置する方式

居間上部の吹抜にエアコン設置。エアコン1台による全館暖房

LDK にエアコンを設置。個室は補助暖房を使用

B：基礎断熱床下にエアコンを設置する方式

和室押入れ下にエアコンを設置

ユーティリティの床付近にエアコンを設置

低熱負荷の住宅に見合った運転制御ができる一方で，低容量・高効率なエアコン空調に比べるとコスト的には高くなりますが，将来の熱源転換にも対応しやすいというメリットもあります。

C1〜C3：エアコン室利用方式

空調室内

1階床スリット

D〜F　その他の暖房方式

D 温水パネルヒーターを設置した例

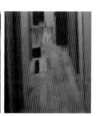

E 床下にガスボイラーの放熱器を設置した例

主たる暖房設備を必要としない住宅

　調査住宅のうち，G2水準以上の高断熱住宅では，気候特性やプランニングの工夫により，生活排熱や日射取得熱などの内部取得熱により室温が維持され，主たる暖房設備を必要としない，いわゆる「こたつなどの補助暖房で寒さを感じない暮らしができる住宅」がありました。団らんを楽しむための仕掛けとして，「こたつ」などの補助暖房を上手に活用する暮らしは，これまでの寒さを取り除くための暖房設備とはまったく異なるものです。

　当然のことながら補助暖房としては空気を汚染しないなどの最低限の要件がありますが，薪ストーブ，ペレットストーブを居間に設置して「火を楽しむ暮らし」なども，G2水準以上の高断熱住宅ならではの魅力といえます。そして，その演出を考えるのも設計の大きな楽しみといえるのではないでしょうか。

暖房は一度も使用せず，こたつは電気が通っていない住宅

補助暖房の薪ストーブ

補助暖房のペレットストーブ

住宅の断熱性能に大きな影響をもつ部位が，開口部であることはよく知られています。近年，窓の熱貫流率は省エネ基準解説書などにも記載される最小値の1.3より，さらに小さい値の高性能窓もたくさん登場していますが，断熱壁体のU値と比べると，それでも断熱性能は低いのが現状です。また，高性能窓は壁体に比べると，単位面積当たりの導入コストは高いため，Q値やU_A値をより小さくするためには，まずは開口面積を小さくするというのが常套手段でした。

しかし，III05で述べたように，窓は地域，方位や仕様によっては冬期間の窓の熱収支がほとんどゼロあるいはプラスになることもあり，高断熱壁体では実現できない性能を有する魅力的な外皮技術です。そして，実際に調査住宅を訪問すると，必ずしも窓が小さいわけではなく，日射取得と遮蔽を上手に考えたパッシブデザインを考えた高性能窓を前提とした特徴的な開口部デザインを考えた住宅も少なくありません。そして，こういった事例におおむね共通するのは，その場所にある景観などの資源を上手に活用した眺望のよさです。

以下では，調査住宅に導入された特徴的な開口部デザインをいくつか紹介します。

調査住宅の開口部面積比率などの属性

日本の一般的な住宅では，床面積に対する開口部面積比率は18%〜25%程度の住宅が多いといわれています。

図1は，調査住宅48戸分の床面積当たりの開口面積比率を示したものですが，G1・G2水準の住宅の開口部はやや小さいようです（建築基準法の居室の最低採光基準は14%ですからそれは十分に満たしていますが）。ただ，開口部面積比率が30%を超えている住宅はG2水準以上の住宅に多く，最も大きな38%の住宅は，実はG2水準でした。

また**図2**は，東西南北4方位ごとの壁面積に対する開口部面積率を示したものです。南面が30%前後と他の方位に比べて大きいのは当然ですが，東・西・北面も7〜10%程度になっていることがわかります。

いくつかの事例紹介

G1からG2水準へと，住宅をより高断熱にすることで，窓の高性能化が進み，周辺の状況や景観，方位に捉われず，自由な開口部デザインとなっています。次頁には，調査住宅のうち，特徴的な開口部デザインの住宅事例を紹介します。

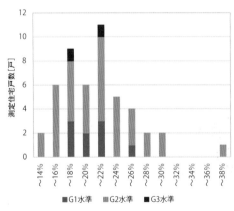

図1　G1〜G3水準と開口部面積比率（床面積当たりの開口部面積）

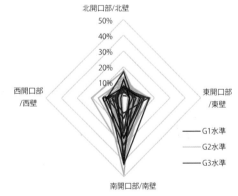

図2　方位ごとの開口部面積比率（外壁面積当たりの開口部面積）

景観・眺望に優れた場所性を活かした開口部デザイン例

窓の大きい住宅は，眺望が優れた立地であることが共通している。

この住宅では一階の大きな掃き出し窓には紙障子がつけられ，日射の変動が柔らかな拡散光となり，部屋を心地よい明るさにしている。

なつかしさのある空間だが，昔の住まいではここで暖かく過ごせるのは陽の当たる日中の数時間以下。建て替え前とほぼ同じ続き間ですが，以前は閉めていた襖をすべて開放して過ごしている住宅。

この住宅は，地盤から1mほど高さに1階床を設定し，周囲に建物はあまりなく，山々の連なりを眺めることができる豊かな自然に囲まれた地に建設されている。リビング南面外皮のほとんどが大きな掃き出し窓を用いている。

狭小住宅地等の開口部デザイン例

窓面積比率が小さい住宅は，狭小宅地やプライバシーの確保を優先したなどの理由があり，その場合，窓の目的は日射取得や眺望ではなく，採光が中心。

隣戸・周辺との視線，プライバシーに重きを置き設計された住宅。

密集した古い市街地の一画で，建て替えられた住宅。1階の窓は開けるとすぐ隣家の壁があるため，一日中スクリーンを下ろし，吹抜上の高窓から採光を確保している。

プランニングに自由度が増すことは，住まい手の暮らしに対する希望をより細かく実現する助けとなります。また，合理性を兼ね備えた特徴のあるプランは，それだけで大きな価値をもちます。

　住宅断熱化が，温熱環境性能を飛躍的に向上させ，寒さや結露・かびなどの呪縛から解かれた開放的な住空間の形成につながり，新たなプランニングが可能になることは，北海道をはじめとする寒冷地の住宅の変遷をみても明らかです。高断熱住宅の特徴の一つに，ドアや襖の少なさがありますが，ドアや襖のある空間でも，普段はそれらで空間を閉ざさず開放的に使われています。

　1960年代後期からの高度経済成長以降，日本の住宅は広さを豊かさととらえ，床面積が増大傾向にあり，国土交通省住宅・土地統計調査によれば1970年から約三十数年間で，多少の地域差があるものの1.2～1.3倍程度，増加したといわれています。しかし，断熱性能の乏しい住宅では，寒さや暑さの厳しい冬期間や夏期間は，それらの空間の半分程度は快適な温度に保ちえず，寒さ・暑さのストレスが高い暮らしを余儀なくされているのが現実であり，拡大した広さのなかで温度的ストレスのない空間ははたしてどれくらいあったでしょうか。

　広さが豊かさではなく，空間の質を高め住空間を通年フルに活用することを真の豊かさと考えた住まいづくりをすることが，今後，一層，カーボンニュートラルを加速化すべきなかでもますます重要となっています。また新型コロナ感染症により，住宅は学び・働く・家族が楽しむ場として，より多機能な用途・空間が求められています。住空間をフルに活用できる住宅断熱化は，これまで以上に大切な基盤技術となっていくでしょう。

　G1～G3水準の調査住宅では，一般的な住宅と比べてプランニング上さまざまな特徴がありますが，以下では吹抜，階段の位置関係，家事動線の観点から，具体例を紹介します。

吹抜空間

　一般住宅でも大きな吹抜空間があることは珍しくありません。しかしながら，これらの住宅では冬期の満足度は高くなく，吹抜を通じた冷気が家でくつろぎたい居住者の体を冷やし，寒いリビングで困っている人も多いのが現実です。インターネットで「吹抜の寒さ」で検索すると無数の項目がヒットしますが，なかには我慢しきれずにDIYで吹抜を塞いだ，2階に上がる階段室の入口に建具ドアを追加したとか，冷気の循環を塞ごうとしたという体験談もあります（リビングにおける暖房や生活排熱の暖気が自然対流で上昇することで，階段室を冷気が降下している「冷気循環」が起こっているケースがあります。そのような場合は，階段室で冷気の降下を止めれば，循環が止まり，寒冷感が改善するケースがあります。）。

　図1は吹抜空間の有無に関して，SUUMO中古住宅検索サイトから，主に2015～2018年に建築された住宅を無作為に抽出した住宅と調査住宅と比較したものです。吹抜空間を有する住宅は，一般住宅は2割強なのに対し，調査住宅では6割強となっており，明確な差があることがわかります。

　また図2は，吹抜空間が設置されている方位を示したものです。SUUMO掲載の中古住宅では，過半が南側に吹抜空間を設置していますが，調査住宅では南側以外に南西・南東側など，さまざまな方位に設置されており，吹抜空間のプランニングの自由度が向上していることがわかります。

　調査住宅の住まい手に対するヒアリングでは，吹抜空間による寒さを感じているケースはひとつもありませんでした。次頁で，いくつかの住宅事例と住まい手の生の声を紹介します。

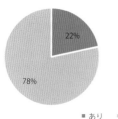
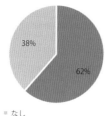
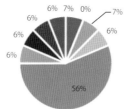
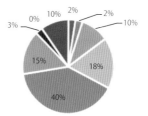

図1 吹抜の有無　　　　　　　　　　　　　　図2 吹抜の方位

SUUMO掲載の中古住宅　　HEAT20　G1・G2水準住宅　　SUUMO掲載の中古住宅　　G1・G2水準住宅

■あり　■なし　　　　　　　■北　■北東　■東　■南東　■南　■南西　■西　■北西　■中央

リビング全体が吹抜空間となっている事例

1階に広いリビングを確保できなかったため，プライベートリビングを2階にも設けて吹抜でつないだ例

1階のリビングの上部すべてが吹抜となっている住宅

スキップフロアに吹抜空間を設けた事例

スキップフロアで屋内を二分するのではなく，吹抜空間にスキップフロアを内包する住宅。階段の一部に家事スペースなどが設置（30年ほど前に都市型三層住宅のプランスタディで提案されたのがきっかけ）

別の住宅のキッチンからスキップフロアのリビングをみた写真。家事をしながら子供たちの行動を見守れる住宅

住まい手の声

・リビングの吹抜を通じて，1階と2階とで家族お互いに様子を感じとることができる。
・1階と2階とにリビングがあり，吹抜でつながっている。解放感があるリビングで満足している。1階は奥様，2階は主人と子どもが使っていることが多い。ほどよい距離感なのかも。
・窓から入ってきた光が吹抜を通して下に降りてくるため，家全体が以前より明るいと感じるようになった。
・吹抜は暖かさを循環させて，上下の温度差をなくせるからいい。
・採光を取り入れ，リビングを明るく照らし，1階と2階の空間をつなぐため，リビングのエアコン1台だけで空気が循環し，エアコンがよく効く。
・吹抜があることで冬暖かいかどうか心配だったので，本当に大丈夫？　と住宅会社の営業担当者には聞いた（大丈夫，と返答があった）。寒いことはなく心配なかった。
　※当然のことながら，音やにおいの拡がりについては，事前に十分説明する必要があります。

階段の位置

図3は,住空間において階段がどこにあるかを示したものです。SUUMO掲載の中古住宅に比べ,調査住宅ではリビング階段が72%と非常に多くなっていることが特徴的です。階段が生活空間の中心であるビングと吹抜空間にあることで,1階と2階の空間的開放性が飛躍的に高まり,家族間のコミュニケーションなどにも大きく貢献していると考えられます。

昨今は建設コストに加え,大都市圏では土地価格が向上し,狭小宅地にコンパクトな総2階・総3階建の住宅が建設されるニーズが高まっています。コンパクトな住空間を有効に活用するため蹴込み板がない,開放的なリビング階段を採用する住宅が多くなっていますが,断熱が十分でない住宅では温度的なトラブルも数多くなっています。まさに,高断熱化は,これらのニーズにも合致する重要な技術といえます。

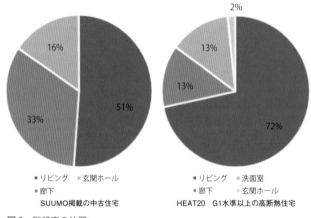

図3　階段室の位置

家事動線

表1は,家事動線に着目して,「洗濯→干す→たたむ→しまう」までの動線距離を床面積の大きさも考慮（住まいの大きさで動線距離は変わるため,ここでは動線の長さを床面積の平方根で割った値で表示）し比較したものです。

SUUMO掲載の中古住宅と比べ,調査住宅では動線距離は短くなる傾向が見受けられます。

洗濯動線には1階2階間の移動が含まれ,リビング階段の導入が平均的な移動距離を短縮していると考えられます。

さらに階段を家の中心付近に設けることで1階の家事動線と来客動線を独立させたいわゆる「回廊型プラン」となり,例えば玄関の左右側にリビング,前にアウター収納を設け,収納の奥に洗面室への入口,洗面室の隣にキッチンとあれば,食材や日用品を買って帰ってきた住人は,収納→洗面室（手洗い）→キッチンなどへ移動するなど,感染症予防にも効果的と考えられます。

平均

	一般	高性能	
洗濯→干場	1.31	1.14	87%
干す→たたむ	0.99	0.99	100%
たたむ→しまう	1.19	1.07	90%
Total	3.48	3.20	92%

ばらつき

	一般	高性能	
洗濯→干場	0.44	0.59	134%
干す→たたむ	0.40	0.53	135%
たたむ→しまう	0.33	0.55	168%

表1　洗濯動線の長さの比較

Column——❸

　下図は，調査住宅の居間と洗面室，寝室の日平均温度を G1・G2・G3 水準別に示したものです。これまで説明したように，主たる生活空間であるリビングと，非居室である洗面室，そして多くは階が異なる寝室との温度むらは，G1 水準より G2 水準になるほど小さくなり，住区間がおおむね数°以内の差のなかにあることがわかります。

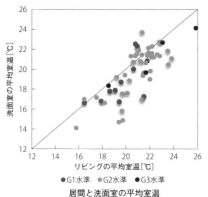

居間と洗面室の平均室温

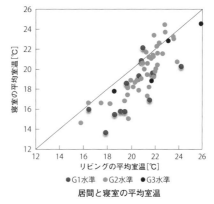

居間と寝室の平均室温

　このように，温度むらのない住空間が形成された調査住宅の運用エネルギーは住み替え前の住宅と比べどのように変化したのでしょうか。下表は，住み替え前後の年間光熱費（電気＋ガス＋水道－太陽光売電料金）をまとめたものです。1 年間の光熱費を調査することができた 18 件のうち，太陽光発電の売電分は除き，減額になった住宅は 11 件にとどまり，すべての住宅が省エネルギーコストとはなっていない結果となりました。

　よくいわれることですが，高断熱住宅では，総じて空調エリアが部分から住空間全体になり，空調時間も長く，住宅全体をフルに活用する使い方となり，暖冷房エネルギーのほかに照明エネルギーなど増える傾向になるため，HEAT20 が目指すような水準に高断熱化しても，確実に光熱費が下がるとはいいきれないわけです。運用エネルギーは暮らし方，空間の利用形態などに大きく影響を受けることは，設計段階で住まい手に十分に説明しなくてはなりません。

住宅番号	電気	ガス	灯油	増減計	PV 充電	増減総額
1	20,226	−80,896	0	−60,670	179,124	−239,794
2	74,994	−87,000	0	−12,006	—	−12,006
3	151,659	−102,330	0	49,329	—	49,329
4	13,877	−87,990	0	−74,113	238,788	−312,901
5	27,387	−117,550	0	−90,163	188,256	−278,419
6	50,539	0	−34,650	15,889	245,808	−229,919
7	160,297	−43,200	−32,083	85,014	—	85,014
8	15,752	−46,554	0	−30,802	352,997	−383,799
9	−948	−80,000	−17,325	−98,273	121,275	−219,548
10	73,331	−1,634	−13,475	58,222	—	58,222
11	−26,224	−105,130	−9,625	−140,979	210,910	−351,889
12	43,363	−103,560	0	−60,197	—	−60,197
13	54,836	21,592	−65,450	10,978	150,556	−139,578
14	15,185	−11,952	0	3,233	411,707	−408,474
15	−19,442	−139,300	−30,800	−189,542	294,710	−484,252
16	−111,462	0	−260,000	−371,462	—	−371,462
17	−59,630	−72,000	0	−131,630	99,957	−231,587
18	105,550	0	0	105,550	134,409	−28,859

▢ 金額が減少　　▢ 金額が増加

表 1　調査住宅の光熱費の前住宅との増減額［円］

12年ほど前から，高断熱住宅に暮らす住まい手の健康状態がよい方向に，変化がみられることがアンケートやヒアリング調査により示され始めました。海外でも同様の調査・報告がなされていましたが，2014年からスタートした「スマートウェルネス住宅研究開発委員会」のなかで大規模な疫学調査が実施され，5年間の活動の結果，医療の専門家の調査分析手法を通して，屋内の温度上昇が血圧の低下につながることなどが医学的に証明されました。

従来，住宅の高断熱化は，暖冷房の省エネルギーと温熱環境性能の向上に効果があるとされてきましたが，ここに健康改善という大きな期待が生まれたといえます。当然のことながらG1水準以上の住宅においても，その効果は大いに期待できるものと考えられます。

本項では，前項までで述べてきた調査住宅のうち，2017〜2019年度で調査した68件分の住宅における健康と暮らしの変化を紹介します。ここで紹介することがすべての高断熱住宅に起きるとは限りませんが，少なくとも断熱化がもたらす効果は省エネや温熱環境の向上だけではないことを示していると考えています。

健康の変化

図1は，G1水準以上の調査住宅の住み替え前後の健康状態の変化を示したものです。健康状態は「良くなった」ケースは18件で，少ないように見えますが，母数を以前の暮らしで健康状態が悪かった人に限定すると，対象は「良くなった」ケースと「変わらず悪い」ケースの二つになります。つまり，以前は健康状態が良くなかったケースは19，このうち，住まいが変わることで健康状態が良くなったとの回答が18ですから，95%の人が良くなったと回答していることになります。これは前述した委員会の健康影響度調査結果よりかなり大きな数値であり，G1水準以上の高断熱化の効果が表れた結果と考えられます。

住み替え後に，健康状態が「悪くなった」と回答した方はいません。通常，時系列の前後で比較すると，前の時点より後の方居住者は加齢しているので，健康状態が低下しても不思議ではありません。「悪くなった」ケースが皆無であることは，加齢による健康度低下を補っていることも考えられるのです。もしそうであれば，健康維持だけではなく，健康増進の効果も期待できることになります。

表1は，住み替え前に症状が出ていた人の割合（有感率）と，住み替え後に症状が改善した人の割合を示したものです。有感率，改善率ともに既往研究と矛盾しない結果となっており，やはり改善率は大きな数値となっています。これらのことから，調査住宅に住み替えたことにより，日常生活で悩まされていた各症状に緩和・改善が起こっていることがわかります。

健康状態に関する具体的なコメントを次頁で紹介します。

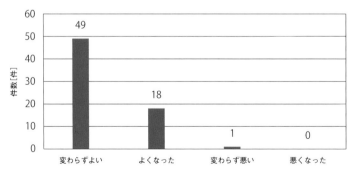

図1　居住前後での健康状態の変化

	有感率	改善率
せき	27%	89%
高血圧	19%	62%
ぜんそく	17%	100%
アレルギー性結膜炎	33%	83%
アレルギー性鼻炎	35%	52%
関節痛・関節リウマチ	7%	100%

	有感率	改善率
アトピー性皮膚炎	36%	80%
手足の冷え	48%	91%
くしゃみ・鼻水	35%	75%
肌のかゆみ	30%	80%
のどの痛み	31%	90%

表1　日常における諸症状の変化

健康状態に関するコメント

・習慣で毎朝血圧を測っている。血圧が下がった。
・寒いところに行くと心臓に負担がかかるけど，それがなくなった。
・肩こり，片頭痛，喘息が引っ越してから出ていない。
・肩こりが少しましになったかな。
・寒くなくなったので，肩を構え（肩をいからせて背をぎゅっとまるめて萎縮させる状態）ることが
　なくなった。
・以前の住まいでは，妻が頭痛，夫がアレルギー発疹の症状がよくでていたが，
　今の住まいではそれらの症状が出なくなった。
・喉が弱かったが，喉の調子がよくなった。
・以前の住まいでは，夫（63）が咳やのどが痛くなる症状が出ていた。
　乾燥が原因だと考えて，積極的に加湿をしていたが治らなかった。
　今の住まいに引っ越してからはそれらがなくなり，頭痛も楽になった。
・母（89）が，体調を崩すことが少なくなった。
・床が冷たくなくなり，かかとが柔らかくなった。

（悪くなったコメント：1件）
・引っ越してから発疹がでるようになった（妻）。娘（10）が風邪をもらってきてしまった。
　免疫力が低下したのか。

　前述の既往研究でもこのようなコメントが紹介されていますが，「肩を構えることがなくなった」「かかとが柔らかくなった」などは，体験しないと出てこないコメントといえます。

　肩が凝ると首の毛細血管が圧迫され，顔面の皮膚の下にある表情を動かす筋肉が固くなり，片頭痛の原因にもなります。逆に，視力が低下して目を頻繁に細めると，顔面表情筋が疲労し，これが肩こりの原因にもなります。肩こりが減ると，これに伴ってさまざまな症状が緩和されることは，理屈が通っています。

　喉の痛みの多くは，室内の乾燥によるものでしょう。高断熱住宅では，わずかな加湿で空間の湿度が上昇するため，乾燥対策が容易であり，結果として症状の緩和につながっているものと考えられます。

　環境からの刺激が少ないと，環境適応能力が衰え，免疫力が低下するとの主張もありますが，免疫はさまざまなホルモンの相関関係の上に成り立っていて，免疫力という「能力」ではない，というのが現在の考え方です。引っ越しによる肉体的・精神的な疲労が小さくないことはよく知られており，これが基礎体力を低下させ，体調を悪化させていることも考えられます。

着衣の変化

　住宅断熱化が遅れている日本では，衣服による寒さへの対応調整が最も低廉かつ有効な手段でした。しかし，近年，衣服による肌への刺激，皮膚表面の損傷がアレルギーを発露する引き金となっている可能性が指摘されています。靴下や下着のゴムは人の肌に跡を残す程の締め付けを起こし，皮膚近傍の血行を阻害するので，乾燥とあいまって痒みを生じさせます。痒みを我慢するのはなかなか難しく，つい爪などで掻いてしまうことで，ますます皮膚が傷み，やがてこの傷からアレルギー反応に発展してしまうというプロセスです。

　このことはまだ仮設の段階ですが，着衣は肌へのストレスとなり，ストレスを減らすためには着衣は少ない方がよい，ということはほぼ間違いない事実だと考えられています。

　図2に，屋内での着衣の変化について整理した結果を示します。厚着になった人はいなく，冬に「薄着になった」方が増え，春，秋もの服装も薄着になった方が「変化なし」よりも多くなっています。夏はもともと限界に近いくらいの薄着なので，それ以上の薄着にはなれないものと思われます。図2により，G1水準以上の高断熱住宅に住むことで着衣量が少なくなり，結果として肌関連のアレルギーが減少するものと考えられます。

　服装の変化に関する住まい手のコメントを，以下に紹介します。

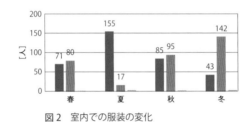

図2　室内での服装の変化

服装の変化に関する住まい手のコメント

・秋と冬，家の中でフリースやセーターを着なくなり，長袖シャツで十分になった。
・冬も家が暖かいため，ジャンパーや靴下，もこもこのスウェットを着なくてもよくなり，薄着になった。
・寒くないかと，子どもの服を気にすることがない。
・子どもに厚着をさせなくなった。
・冬に手足の冷えを感じないようになり，家の中で靴下をはかなくなった。
・子どもたちは帰宅すると，すぐ靴下を脱ぐ。
・以前は床が冷たく，起きたらすぐに靴下をはいていたが，今ははかなくなった。
・冬，薄着で外に出て一度帰ってくることが多い。
・家の中が暖かいので，外出前には一度家の外に出でて気温をチェックする。
・夏も外の暑さに合った服装をせずに出かけてしまう，コーディネートミスをしてしまう。

普段も家の中ではこんな恰好です

普段はパンツ一枚でいることもあります

健康な生活を維持するために，睡眠は非常に重要です。

図3は，睡眠に対するアンケートの結果を示したものです。「いいえ」と回答した家庭が5件ありますが，一般には睡眠に対する不満度は30〜60％ともいわれ，調査住宅の9割強がと回答している結果は，高断熱住宅が睡眠満足度の向上に有効であることを表しているといえます。

睡眠の変化に関する住まい手のコメントを，以下に紹介します。

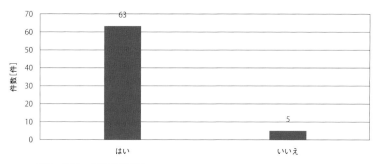

図3　睡眠・休養の満足度

睡眠の変化に関する住まい手のコメント

・夏の寝つきがよくなった。
・寝つきがよくなり，夏の夜に目がさめることがなくなった。
・寒くて寝付けない，暑くて寝付けないということがなくなった。
・寝つきがよくなり，起床時も起きやすいと感じるようになった。
・冬に，顔を出して寝るのが苦痛でなくなった。
・睡眠中に，途中で目が覚めることが減った。
・子どもが夜泣きをしなくなった。
・冬に，子どもが寝ながら布団から出てしまっていないか，布団をはいでしまっていないかを
　気にしなくてよくなった。
・以前は寒くて布団からすぐに出られなかったが，今はすぐ出られるようになった。
・冬，（主人が）朝起きるのが早くなった。
　以前は起きなきゃと思ってから30分くらい布団から出られなかった。
　部屋が暖まるまで起きられなかった。それで遅刻することもあったけど，
　今は起きた瞬間からあったかいから布団からパッと出られる。遅刻しなくなった。
・冬（息子が）目覚ましなしでぱっと起きる。以前は全然そんなことはなかった。
　なかなか布団から起きてこなかった。

着衣と同じですが，小さい子どもの様子を常に見守っている方の中には，少しでも目を離すと何か危ない状況になる，という危機感に常にさらされている場合もあり，安心して寝かせられる空間は見守る立場も楽にさせます。

また，朝起きが楽になるというのは本当に素晴らしいことで，高断熱住宅に住んだ人の感想で上位を占めます。夜中の中途覚醒とトイレも楽になり，楽な暮らしにつながることも示されています。

冬の寝具の変化

　表2は，寝具の変化に関するアンケートの結果をまとめたものです。冬の寝具，特に掛け布団が少なくなっていることが示されています。掛け布団が減ると，身体への圧力が減り，就寝中の血行が促進される可能性があります。また，寝具が減ることで，「布団の量が少なくなり上げ下ろしの負担がへった」というコメントもあります。当然のことながら収納にも，他のものを入れる余裕が生まれるなどの間接的効果も期待できます。

以前の住まいの寝具	今の住まいの寝具
羽毛布団，毛布，湯たんぽ。	毛布と湯たんぽを使わなくなり，羽毛布団一枚でも明け方には少し暑いと感じるようになった。
掛け布団1枚と毛布2枚を使っていた。	毛布が1枚減った。
羽毛布団1枚，布団1枚，毛布1枚を使っていた。	羽毛布団を使わなくなり薄手の布団1枚と毛布1枚で充分になった。
毛布と羽毛布団を1枚ずつ使っていた。	羽毛布団のみ。顔を出して寝るのが苦痛でなくなった。
羽毛布団1枚と毛布2〜3枚。	羽毛布団1枚になり寝つきが良くなった。
羽毛布団と毛布とタオルケットを使っていた。	毛布を使わなくなり寝つきがよくなった。
羽毛布団1枚と毛布2枚。	羽毛布団と毛布とタオルケットが1枚ずつ。
冬は羽毛布団，夏は薄い布団を一枚。	冬夏ともに薄いのを一枚。
夫は電気毛布，妻は湯たんぽを使っていた。	暖房器具は何も使っていない。
たくさんの布団で「おもし」を」載せて寝ているみたいだった。	タオルケットと薄い掛け布団と毛布。

表2　寝具の変化

入浴行動の変化

　入浴も健康な生活にとても重要なシーンですが，浴室が寒いとヒートショックの危険性が高いことがよく知られています。以下に，入浴行動の変化に関する住まい手のコメントを紹介しますが，冬期，浴室が暖かくなり，入浴のストレスと危険性が小さくなり，満足度が向上していることが示されています。さらには「入浴時間を人に合わせる必要がなくなった」ことで，家族個々の自由な時間が増え，よりアクティブな暮らしにつながるなどの効果もあったことがうかがえます。

> ### 入浴行動の変化に関する住まい手のコメント
>
> ・冬もシャワー浴になった。以前は寒くて，湯につからないとダメだった。
> ・湯がすぐに冷めてしまうため，以前は入浴時間を家族で合わせていたが，
> 　今はお湯が冷めにくいので無理に合わせる必要がなくなり，入る時間がばらばらになった。
> ・以前は冬場にお湯を追い炊きすることが多かったが，今はまったくしなくなった。
> ・お風呂場のかびがなくなった。
> ・掃除が楽。夫が進んで風呂掃除をするようになった。
> ・風呂場の掃除頻度が減った。かび臭が減った。
> ・以前はお湯がぬるくなり，足し湯をすることがあったが，今は浴室全体が暖かいと感じるようになり，
> 　足し湯をしなくなった。
> ・浴室が暖かくなり，熱いお風呂に入りたいと思わなくなった。

その他の暮らしの変化

　その他，高断熱化を図ることで暮らしにさまざまな変化が生じたとの声がたくさんありました。外皮の高断熱化を活かした住宅空間設計，暮らしへの提案に向けて，次頁に生のコメントをそのまま掲載します。なかにはちょっと考えさせられる内容もありますが，外出が減り，家族の時間が増えた，スポーツなどで外出の機会が増えた，客が増え，喧嘩が減った，それぞれ素晴らしいことです。今後，自宅でのリモートワークが常態化すると，住宅には多用途な空間・機能が必要となってきますが，住空間をフルに活用できる高断熱住宅は，それらへの有効な解決策となりうるでしょう。

高断熱化を図ることでの暮らしの変化に関するコメント

・風呂から上がった後，以前は寒いからすぐ布団にはいることが多かったが，今は，次の日の
　おかずの準備をしたり，茶の間横の畳スペースで体操をしたりしている。寝る時間は遅くなった。
・積極的にお客様を招くようになり，お客様が増えた。
・友人が立ち寄ることが増えた。
・以前の住まいでは洗面室が特に寒く，入浴後早く体をふいて服をきていた。今は寒くないので，
　急いで服を着ることがなくなった。
・家が暖かくなり，ストレスが減った。喧嘩が減った。
・休日に家で過ごすことが増えた。以前は雨の日は必ず出かけていたが，
　現在は雨の日でも家にいることが増えた。
・休日は，あんまりのんびりはしていないけど，外出は減っている。快適でない店に行きたくない。
　以前は外でバーベキューをしたが，今は家の中にいるほうが快適。
・他の家に行ったときに，寒いと感じることが増えた。
・家にいたいと思うようになった。新しい家だし過ごしやすいし，子どもたちも家で遊んでいるので。
・子どもが外で遊ぶ頻度が増えた。

　以下は，居場所に関するコメントです。屋内の温度差が小さいため，居場所としての候補が増え
ます。住まい手は自然にその居場所を見つけ，活用している様子がわかります。とても仲のよい男
女でも，それぞれが別々に過ごす時間は必要です。ほどほどの距離感を住まい手の家族に合わせて，
自由につくることができるのが高断熱住宅の大きな魅力ではないかと考えます。
　また，高齢・少人数世帯が多い日本では，心の癒し相手としてのペットの存在がとても重要です。
ペットとの暮らしは人生にリズムをつくり，高齢者の健康維持にも役立つといわれています。ス
ウェーデンでは国民の 1/3 を対象とした大規模な調査を行い，犬との共生が心臓病や高血圧症状の
緩和に効果が大きいことを示しています。ペットが長生きすることは，すべての飼い主の大きな望
みですが，高断熱住宅はここにも効果があることも示されています。

居場所に関するコメント

・以前の住まいでは冬に家全体で寒さを感じていたため，
　家族全員がリビングに集まり過ごしていたが，家全体が暖かくなったため，
　現在は家族それぞれが自室やリビングなど思い思いの場所で過ごすようになった。
・以前は，皆リビング，今は夫婦はリビング，祖母（母）はリビングか自室で過ごしている。
・部屋をまんべんなくすべて使うようになった。
・リビングの半地下は家族の憩いの場になっている。子どもは自室よりもここで遊ぶ。
・21 歳の猫が元気になった。階段を登れるようになった。
・犬が長生きしている。16 歳の大型犬が，高齢で引っ越し前には弱っていて歩けなく，
　引っ越しに耐えられるかどうかという状態だったが，今は自分で歩くようになっている。

これまでの検証をふりかえって

　G1 水準以上の高断熱住宅の温度環境や暮らし方の調査を通じて，G1 と G2 水準以上では空調機
器との協働により温熱環境面では大きな差は見受けられませんが，それよりもこれまで述べてきた
ような空間デザインや暮らし方，そして開口部，吹抜・階段やスキップフロア，回遊動線などのプ
ランニングの自由度が大きく向上している印象がありました。また，高断熱化による健康改善の度
合いは既往調査よりも顕著でした。住まいの中で居場所が増え，家族間での適切な距離感の保持が
容易になっていることも，HEAT20 が目指す QOL の高い暮らしの象徴です。今後も検証を続け，さ
まざまな魅力や設計上の知見をつくり手・住まい手に提案していきたいと考えています。

V
設計ガイドブック2021の
発刊を
ふりかえって

座談会

鈴木大隆
×
岩前 篤
×
砂川雅彦
×
南 雄三

鈴木大隆×岩前 篤×砂川雅彦 進行：南 雄三

設計ガイドブック 2021 の発刊をふりかえって

南◎2015 年に最初の設計ガイドブックが発刊し，翌年には 2016 年版が，そして 5 年たち 2020＋1 が発刊することになりました。2015 年版は設計する方々に断熱や省エネの基礎的な知識・知見を知ってもらおうという内容で，はじめて G1・G2 が出た。そして，2016 年版では，G1・G2 をさらに深掘りしながら，さらに結露とかの知識・情報が含まれていました。そして，今回の 2021 年は，僕の感想ですけれど，HEAT20 の研究成果がどかーんと全面的に示された内容だ，と思います。

本書の冒頭で，鈴木先生が HEAT20 の歴史から書き出したのは，まさに HEAT20 水準が生まれた経緯を知ってほしい，そして，さまざまな先進的な研究活動をしている純粋な団体だと理解してほしいという気持の表れだと思います。Ⅳでは HEAT20 で建てた住宅を岩前先生が検証して，HEAT20 水準の住宅像を見せようとしています。この 3 冊の変化が，これからの HEAT20 も表わしていると思うので，この座談会で浮き彫りにできればと思っています。

ということで，まず鈴木先生にはどんな思い，変化がありましたか？

鈴木◎いま話を聞きながら，2016 年版のガイドブックが出てもう 5 年経つのだなと改めて感じていました。今回の設計ガイドブック 2021 では，HEAT20 を立ち上げるきっかけ・時代背景，かなり有名になった戸建住宅 G1〜G3，それに比べると関心の低い集合住宅 C2・C3 を，何を悩み思いながら提案したか，そのプロセスを綴りたいと思い，冒頭に結構なボリュームで書きました。何を伝えたかったかというと，大きくは次の 2 点ですね。

まず一つ目は，住宅は戸建住宅ばかりではなく集合住宅もあり，それらも含めてあるべき断熱性能を提示していきたいということです。G1・G2 を提案し，もう一つの水準をどういうレベルにするか。その設定は結構難しく，ずいぶん悩みました。多くの人が感じている「集合住宅は暖かい」ということと，戸建住宅の関係を適切に表現するには，省エネ基準のように戸建と集合を同じ断熱性能値にしてはいけない，そのうえで，G3 をどうするか……，5 年間という時間が必要でしたね。

二つ目は，住宅の断熱性能の指標である熱貫流率も熱損失係数も，明らかに一長一短があり，ゆえに HEAT20 ではノンエナジーベネフィットやエナジーベネフィットで表わされるシナリオを目標にしているわけですが，高断熱化を目指すには指標としてさまざまな課題のある断熱性能の指標を分解すべきと考えたわけです。手段を目標するのはおかしく，実

現したい環境・エネルギーが目標になるべき。そのためには，平均熱貫流率や熱損失係数ではだめで，躯体と開口部に分ける，それぞれがミスリード，悪い方向に作用しないような設計の重要性を提案したつもりです。この点はまだ不完全な部分はありますが，この二つが今回の設計ガイドブック 2021 で伝えようとしたメインテーマです。

南◎国の基準は，その意味やどんな議論を経てつくられたのかは示されることなく，結果だけが出てくるわけですよね。

鈴木先生が 5 年間悩んで……とかいう物語のようなものが見えれば，その中身を掴みやすくなるし，どのように受け止めればよいのかの判断が楽になると思いますよ。

そして，これまで鈴木先生はその悩みを正直に出さないできたと思いますね（笑）。なのにすごく語りたくなってきたというのは，どんな気持ちの変化があったのですか？

鈴木◎変化があったか…，それは自分ではわかりません。ただ確かに，基準やこれまでの設計ガイドブックでは結果しか示しませんでしたが，今回は，結果ではなく，どういう部分に難しさがあるのか，どういう部分が重要なのかを伝えようと考えたわけです。それを多くの人に理解してもらえるようになるべく，わかりやすく，その結果，冒頭の部分が結構なボリュームになった。いまこんなことを伝えると，かえって混乱するのではとも思いながら悩み悩み，原稿作成には結構，時間がかかりましたね。

南◎今わかりやすくといわれましたが，砂川さん，この本はわかりやすくできたと思いますか……。

砂川◎2021 では，冒頭で HEAT20 の歴史から書かれており，私もこのところがよかったなぁと思っています。質問のわかりやすさとは違いますが，最近，かなりの数の問合せが事務局に来ており，例えば認証はどうしたら受けられるのか，どうやったら G1，G2 であることの証明ができるのか，どう計算すればいいのかなどの問合せが多く感じています。

HEAT20 で示している U_A 値は，認証というものとは異なり，あくまで住宅シナリオを実現するための各地域の代表都市における目安に過ぎません。それは HP にも書いてあるのでご覧くださいと答えていますが，今回のガイドブックでは冒頭で，住宅シナリオと性能水準の関係，そして地域補正の意味合いを明確に示しています。この点がこれまでの 2015 や 2016 ではわかりにくかった点であり，改めて示したことに意味があると思っています。

南◎岩前先生は，2015 年版から 2021 に至る経緯の

なかでどんな印象をおもちですか。

岩前◎僕自身は，回を重ねるほど内容的に深くなってきている印象をもっています。それはいいことだなと思うし，もし，この2021から手に取った方は，やっぱり初めに戻ってもう一度，2015年版から見直してほしいと思います。1冊目からの積み重ねとして，メッセージが伝わればいいかなと。

結局，住宅建設については，これは普通でも随分前からいろいろ話がされているように，デザインという言葉の意味も含めてですが，断熱材がどこにくるかということもありますけど，家全体のデザインをどのように設計者が自由にやっていけるか，そのため手助けになっていくのが本来のHEAT20だと思います。

今回に至るまでの過程で，個人的に割にショックだったのが，G3を会員に提案したとき，反対意見が結構出た点ですね。みんな高断熱っていうのを目指してきていますが，その思いは一緒だと思っていたんです。すごく現実的な意味合いで今はまだ早いとか，そんなレベルは難しいとか，率直なご意見をいただいたくことは素晴らしいと思いますが，ああそうなんだと……。最初からこのG3に向けて一緒に歩んできた，という暗黙の了解があるつもりでいましたが，やっぱり違う考えがあるんだということを知ったことです。

G1だとどの程度，G2だとどの程度，暮らしとのイメージ，住まい方がそれでどんな利益を得るのかっていうことですね。やっぱりこういう設計法と同時に，示していく必要があると思います。従来の設計はいかにエネルギーを減らすかとか，いかに温度を一定にするかとか，プロフェッショナル向けの目標で，一般の住まいでの暮らしと乖離があるからこそ，どうしてもパターン化されてしまうのかなと思います。

砂川さんの話にもありましたが，最近この道に入ってこられた方々に，いきなりG1・G2・G3という記号になっているわけで，そのような方々に高断熱性・高気密って，暮らし全体の中で複雑に関係するとても大切な要素の一つであって，住宅設計という氷山の頭の部分，水面から出ている部分をG1・G2・G3と呼んでいるのだ，という雰囲気が伝わっていければいいなと思います。

今回の3冊目である程度は成功していると思いますが，ここからどうするかを知恵を出し合っていければいいなととります。

鈴木さんが，どう考えているかが気になりますね。

南◎日本は省エネ基準ですら100%でない状況の中で，一部の任意団体がもの凄く高いレベルを標榜したりして，その差が大きすぎることから，多くの業者が「どれだけ断熱すればよいのか？」で迷っています。そこに現れたのがG1・G2水準で，下世話な言葉でいえば松竹梅の竹としての存在で，飛びつきやすかった。

また，高いレベルを実践していた人たちも「G1・G2をめざすべきだ」というようないい方で推奨したこともあって，G1・G2は一気に広がりました。でもその一方で，水準の中身を理解しないままHEAT20水準でいこうと考えた業者も多くいました。

岩前◎そこここそまさに大事で，南さんは今，HEAT20を竹と表現されましたが，トップに立って松をやっている人たちが本当にその意味を理解してやっているのか。もちろん理解されている方もいますが，ドイツがなんだかんだとか，ものまね的にやってる方がいることは，僕は決して肯定的には捉えていないんです。

南◎まずはとっつきやすいG1でとか，G1ではなくてG2でとか考えながら，HEAT20は立派な先生方が主査をする団体だし，つくっている水準という安心感もあったし，一部では公的な団体がつくっている国の基準だと勘違いしている人もいました。

そんな状況で，G1・G2・G3と出揃ったわけですが，普通なら高みを目指すことが目的なら，G3を出したのだから，G1・G2はなくすのが当然と思われるのに，HEAT20は残してG1・G2・G3を並列しています。僕としてはその方が喜しいのですが，鈴木先生はどうお考えですか。

鈴木◎いま話に出たことすべてにコメントすると，それだけでとんでもない時間がかかるので，南さんが最後に話した「G3が出たら，G1・G2はなくすのが普通ではないか」という点にだけコメントします。僕は最初からそうとは思っていませんでした。

G1・G2・G3には，それぞれにある目的があるわけで，必ずしもG3が優等生だとも思っていない。G3だったとしても，住宅設計の100点満点のうちのせいぜい20点くらいで，その残りはなにかといったら，使いやすさや機能性，そして空間やデザインの魅力など，さまざまなものが関係しています。たまたま断熱性能が高いからといって，住まいとして満点ではないと思います。

さらにいえば，車でいえば，あえて特定の車種の名前までは挙げませんが，それぞれにそれぞれの存在意味があるように，将来的な資産価値につながるようにブランドは残していくべきです。G3があれば，G1・G2は不要というはしごをはずすような提

鈴木大隆×岩前 篤×砂川雅彦　進行：南 雄三

設計ガイドブック2021の発刊をふりかえって

案は最初から考えていませんでした。時代を超えたものさしづくりが大切。これは国の住宅性能表示制度に近い考え方かもしれません。

南◎岩前先生は，G1・G2・G3が3本並ぶことをどう考えていますか？

岩前◎やっぱりその考えが，適切かなと思いますね。現実的過ぎるくらいリアルな意味で……。

理想的にはG3が一つあればいいのかもしれませんが，あの低レベルの省エネ基準すら義務化されてない今の日本において，G1・G2というステップは，ステップといういい方はよくないかもしれませんが，そういう存在は必要だと思うし，すべての人がやっぱりそれを望むというのも，また気持ち悪いような世界があります。いろんな要素の中で，G1・G2・G3をそこを選ぶということが大事なのかなと。

少し気になるのは，ビルダーがウチはG1で行きますとか，そういう表現はすごく気になりますね。本来，それは住まい手，建築主が選ぶべきことであって，ビルダーが選んでしまうことはいかがという思いはすごくあります。

南◎砂川さんはG1・G2・G3の各水準を計算の中で見つめてこられたわけですが，3レベルが並ぶことにどんなイメージをおもちですか？

砂川◎これは通称「ぼんぼりの図」と呼んでいますが，この図がHEAT20のこれからどこに行くか，一つの羅針盤になるのではないかなと思いますね。

どういう温度環境とか省エネルギー性能にしたいのか，どんな家というより，どのような生活を送りたいのかについて，クライアントとこの図を見ながら話していくようになるといいかなと思います。

現状の住宅シナリオは，6地域なら部分間歇暖房を前提としたNEBやEBだったわけですが，それがこの図が出たことによって，色んな見方ができて，可能性が広がったのではないかな。

さらに，同じ地域内でも暖かい地域だから，日当たりのよい立地だからということも考えて，暖房の仕方などの生活スタイルを考えてこの図を眺める，そしてグレードを考える，というかたちができるのではないかと。そういう意味で，広く設計というものに取り入れていけるのではないかと思います。

住宅は誰のものか，ということを考えたとき，建築主がお金を出してつくるものであり，個人の財産であることは間違いありません。一方，社会的なもの，社会的資産として位置付けられるべき，両方の視点があります。クライアントなど個人のための設計と社会的な視点からの設計，どちらを優先すべきなのか，なかなか正解というものを見出せないので

はないか。

同じように，HEAT20が提案している住宅シナリオや水準も一つではない，これにしなければならない，というものではなく，正解は一つではない。そのことを，このぼんぼりの図は教えてくれたように思います。

南◎鈴木先生はこの図から大きなインパクトを受けたと話されていますが，G1・G2・G3が並ぶことの意味というか，価値が見えてきたと思う一方で，そこまで深く，広く咀嚼して判断するのは難しさもあります。鈴木先生はどうですか？

鈴木◎この「ぼんぼりの図」で，戸建と集合住宅を分けて提案する。そして，G3の水準を提案する踏ん切りがついた。これがなくては決断できませんでした。G3も集合住宅も賛同する人は案外少なかった。そして，ここには，ノンエナジーベネフィットやエナジーベネフィットを実現するための断熱性能のみならず，空調モードなどいろんな情報が含まれています。すごく大切な図なので，今回の設計ガイドブックで地域ごとに「ぼんぼりの図」をつくり，掲載しています。

それを読者の方々がどう読むか，どう考えるか……。高断熱住宅ではごく普通にいわれていることですが，省エネ基準で定めている三つの空調モードとは明らかに違う空調モードがあります。そのモードは，これまでのような単純にその空調の機器の設置の場所や運転設置時間だけではなくて，空間構成やプランニングも大きく影響しています。なかなか簡単に表現できるものではなく，いうなれば「新たな空調・生活スケジュール」，それを提案することが必要になってくると思います。一方で，住宅設計者は，空間計画と空調機器を上手にコンビネーションしていくことでよい住まいを実現していく創造的な部分にアプローチ，チャレンジしてほしいですね。G1・G2・G3を達成する，しないだけではなく……。

南◎アプローチについては，空調時間，空調範囲，空調機器と空間デザインとの最適バランスをHEAT20が示すべきなのか。それは設計者がデザイナーとして考えていき，HEAT20は水準の意味をしっかり伝え，検証していく位置付けにあればよいのか。その辺がこれからの課題になると思います。岩前先生はいかがですか？

岩前◎そのとおり，一番悩ましいところです。僕は，やはり答えは結局存在しない。また，砂川さんがいわれたように，最適解というものはいろんな条件の中で変わっていくわけです。

ですから，それの模範というか，完成型を示すことは逆に危険なやり方になることもあります。検証部会の大きな役割だと思っていますが，実際の中からこんな面白いプランがありますよと，こんな面白い家がつくられていますよと，その面白さと一緒に伝えていくことで，設計する人のバリエーションが広がることが大事ではないかと思います。

大学で建築デザインを教えるのと一緒で，完成された形を一つ教えることには意味がないわけです。いろんな条件を組み合わせて，そこからどうやってその最適解を選ぶかのプロセスを教えている，雛形をお教えしているわけです。

悩ましいと思うのは，最近だではG1だと南向き開口率20％とか，そういうところだけ，誰が仰られているかわかりませんが，どんどん一人歩きしていくわけです。それは普及促進のためには有効なのですが，そこで止まってしまうのはすごくもったいないと思います。

鈴木◎それは，岩前さんが担当されているⅣにも書かれていますが，G1・G2・G3になるにしたがって，基本的に設計の自由度は増していますね。

岩前◎はい，そうです。

鈴木◎方位に関係なく，例えば大きな窓を設けたり，そういうことができるようになり，ようやく断熱を気にしない本来の住宅設計に確実に近づいている気がします。

岩前◎本当にそう思います。その楽しさが伝わっていけばいいかなと。

逆に，高断熱だから窓を小さくして南面に大きくとって，というようにノウハウ的な形になるとよくないわけです。

南◎これからコンピュータがそのバランスを計算して，空間設計にまで踏み込んできます。そこで，それが本物なのかあくまで計算に過ぎないといった議論になってきて……。

岩前◎それは明らかに違います。検証部会で調査していて面白いのは，毎年その空調の運転の方法を変える住まいの方がいるわけですね，変えながらどんどん自分で実験しながら，家族の様子を見ながら，去年より1,000円安くなったとか，これをすると2,000円上がるとか，そんなことをいわれる人が出てきています。僕はすごく勇気づけられていますし，面白い。

鈴木◎断熱だけを売りにしている方よりも，断熱をベースの技術にしながら，プランや空間が進化している工務店さんや実務者の方がビジネス的には圧倒的に伸びています。

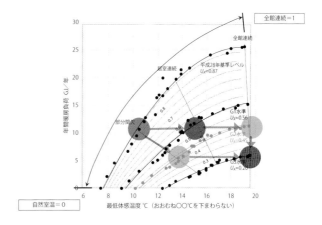

そういうアイディア，情報，設計ノウハウを伝えてくのも，私たちの次の大きなテーマだと思います。
南◎ HEAT20は，工務店会員が多くなってきて，新鮮で多様なイメージが膨らんでいます。一方で，工務店会員にとっては建築主へのアプローチがあるので，このガイドブックにしても難しすぎ，営業的には使えないので，消費者向けのガイドもしてほしいという要望がでてきます。

HEAT20は研究団体であって，普及するという命題はあっても，それは業者への理解までをめざすのか，一般消費者の理解にまで活動を広げていくのか。これからの活動としての課題といえます。この辺は，ガイドブックには載らないところですが。

鈴木◎どんなテーマもそうですが，普及と技術開発はいつも両輪であるべきです。

HEAT20で今後，どの部分に力を入れていくべきか，特にその中で，僕がどの部分を担うかは，このバランス論とはまた違う考え方もありますが，いまここでは……。

ところで一般ユーザーに対してよりわかりやすくという部分ですが，今回の設計ガイドブック2021ではそれに逆行し，いままで以上に難しくなっているかもしれませんね。

そういう意味では，一般のユーザーからはむしろ遠くなっている。では，一般向けにどのようにしたらいいか，砂川さんどう考えていますか。

砂川◎ 2021はじっくり読めば，多分そんなに難しくはないと思います。

一般の方には少し言葉そのものが理解できないなど，ハードルが高いとは思います。建築に携わっている人たちは，特に住宅生産者の方々にとっては辛抱強く読んでもらえれば……（笑）。

一同◎かなり根気が必要ですよね，やっぱり。

砂川◎昨今，すぐ漫画だとか動画だとか，そういう

鈴木大隆
設計ガイドブック
編集委員長
HEAT20設計部会長

設計ガイドブック2021の発刊をふりかえって

鈴木大隆×岩前 篤×砂川雅彦　進行：南 雄三

ところに流れがちですが，読んでみたい，知りたい，という意識をもって辛抱強く読めばそんなに難しくないと思います。ただ，今回の2021でいろいろ紹介しているコンテンツを，もう一度整理してあげるという作業があると思います。

　例えば，実際に設計するときに設計ガイドブックのここを読めばいいということがわかるインデックス，あるいはマップのようなもの……，そういうものがあればいいのではないか。設計のガイドとして，より役立つようになると思います。

鈴木◎今の話で一点……，例えば温熱環境や光環境，気流・通風など，シミュレーションや実験をしながら，優れたエコ建築の設計をしていく，その過程は非常に難しいのですが，実物ができてしまうと，一般の方でもすぐに良し悪し，魅力はわかるんですね。

　このように専門知識がなくても，五感でわかる技術は，いいものをつくれば間違いなく伝わるし，広がるので，それも普及の確実な手段だと思います。それを検証部会で色々発見し，普及部会で伝える。それは事例集的なものかもしれませんが，その事例集がインデックスとなり，ここの根拠は2016年のガイドブックの何頁の図版を見てください……，というようなかたちがあるのかと。

　それは，わかりやすい図にする，漫画を入れる，グラフの8本の線を2本にして単純化する，というのとは違うものです。

砂川◎そんなイメージです。事例集がインデックスとなり，3冊の設計ガイドブックとリンクさせる。そうすればより実務に役立つものになります。

南◎僕が思うには，研究会がその実力で指標を出すとして，それを実践の中で膨らませていくのは業者の人たちの方が上手だし，クライアントも岩前先生の話のようにいろいろ変えていく力があります。だから業者の人が消費者向けのガイドまでつくってほしいというのではなく，研究成果を咀嚼して，自分の色にして，ざぁーっと日本全国で実践していく。その数が日本をつくっていくみたいな動きを，理想にしたいと思います。

　そういう意味では，岩前先生の検証部会では，ビルダーの人たちが描いたものが集まってきているのですね……。

岩前◎そうですね。

　今の話を伺って思いますが，僕はまったく違う観点でHEAT20のこれからのあり方を考えています。日本はいま建築の大学院生で，HEAT20を勉強している学生はごくわずかなので，今回のガイドブックを学生の教科書にしたら，難しすぎるって怒られますね。

　一冊目を学部の2年生ぐらいで勉強させて，興味をもった学生には，3年生で応用編として2冊目を勉強して，大学院生ぐらいで今回の2021を勉強させたら，すごくでき上がるのではないかと思います。

　それこそが，また別の意味でのポテンシャルになるのかな。こういうのを勉強した学生が，就職先に，地域の工務店に行ってくれる流れがもう一つの理想だと思います。

　今の学生は，かなり狭い選択肢の中で人生というか，就職を考えている人たちが多いように見えていて，学生にも住宅をつくる側にももったいないです。

　先ほどの砂川さんが普及啓発で色々といわれたこと以外に，リカレント教育や学生の教育などもそろそろ取り組んでいいのかな，というのが僕の意見です。僕は現役の大学の教員ですが，そのようにも考えています。

　去年，社会人教育の一環として，いろんな住宅会社の設計の方と「プランニング道場」をやりました。月一回集まって，いろいろパッシブ設計やプランニングについて語り合って，それはそれなりに面白かった。

　そういう，我こそはと思う人たちを集めて，「道場」的な，お互いに技を磨き合うような場合をHEAT20としてつくっても面白いかな。

南◎HEAT20として得意なもの不得意なものがあって，全部やってほしいなっていわれたってできないことがある。そこはちゃんと開き直って，やるべきことをやればいいと思います。

　岩前先生のように，大学の先生たちがHEAT20を使って教育していくことになれば，無理なく広がると思いますね。

　デザインは設計者がHEAT20を勉強して，HEAT20を活かす設計をしていけば，それが本物だと思いますね

　そんな研究のプロと実践のプロが集合するような「場」づくりをして，外の力で広げるという連携のような形ができればいいと思いますね。

鈴木◎住宅は，ビルや一般建築と比べて短いスパンで設計をやり，建物ができるという繰り返しにな

岩前 篤
検証部会長

砂川雅彦
普及部会長

南 雄三
[進行] C会員

る。ものづくりとしては，物凄く面白い仕事ですね。

だから岩前さんがいうように，もっと学生が工務店などに就職するのは非常にいいと思いますし，短いスパンで繰り返すものづくりは，多様な解があるっていうことでもあるので，そういう多様な解に対して，どう私たちは発信していくか。私たちは百貨店ではないわけで，HEAT20 に設けられた各部会でいろんな話を聞きながら方向を見つけていきたい。それを見つけ出す自信だけはありますね。

南 なんなのですかね，その自信は……。

鈴木◎ 直感的な……。

南◎ HEAT20 は，自由なところがあって，みんな主張したり，自分勝手に判断したりするんだけど，なんでもありみたいなところもあって……。

鈴木◎ 尊重はするのですが，実は人の意見はあまり聞いてないんですよね（笑）。

南◎ 会員の人が迷うところでもありますね。HEAT20 の根源のようなものが必要ですが，それは研究団体なのだと思います。こんな研究団体のあること自体が，奇跡のように僕には見えています。

鈴木◎ 今回の設計ガイドブックだって，G1・G2・G3 に加え，C2・C3 が提案された一方で，窓と躯体に分けて考えましょうと……。読者は今まではなんだったのかと思うかもれません。でも。それを示し続けることが大事だと思います。

南◎ そういうことは誰もやらないのだから価値があるし，その研究過程も見せてくれることはすごく大事なことだと思います。

鈴木◎ もっとビジネス的にやるんだったら，そんなことはやらずに，G1・G2・G3 でなにができますというところだけの力説するようにつくることもできるのですが，それを，あえてやるのも HEAT20 の特徴です。それが南さんがいう，研究集団たる由縁なのかと思いますね

南◎ 鈴木先生自身が，国の基準づくりをしてきたわけですよね。それと違うものをもっと自由に民間で考えたいと，もっとレベルアップして，広げたいという思いでやっています。

鈴木◎ ある意味，これまでの基準の世界でつくってきたものを壊している部分もあります。

南◎ 危険な言葉ですね（笑）。

岩前◎ そうなんです。研究とは，まさにそういう意味ですから。

研究というのは昔と違って，誰でもできる時代になっています。

研究者という特殊な専門職がいて，そういう人たちのすることを研究と呼んでいた時代は，もう違うと思います。一般の人たちだって，研究をどんどんできるわけです。おまけに，それを一瞬で世の中に表現することができる時代です。情報の飽和，崩壊も早いんです。

その中でやっぱり一つの情報発信を続けていける場が，HEAT20 には確実にあります。そこをどう利用するか，まだまだきっと僕たち自身が気付いていないことがいっぱいあると思います。

南◎ 外から見ることのできる，僕の方が見えていることもあるのでしょうね。

鈴木◎ 南さんの見えてない部分をあえて打ち出す。

南◎ いいですね。僕の思いつかないことをやり出してほしい。G1 だって G3 だって，発表したときなんか，もう度肝抜かされていたところはありますね。

何年かに一度でもいいから，すごいことをやるみたいなことが出てくると面白いなと思うし，それを会員である団体とかメーカーがスポンサーになって支えていく。

HEAT20 を利用して商売にする人たちではないところが，活動を自由にしているんだと思います。

だから，事業をやるということだけではなくて，研究団体だという筋でいってくれると，業者としても嬉しいはずなのですが，もっと甘えたくなって「なんでもやってよ……。」と言いだしたりします（笑）。だけど，それはあなたたちの仕事として頑張ってほしいと一線を引けば，みんながプロとして張り切って動き，HEAT20 を広げていくことになるような気がします。

鈴木◎ 今後の日本の住まいづくりのために，やること，やるべきことはたくさんあります。そのなかで，HEAT20 はなにをやるか，なにを発信するか……。2021 の発刊を起点に，そして新たにスタートした HEAT20 のメンバーとともに，既成概念・常識をどう壊すか……。

また，考えていきたいと思います。

APPENDIX 1

本書で省エネルギー性能および室内温度環境の検討に用いた住宅の断熱仕様

■戸建住宅

			HEAT20 G1				
			1, 2	3	4	5	6, 7
水準 U_A [W/(m²・K)]			0.34	0.38	0.46	0.48	0.56
部位 U 値 [W/(m²・K)]	天井		0.13	0.19	0.19	0.17	0.24
	壁		0.26	0.26	0.35	0.41	0.43
	床		0.28	0.28	0.28	0.28	0.34
	土間床等の外周	外気に接する部分	0.37	0.37	0.37	0.37	0.37
		その他の部分	0.51	0.53	0.53	0.53	0.53
	開口部		1.60	1.90	1.90	1.90	2.33
断熱仕様	天井		吹込 GW18K 400 mm	吹込 GW18K 270 mm	吹込 GW18K 270 mm	吹込 GW18K 300 mm	GW10K 200 mm
	壁	充填＋外張	HGW16K 105 mm ＋ XPS3 種 45 mm	HGW16K 105 mm ＋ XPS3 種 45 mm	HGW16K 105 mm ＋ XPS3 種 15 mm	HGW λ0.034 105 mm（充填のみ）	HGW16K 105 mm（充填のみ）－
	床	根太間のとき 根太間＋大引間	HGW16K 45 mm ＋ HGW16K 100 mm	HGW16K 45 mm ＋ HGW16K 100 mm	HGW16K 45 mm ＋ HGW16K 100 mm	HGW16K 45 mm ＋ HGW16K 100 mm	XPS3 種 95 mm（剛床）
	土間床等の外周	外気に接する部分	XPS3 種 100 mm	XPS3 種 100 mm	XPS3 種 100 mm	XPS3 種 100 mm	XPS3 種 100 mm
		その他の部分	XPS3 種 50 mm	XPS3 種 35 mm	XPS3 種 35 mm	XPS3 種 35 mm	XPS3 種 35 mm
開口部仕様	サッシ		樹脂製サッシ	樹脂製サッシ	樹脂製サッシ	樹脂製サッシ	樹脂製またはアルミ樹脂複合製サッシ
	ガラス		ダブル LowE 三層複層 G7以上×2日射取得型	Low-E 複層（G12 以上）日射取得型	Low-E 複層（G12 以上）日射取得型	Low-E 複層（G12 以上）日射取得型	Low-E 複層（A10 以上）日射取得型
	ドア		断熱ドア（U1.6）	断熱ドア（U1.9）	断熱ドア（U1.9）	断熱ドア（U1.9）	断熱ドア（U2.33）

■ U 値計算条件

部位	タイプ	石こうボード	合板	面積比率設定
天井	野縁上	9.5 mm 厚	－	天井敷込み・吹込みは熱橋なしを想定して算出
壁	充填	算入していない	算入していない	柱・間柱間充填の面積比率（断熱部 0.83：熱橋部 0.17）
	充填＋付加	算入していない	9 mm 厚	付加断熱部分に横桟設置を想定して算出（断熱部 0.75：充填断熱＋付加断熱層内熱橋 0.08：構造部＋付加断熱材 0.12：構造部材＋付加断熱層内熱橋 0.05）
床	剛床	24 mm 厚		剛床構法の面積比率（断熱部 0.85：熱橋部 0.15）
	根太＋大引に充填	12 mm 厚		根太間＋大引間充填の面積比率（断熱部 0.72：根太間断熱＋大引等 0.12：根太材＋大引間断熱 0.13：根太材＋大引材 0.03）

■断熱仕様に用いている表記凡例と熱伝導率（戸建住宅）

表記	断熱材名称	熱伝導率 λ [W/(m・K)]
GW10K	グラスウール断熱材通常品 10-50	0.050
HGW16K	グラスウール断熱材高性能品 HG16-38，HG14-38 等	0.038
HGW λ0.034	グラスウール断熱材高性能品 HG20-34，HG28-34 等	0.034
吹込 GW18K	吹込み用グラスウール 18 K	0.052
XPS3 種	押出法ポリスチレンフォーム断熱材 3 種 A	0.028
PF	フェノールフォーム断熱材1種2号	0.022

■温度差係数（H）

部位	戸建住宅	共同住宅	
		1～3 地域	4～7 地域
屋根または天井	1.0	1.0	1.0
外壁	1.0	1.0	1.0
界壁	－	0.05	0.15
床（外気に接する）	1.0	1.0	1.0
床（その他）	0.7	0.7	0.7
界床	－	0.05	0.15
窓，ドア	1.0	1.0	1.0
基礎（外気に接する）	1.0	1.0	1.0
基礎（その他）	0.7	0.7	0.7

		HEAT20 G2			HEAT20 G3		
		1, 2, 3	4, 5	6, 7	1, 2, 3	4, 5	6, 7
水準 U_A [W/(m²・K)]		0.28	0.34	0.46	0.20	0.23	0.26
部位 U 値 [W/(m²・K)]	天井	0.13	0.13	0.19	0.119	0.093	0.156
	壁	0.21	0.21	0.32	0.115	0.096	0.136
	床	0.21	0.21	0.34	0.134	0.091	0.134
	土間床等の外周 外気に接する部分	0.37	0.37	0.37	0.370	0.370	0.370
	その他の部分	0.37	0.51	0.53	0.370	0.370	0.530
	開口部	1.30	1.60	1.90	1.30	1.30	1.30
断熱仕様	天井	吹込 GW18K 400 mm	吹込 GW18K 400 mm	吹込 GW18K 270 mm	HGW16K 310 mm	HGW16K 400 mm	HGW λ0.034 210 mm
	壁 充填+外張	HGW16K 105 mm + HGW16K 100 mm	HGW16K 105 mm + HGW16K 100 mm	HGW16K 105 mm + XPS3 種 25 mm	HGW λ0.034 210 mm + PF 100 mm	HGW λ0.034 210 mm + PF 150 mm	HGW λ0.034 105 mm + PF 100 mm
	床 根太床のとき 根太間+大引間	XPS3 種 75 mm + HGW16K 100 mm	XPS3 種 75 mm + HGW16K 100 mm	XPS3 種 95 mm（剛床）	PF 100 mm + PF 100 mm	PF 150 mm + PF 150 mm	PF 100 mm + PF 100 mm
	土間床等の外周 外気に接する部分	XPS3 種 100 mm	XPS3 種 100 mm	XPS3 種 100 mm	XPS3 種 100 mm	XPS3 種 100 mm	XPS3 種 100 mm
	その他の部分	XPS3 種 100 mm	XPS3 種 50 mm	XPS3 種 35 mm	XPS3 種 100 mm	XPS3 種 100 mm	XPS3 種 35 mm
開口部仕様	サッシ	樹脂製サッシ	樹脂製サッシ	樹脂製サッシ	樹脂製サッシ	樹脂製サッシ	樹脂製サッシ
	ガラス	ダブル LowE 三層複層 G9 以上×2 日射取得型	ダブル LowE 三層複層 G7 以上×2 日射取得型	Low-E 複層 (G12 以上) 日射取得型	ダブル LowE 三層複層 G9 以上×2 日射取得型	ダブル LowE 三層複層 G9 以上×2 日射取得型	ダブル LowE 三層複層 G9 以上×2 日射取得型
	ドア	断熱ドア (U1.3)	断熱ドア (U1.6)	断熱ドア (U1.9)	断熱ドア (U0.89)	断熱ドア (U1.75)	断熱ドア (U1.75)

※ 1〜3 地域の住宅モデルに比べて と 4〜7 地域の住宅モデルは開口部面積比率が大きいため，4 地域の部位の U 値が 3 地域より小さくなることがある。

■共同住宅（最上階妻側住戸）

		HEAT20 C2				HEAT20 C3	
		1, 2	3	4	5, 6, 7	1, 2, 3	4, 5, 6, 7
水準 U_A [W/(m²・K)]		0.34	0.46	0.57	0.68	0.28	0.36
隣住戸等の温度差係数		0.05	0.05	0.15	0.15	0.05	0.15
部位 U 値[*1] [W/(m²・K)]	屋根	0.179	0.271	0.291	0.546	0.111	0.091
	壁（界壁）	0.421 (界壁：3.19)	0.509 (界壁：3.19)	0.543 (界壁：3.19)	0.674 (界壁：3.19)	0.163 (界壁：3.19)	0.136 (界壁：3.19)
	（界床）	(界床：2.35)	(界床：2.35)	(界床：2.35)	(界床：2.35)	(界床：2.35)	(界床：2.35)
	開口部	1.23 (二重窓)	2.26 (二重窓)	1.88 (自己適合宣言品)	1.88 (自己適合宣言品)	1.23 (二重窓)	1.88 (自己適合宣言品)
断熱仕様[*2]	屋根 内断熱+外断熱	XPS3 種 50 mm + XPS3 種 100 mm	吹付ウレタン 90 mm	XPS3 種 90 mm	XPS3 種 45 mm	吹付ウレタン 250 mm	XPS3 種 100 mm + XPS3 種 200 mm
	壁 内断熱+外断熱	繊維系断熱ボード 75 mm	吹付ウレタン 45 mm	XPS3 種 45 mm	XPS3 種 35 mm	吹付ウレタン 150 mm	XPS3 種 100 mm + XPS3 種 100 mm
開口部仕様	サッシ	アルミ製外窓 +樹脂製内窓	アルミ製外窓 +樹脂製内窓	アルミ樹脂複合製	アルミ樹脂複合製	アルミ製外窓 +樹脂製内窓	アルミ樹脂複合製
	ガラス	Low-E 複層 (A10 以上) + Low-E 複層 (G16 以上) 日射取得型（外・内共）	単板ガラス + 普通複層 (A10 未満)	Low-E 複層 (G12 以上) 日射取得型	Low-E 複層 (G12 以上) 日射取得型	Low-E 複層 (A10 以上) + Low-E 複層 (G16 以上) 日射取得型（外・内共）	Low-E 複層 (G12 以上) 日射取得型
	ドア	断熱ドア (U1.75/ 自己適合宣言品)	断熱ドア (U2.91)	断熱ドア (U2.33)	断熱ドア (U2.33)	断熱ドア (U1.75/ 自己適合宣言品)	断熱ドア (U2.33)

※ 1：外装仕上材および，内部仕上げ材（合板，石こうボード等）は U 値に算入していない。
※ 2：構造熱橋における断熱補強は，平成 28 年省エネ基準に定める断熱補強がなされているものとした。
※ 3：1〜3 地域と 4〜7 地域では隣住戸等の温度差係数が異なるため，部位の断熱性能の大小関係と U 値の大小関係が 3 地域と 4 地域で逆になることがある。
※ 4：躯体コンクリートの厚さは，屋根 150 mm，外壁 135 mm，界壁 150 mm，界床 200 mm。

■断熱仕様に用いている表記凡例と熱伝導率（共同住宅）

表記	断熱材名称	熱伝導率 λ [W/(m・K)]
繊維系断熱ボード	グラスウール断熱材高性能品 HG20-35，HG28-35 等	0.035
XPS3 種	押出法ポリスチレンフォーム断熱材 3 種 A	0.028
吹付ウレタン	吹付け硬質ウレタンフォーム A 種 1H	0.026

APPENDIX 2

■地域補正の式に用いる気象データ

アメダス観測点約 840 地点から，地域区分ごとに代表的な都市のデータを抜粋しています。
暖房デグリーデーは，数値が大きいほど暖房負荷が大きくなります。

地域区分	地点名	鉛直面日射の暖房期間の積算値 [MJ]				HDD20（暖房デグリーデー(D20-20)）[度日]
		南	東	西	北	
2 地域	旭川	2,106	1,242	1,232	556	4,609
	北見	2,230	1,213	1,150	532	4,724
	帯広	3,000	1,509	1,501	495	4,469
	札幌	2,112	1,311	1,113	538	3,885
	苫小牧	2,344	1,349	1,246	579	4,265
3 地域	函館	2,059	1,195	1,209	525	3,783
	弘前	1,775	1,181	1,184	562	3,505
	盛岡	2,173	1,252	1,223	527	3,580
	青森	1,717	1,177	1,152	572	3,538
4 地域	秋田	1,652	1,108	1,077	538	3,139
	山形	1,938	1,169	1,162	540	3,143
	長野	2,371	1,404	1,382	537	3,211
	松本	2,689	1,519	1,482	501	3,198
	石巻	2,440	1,441	1,426	546	3,045
	釜石	2,237	1,328	1,258	561	3,119
	那須	2,078	1,367	1,274	604	3,702
	会津若松	1,767	1,079	1,210	574	3,263
	米沢	1,825	1,140	1,240	613	3,420
	高山	1,871	1,169	1,285	597	3,386
5 地域	仙台	2,319	1,377	1,230	509	2,846
	福島	2,025	1,076	1,122	448	2,676
	酒田	1,469	958	982	508	2,816
	宇都宮	2,219	1,144	1,063	355	2,334
	水戸	2,235	1,229	1,163	434	2,420
	新潟	1,425	879	864	413	2,416
	富山	1,412	897	818	426	2,394
	長岡	1,299	824	837	407	2,730
	豊岡	1,315	772	862	445	2,368
	大津	1,621	957	850	403	2,195

地域区分	地点名	鉛直面日射の暖房期間の積算値 [MJ]				HDD20（暖房デグリーデー(D20-20)）[度日]
		南	東	西	北	
6 地域	前橋	2,268	1,138	1,024	339	2,252
	さいたま	2,132	1,048	1,054	339	2,132
	八王子	2,229	1,145	1,093	367	2,275
	甲府	2,214	1,018	1,042	329	2,250
	福井	1,382	852	835	391	2,342
	奈良	1,548	880	836	392	2,185
	東京	1,568	742	730	278	1,630
	熊谷	2,155	1,021	1,030	323	2,097
	府中	2,063	1,023	964	328	1,993
	千葉	1,727	887	817	309	1,682
	横浜	1,730	861	851	298	1,667
	名古屋	1,774	880	859	284	1,855
	岐阜	1,719	889	874	304	1,877
	津	1,751	958	857	316	1,815
	金沢	1,263	782	787	391	2,211
	京都	1,440	818	747	365	1,955
	大阪	1,307	696	624	271	1,547
	神戸	1,377	747	692	293	1,577
	岡山	1,565	871	771	312	1,815
	広島	1,440	764	754	308	1,780
	松江	1,262	804	803	391	2,133
	鳥取	1,397	832	859	395	2,170
	徳島	1,647	817	791	275	1,626
	高松	1,419	752	708	299	1,703
	山口	1,511	848	828	357	1,959
	佐賀	1,303	679	698	271	1,644
7 地域	静岡	1,694	781	795	241	1,509
	和歌山	1,363	728	717	308	1,646
	松山	1,330	698	699	282	1,612
	大分	1,377	709	691	275	1,552
	熊本	1,181	622	615	260	1,485
	鹿児島	747	403	349	150	793
	高知	1,539	735	701	225	1,368
	福岡	1,122	588	622	268	1,488
	長崎	1,009	501	569	234	1,328
	宮崎	1,397	650	654	200	1,204
	土佐清水	940	442	441	140	793

（上記のデータは，「拡張アメダス気象データ 2010 年版標準年／（株）気象データ
システム」を用いて算出した。）

■部屋の分類（戸建住宅）

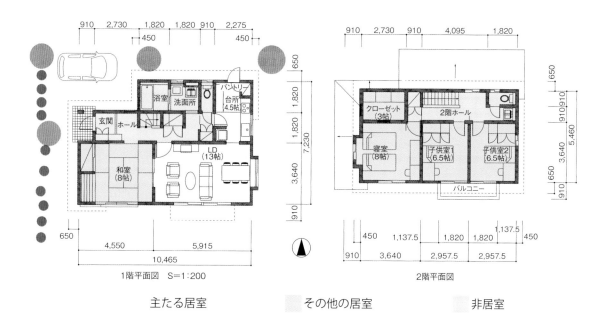

1階平面図　S=1:200　　　　　　　　　　2階平面図

主たる居室　　　　　その他の居室　　　　　非居室

部屋の分類別面積

部屋の分類	該当する部屋	床面積　[m²]	
主たる居室	LD	21.53	
	台所	8.28	29.81
その他居室	和室	16.56	
	寝室＋クローゼット	18.22	
	子供室1	10.77	
	子供室2	10.77	56.32
非居室	玄関	2.48	
	ホール・階段・収納	10.77	
	浴室・洗面	6.62	
	1階トイレ	1.66	
	2階ホール・階段	10.76	
	2階トイレ	1.66	33.95
床面積合計		120.08	

※なお，寝室とクローゼットは空間が連続しているものとして扱う。

執筆者プロフィール（2021 年 3 月現在）

【理事長・部会長】

坂本雄三 ：HEAT20 理事長

東京大学名誉教授、工博。東京大学教授（1997-2012）
国立研究開発法人建築研究所　理事長（2013-2017）
空気調和衛生工学会会長（2010-2012）
国土交通省、経済産業省、東京都の省エネルギー関係委員/委員長を歴任。専門は建築環境
工学。著書に『建築と気象』（朝倉書店、1986、共著）、『省エネ・温暖化対策の処方箋』
（日経 BP 企画、2006）、『建築熱環境』（東京大学出版会、2011）、『YUCACO システム〜
エアコン 1 台で住宅全体を暖冷房する〜』（日本住宅新聞社、2020、共著）。
本書担当：「HEAT20 設計ガイドブック 2021」の発行にあたって

鈴木大隆 ：HEAT20 設計部会長、設計ガイドブック 2021 監修

北海道立総合研究機構　理事、博士（工学）
北海道立総合研究機構　建築研究本部長　北方建築総合研究所長（2016-2019）
国土交通省、経済産業省、環境省、北海道などの各種審議会、検討会に参加し、エネル
ギー・環境施策検討や住宅・建築省エネ基準策定委員会、各種 JIS 規格策定委員会等の主
査／委員長を歴任。専門は建築環境・構法計画、地域のエコロジカルデザイン、311 以降
は岩手県陸前高田市の復興・住宅再建活動にかかわる。
戸建住宅・公営住宅・学校などの環境設計にも関わり日本建築学会作品選奨など受賞多数。
本書担当：「はじめに「HEAT20」が考えてきたこと2008 年〜2020 年」、Ⅰ、Ⅱ、Ⅲ、Ⅳ

岩前　篤 ：HEAT20 検証部会長

近畿大学建築学部長教授、博士（工学）
住宅会社研究部門で住宅の断熱・気密・防露に関する研究開発に携わる。2003 年より近畿
大学、2011 年建築学部創設とともに学部長就任、現在に至る。経済産業省技術委員、国交
省、環境省、文科省ならびに大阪府・大阪市などの建築の省エネに関わる技術的な評価、
開発に携わる。
専門は建築環境工学、住宅の健康安全性など。近年は真空断熱材やエアロゲルなどの高性
能断熱部材の開発・普及促進に努めている。ISO-TC163/SC3（建築用断熱システム）の日
本代表
本書担当：Ⅳ

砂川雅彦 ：HEAT20 普及部会長

（株）砂川建築環境研究所代表取締役
住宅の省エネ基準検討委員会コンサルタントのほか、住宅の温熱環境・省エネルギーに関
する研究・調査、断熱工法の開発、マニュアル・講習会テキスト等の制作、簡易計算ソフ
トの制作などの業務に携わる。
専門は建築環境工学
本書担当：Ⅰ04、Ⅱ07、Ⅲ04、全体編集

【HEAT20 委員等】 五十音順

折原規道：一般社団法人日本サッシ協会 住宅技術部会委員
本書担当：Ⅲ07

北谷幸恵：HEAT20 専門委員、設計部会委員
北海道立総合研究機構 北方建築総合研究所、博士（芸術工学）
専門は建築の温熱・光環境やエネルギーなど
本書担当：Ⅰ05、Ⅲ01、05、06

小杉 満：HEAT20 設計部会委員
一般社団法人日本サッシ協会 住宅技術部会長
本書担当：Ⅲ07

多田季也：一般社団法人日本サッシ協会 住宅技術部会委員
本書担当：Ⅲ07

布井洋二：HEAT20 設計部会委員、検証部会委員、普及部会委員
旭ファイバーグラス㈱営業本部営業統括グループ渉外技術担当部長、断熱建材協議会断熱
材技術委員長ほか
本書担当：Ⅲ04

野中俊宏：HEAT20 専門委員、設計部会委員
㈱砂川建築環境研究所 Senior Fellow、博士（工学）
専門は建築環境工学、住宅の省エネ基準検討委員会コンサルタントなどを務める。
本書担当：Ⅱ

服部哲幸：HEAT20 専門委員、設計部会委員
イビケン㈱、博士（工学）
専門は、建築環境工学、YUCACO システム研究会幹事ほかビルダー支援
本書担当：Column①②

平島重敏：HEAT20 専門委員、設計部会委員
板硝子協会 建築環境 WG（AGC ㈱）
専門は建築環境工学、建築用ガラスの熱・光・省エネ性能評価と規格策定・調査に携わる。
本書担当：3 章 05

松岡大介：HEAT20 専門委員、設計部会委員
ものつくり大学技能工芸学部建設学科准教授，博士（工学）
専門は建築環境工学、自立循環型住宅プロジェクトなどの委員会に参加
本書担当：Ⅲ02、03

南 雄三：HEAT20 設計部会委員、普及部会委員
㈲南雄三事務所 代表取締役
住宅技術評論家として断熱・省エネ＆エコに関わる活動など
本書担当：Ⅲ02、03、Ⅳ01

森山陽水：一般社団法人日本サッシ協会 住宅技術部会副部会長
本書担当：Ⅲ07

吉澤 望：HEAT20 専門委員、設計部会委員
東京理科大学理工学部建築学科教授、博士（工学）
専門は建築光環境・照明環境。日本建築学会・CIE Division3 の光環境・照明分野の幹事など
本書担当：Ⅲ06

Society of
Hyper-**E**nhanced insulation and
Advanced **T**echnology houses
for the next **20** years
HEAT20　設計ガイドブック | 2021
正しい住宅断熱化の作法

発行 —— 2021 年 6 月 6 日
著者 —— 一般社団法人 20 年先を見据えた日本の高断熱住宅研究会
発行者 —— 橋戸幹彦
発行所 —— 株式会社建築技術
〒 101-0061　東京都千代田区神田三崎町 3-10-4　千代田ビル
TEL 03-3222-5951
FAX 03-3222-5957
http://www.k-gijutsu.co.jp
振替口座 00100-7-72417
造本デザイン —— 春井 裕（パーパー・スタジオ）
印刷・製本 —— 三報社印刷株式会社